U0359536

21世纪高等学校数字媒体专业规划教材

数字影视非线性编辑技术

苑文彪　王莉莉　鲍征烨　编著

清华大学出版社

北　京

内 容 简 介

本书前 7 章主要讨论非线性编辑系统的工作原理、系统组成、视音频图像处理技术,第 8～13 章着重对非线性编辑网络结构、网络配置与管理、与全台网配接进行论述;编辑艺术方面讨论了电视节目后期编辑中涉及的视听语言、镜头组接、字幕制作、电视形象包装等内容。第 14 章和书中各章节穿插给出了多个非线性编辑软件平台实际操作的例子。

本书可作为影视传媒、教育技术和电子信息等专业设置后期编辑课程的学生教材,也可以作为电影、电视节目制作、音像出版、资源建设和流媒体开发等部门的制作人员和技术人员的参考书。

图书在版编目(CIP)数据

数字影视非线性编辑技术/苑文彪,王莉莉,鲍征烨编著.—北京:清华大学出版社,2011.10
(2023.7 重印)

(21 世纪高等学校数字媒体专业规划教材)

ISBN 978-7-302-26132-2

Ⅰ. ①数… Ⅱ. ①苑… ②王… ③鲍… Ⅲ. ①数字技术—应用—电影—编辑工作 ②数字技术—应用—电视节目—编辑工作 Ⅳ. ①G222.1-39

中国版本图书馆 CIP 数据核字(2011)第 135372 号

责任编辑:魏江江   王冰飞
责任校对:时翠兰
责任印制:宋 林

出版发行:清华大学出版社
　　　　　网　　　址:http://www.tup.com.cn,http://www.wqbook.com
　　　　　地　　　址:北京清华大学学研大厦 A 座　　　　　邮　　编:100084
　　　　　社 总 机:010-83470000　　　　　　　　　　　　邮　　购:010-62786544
　　　　　投稿与读者服务:010-62776969,c-service@tup.tsinghua.edu.cn
　　　　　质量反馈:010-62772015,zhiliang@tup.tsinghua.edu.cn
　　　　　课件下载:http://www.tup.com.cn,010-83470236
印 装 者:三河市龙大印装有限公司
经　　　销:全国新华书店
开　　　本:185mm×260mm　　　　印　　张:18　　　　字　　数:443 千字
版　　　次:2011 年 10 月第 1 版　　　　　　　　　　　印　　次:2023 年 7 月第 11 次印刷
印　　　数:8701～9200
定　　　价:29.50 元

产品编号:034936-01

数字媒体专业作为一个朝阳专业,其当前和未来快速发展的主要原因是数字媒体产业对人才的需求增长。当前数字媒体产业中发展最快的是影视动画、网络动漫、网络游戏、数字视音频、远程教育资源、数字图书馆、数字博物馆等行业,它们的共同点之一是以数字媒体技术为支撑,为社会提供数字内容产品和服务,这些行业发展所遇到的最大瓶颈就是数字媒体专门人才的短缺。随着数字媒体产业的飞速发展,对数字媒体技术人才的需求将成倍增长,而且这一需求是长远的、不断增长的。

正是基于对国家社会、人才的需求分析和对数字媒体人才的能力结构分析,国内高校掀起了建设数字媒体专业的热潮,以承担为数字媒体产业培养合格人才的重任。教育部在2004年将数字媒体技术专业批准设置在目录外新专业中(专业代码:080628S),其培养目标是"培养德智体美全面发展的、面向当今信息化时代的、从事数字媒体开发与数字传播的专业人才。毕业生将兼具信息传播理论、数字媒体技术和设计管理能力,可在党政机关、新闻媒体、出版、商贸、教育、信息咨询及IT相关等领域,从事数字媒体开发、音视频数字化、网页设计与网站维护、多媒体设计制作、信息服务及数字媒体管理等工作"。

数字媒体专业是个跨学科的学术领域,在教学实践方面需要多学科的综合,需要在理论教学和实践教学模式与方法上进行探索。为了使数字媒体专业能够达到专业培养目标,为社会培养所急需的合格人才,我们和全国各高等院校的专家共同研讨数字媒体专业的教学方法和课程体系,并在进行大量研究工作的基础上,精心挖掘和遴选了一批在教学方面具有潜心研究并取得了富有特色、值得推广的教学成果的作者,把他们多年积累的教学经验编写成教材,为数字媒体专业的课程建设及教学起一个抛砖引玉的示范作用。

本系列教材注重学生的艺术素养的培养,以及理论与实践的相结合。为了保证出版质量,本系列教材中的每本书都经过编委会委员的精心筛选和严格评审,坚持宁缺毋滥的原则,力争把每本书都做成精品。同时,为了能够让更多、更好的教学成果应用于社会和各高等院校,我们热切期望在这方面有经验和成果的教师能够加入到本套丛书的编写队伍中,为数字媒体专业的发展和人才培养做出贡献。

21世纪高等学校数字媒体专业规划教材
联系人:魏江江　weijj@tup.tsinghua.edu.cn

　　计算机多媒体技术、网络技术、数字存储技术日新月异的发展,带动了数字影视非线性编辑技术的迅速普及,非线性编辑系统的应用范围在日益扩大。中国传媒大学南广学院数字媒体技术专业的教师们在教学过程中发现,不少刚刚涉足非线性编辑技术领域的读者,需要一本既讲解相关基础理论知识,又能够指导实践的书籍。为了满足广播电视行业、影视广告企业的创作人员和传媒类专业的学生掌握非线性编辑实用技术、学习网络非线性编辑系统设计和了解媒体资源管理的需求,作者整理了近年来的教学内容,编写了本书。

　　本书主要讨论非线性编辑技术中相关的视音频编码技术、数字图像处理技术、非线性编辑系统的组成以及网络非线性编辑技术,介绍了典型的非线性编辑软件平台和数字合成软件的实际应用。

　　本书在技术方面增加了网络非线性编辑软件平台的安装过程,以大洋 D³ Edit(即 D-Cube-Edit)软件平台为例,安装、配置数据库 SQL,设置用户权限,做系统备份,设置系统还原功能等;加强了非线性编辑网络结构、网络配置与管理、与全台网配接的论述。在艺术方面讨论了电视后期编辑中涉及的电视画面组接、字幕设计制作、电视声音编辑等内容,对电视形象包装的理念、电视包装的策划与制作进行了讨论。

　　本书的写作目的是为影视传媒、教育技术和电子信息等设置后期编辑课程的专业学生提供学习资料,也为电视、电影制作、音像出版、资源建设和流媒体开发等部门的制作人员和技术人员的知识更新提供参考。书中介绍常用的非线性编辑软件 Adobe Premiere Pro 和大洋 D³ Edit、D³ CG,以及数字合成软件 Adobe After Effects 的菜单、操作方法和应用案例,写作时参考了相应的说明书。

　　本书由三人合作完成:苑文彪任主编,完成了第 2、4、5、10、14 章(及第 9 章部分内容)的写作和全书统稿,副主编王莉莉承担第 1、8、9、11、12、14 章(第 5 章的 D³ CG 字幕系统),副主编鲍征烨承担第 3、6、7、13 章(及第 4 章操作系统部分)的写作任务。第 14 章引用了师生在实践中的设计案例。

　　在编写过程中参考的文献资料列在了本书的后面,在此向原作者表示衷心的感谢! 本书的顺利出版得到了清华大学出版社、中国传媒大学南广学院信息技术系师生的大力支持,在此对在本书编纂工作中支持、帮助我们的出版社编辑表示衷心的感谢!

　　由于作者水平有限,书中疏漏之处在所难免,恳请广大读者批评指正。

作　者
2011 年 8 月于南京

目 录

第1章 电视编辑技术概述

►►►

随着计算机技术、网络技术、存储技术的迅速发展,广播电视技术正向着数字化、网络化、信息化的方向发展,集便捷、高效、实时等优势于一身的数字化影视制作技术代表——非线性编辑技术应运而生。非线性编辑技术是一门综合性技术,它覆盖的领域涉及电视技术和计算机技术,主要包括音频技术、视频技术、数字存储技术、数字压缩技术、数字图像处理技术、计算机图形学和网络技术等多种学科技术。从20世纪90年代初,用于广播电视电影制作的非线性编辑系统逐渐受到广播电视工作者青睐。在科技迅速发展的今天,非线性编辑系统、非线性编辑网络、媒体资产管理系统不但在电视台、电影厂和音像资料馆得到了广泛应用,而且还在高等院校、多媒体资源制作等传媒领域得到了广泛应用。

1.1 电视编辑技术发展史

电视节目制作过程主要分成选题、拍摄和后期制作3个阶段。电视节目编辑处于后期制作阶段。随着电子技术和计算机技术的发展,录像机和录像带技术的问世,电视节目编辑技术发生过几次重大的变革,这就是从早期的物理剪辑、电子编辑、时码编辑到目前流行的非线性编辑。

1. 早期的物理剪辑

早期的电视制作和播出都是建立在"现场直播"的基础上的,难以保证节目质量,更谈不上节目的后期编辑制作。1956年,美国安培(Ampex)公司成功研制出世界上第一台实用的录像机,它采用2英寸磁带,磁带宽50mm,走带速度为每秒39.7cm,磁带通过一个带有4个磁头的磁鼓,使4个磁头都能扫描磁带整个宽度,留下一系列磁迹。其中旋转磁头和调频记录这两项技术措施,保证了高频视频信号的记录质量。有了录像机和录像带,电视的制作和播出也发生了重大的变革。电视节目可预先录制到录像带,作为节目内容的素材带,可进行后期编辑和声音合成,制作出成品带,进行节目存储和重新播出。

早期的电视节目编辑沿用了电影的剪辑方式,用刀片或切刀在特定的位置切割磁带,找出一段段所需的节目片段后,用胶带将它们粘贴在一起。这种编辑是可以自由地对节目段落进行添加、删除或者调换顺序,但每一次的剪辑是对磁带的永久性损伤。同时由于不能在编辑时查看画面,编辑点的选择无法保证精确,编辑人员只能凭经验并借助刻度尺来确定每个镜头的大致长度。

2. 电子编辑的实现

随着录像技术的发展和录像机功能的完善,电视编辑在1961年前后进入了电子编辑阶段。录像机具备快进、快速倒带和暂停功能,编辑人员可以方便地在磁带上寻找编辑点,控制录像机的录制和重放。电视节目制作人员可以将一台放像机(放机)、一台录像机(录机)

和相应的监视器连接起来,构成一套标准的对编系统,实现从素材到节目的转录。电子编辑摆脱了物理剪辑的黑箱操作模式,避免了对磁带的永久性的物理损伤,节目制作人员在编辑过程中可以查看编辑结果,并可以及时进行修改,也可以保存作为节目源的素材母带。

电子编辑存在的主要问题是精度不高,由于当时的录像机不具备逐帧重放功能,因此电子编辑还不能精确到帧。另外,在编辑过程中,设备都是手动调控的,编辑人员按下录像键的时机掌握需要丰富的工作经验,一般无法保证编辑点的完全精确。而且录机在开始录像和停止录像时带速不均匀,与放机的走带速度存在差异,容易造成节目中镜头接点处的跳帧现象。

3. 运用时码的高精度编辑

为了进一步提高编辑精度,受到电影胶片的片孔号码定位的启发,1967年,美国电子工程公司(EECO)研制出了EECO时码系统。1969年,以小时、分、秒和帧作为磁带定位标记的 SMPTE/EBU 时码在国际上实现了标准化。时码编辑的基本原理是:在磁带上记录的每帧信号分别对应一个地址信号,这种地址信号被转换成二进制数字信号后,记录在一条专用的纵向地址磁迹上,或插入视频信号的场消隐期间内。编辑时,把各编辑点所对应的地址信号存入编辑控制器中,在整个节目编辑点选择完成后,由编辑控制器利用存入的各编辑点地址信号一次完成编辑。

时码以时间段的形式表示每帧图像和声音的磁迹在磁带上的具体位置,磁带运行时,监视器能够显示出相应的时间和帧数,制作人员能够准确到帧地找到他们需要的画面。时码技术的出现,为电视编辑带来了新的编辑技术和手段,同时各种基于时间码的编辑控制设备不断涌现,录机、放机带有预卷编辑、预演编辑、自动串编、脱机草编和多对一编辑等新功能,且带速的稳定性也有了很大改进,从而大幅提高了编辑精度和效率。尽管如此,由于信号记录媒体的固有限制,磁带复制造成信号损失、磁带不易保存、编辑速度慢、镜头和特技不能空间展示、线性编辑限制创作等问题仍然制约着电视编辑工作。

4. 非线性编辑系统出现

世界上第一台非线性编辑系统1970年诞生于美国,标志着非线性编辑时代的到来。早期的非线性编辑系统并非建立在数字化的基础上,而是将模拟图像信号记录在可装卸的磁盘上,编辑时可以随机访问磁盘以确定编辑点。但其功能还仅限于记录与复制,较慢的处理速度仍然限制着复杂特技的添加。20世纪80年代,随着多媒体计算机技术和计算机图像理论的发展,出现了纯数字的非线性编辑系统,但受到存储技术和数字压缩技术的限制,早期的数字非线性编辑系统的硬盘存储量非常有限,仅能处理几十秒至几百秒的未经压缩的画面,剪辑和特技都是基于硬件的固化编辑功能,编辑花样有限。20世纪90年代初,随着JPEG 和 MPEG 等数字压缩标准的确立、实时压缩半导体芯片的研制、数字存储技术的发展、多媒体计算机软硬件技术的整体技术进步,非线性编辑系统进入了快速发展时期。进入21世纪以来,随着计算机技术、网络技术的迅猛发展,非线性编辑系统正向着数字化、高清化、网络化、集成化的方向高速发展。

1.2   线性编辑与非线性编辑

电视节目制作技术的发展过程主要表现为从模拟到数字,从线性到非线性的过程。在电视节目后期制作过程中,根据不同的编辑设备、系统结构、存储介质、记录方式和工艺流程,可以将编辑方式分为线性编辑和非线性编辑。

1.2.1 线性编辑

1. 线性编辑的定义

线性编辑是指只能按照一定顺序存取和处理素材的编辑方式,通常指磁带编辑。它以
磁带作为存储介质,视音频是按照拍摄的时间顺序记录在
磁带上,素材的重放必须按照节目内容的先后顺序进行,不
能直接跳过某段素材。线性编辑系统通常由1~3台放像
机、一台录像机、视频切换台、调音台、特技机、字幕机、编辑
控制器、监视器和监听音箱等设备组成。图1.1所示是由
一台放像机、一台录像机、两台监视器和编辑控制器组成的
一对一线性编辑系统。

图1.1 一对一线性编辑系统

线性编辑的目的是利用编辑控制器将放机中的不同磁
带上的素材按照一定顺序转录到另一个磁带上。为了在磁带上给每帧图像提供一个绝对地
址,以便查找素材时能对磁带准确定位,线性编辑通常在磁带上记录时间码信号。由于磁带
记录节目内容是按时间的连续性的线性记录方式,因此称为线性编辑。

2. 线性编辑的优缺点

线性编辑以磁带作为存储介质,磁带不仅容量大、价格低廉,而且在编辑制作的过程中
直观实时,可以快速实时地录制成成品节目带,因此到目前为止仍然被各级电视台制作部门
采用。但线性编辑记录和重放的顺序性使得编辑过程缺乏灵活性,存在一定的局限。

(1) 素材不能做到随机存取。磁带的物理结构决定了线性编辑不能实现随机存取,在
编辑过程中,在磁带中寻找素材时录像机需要进行反复地卷带搜索,不仅浪费时间,影响编
辑效率,而且磨损磁带和磁头,降低了画面质量。

(2) 节目编辑修改困难。在线性编辑系统中,以磁带作为视音频素材的存储介质,信号
的记录和重放靠磁鼓和磁头,不能跳跃式地寻找素材。编辑好的节目难以修改,即使采用插
入编辑方式也只能替换相同长度的镜头,若需要修改、删除或插入不同长度的素材,则需要
重新录制,大大增加了工作量。

(3) 硬件设备数量多、费用高。有些线性编辑系统的构成非常复杂,包括编辑录像机、
放像机、编辑控制器、特技台、时基校正器、字幕机、调音台等,系统连线包括视频线、音频线、
控制线、同步基准线等,这些分立设备相互匹配、同步运行,现场操作复杂度高,且设备不具
备升级的开发性,经常更新设备,需要大量的资金。

3. 线性编辑中的几种编辑方式

在节目制作过程中,线性编辑用过的编辑方式有以下几种类型。

1) 脱机编辑和联机编辑

脱机编辑是相对于联机编辑而言的,是磁带编辑的主要形式之一。在20世纪80年代
初期,2英寸高档磁带录像机价格昂贵,运行、维护及制作成本很高。因此人们提出先利用
低档编辑设备进行预编,在较低成本的条件下完成对镜头的取舍,形成编辑决策表EDL,这
种编辑方式称为脱机编辑。联机编辑是导演根据EDL审片通过后,利用原版磁带素材和高
档录、放像机进行编辑,加入相应的特技和字幕,完成符合播出质量的成品节目带的制作

过程。

2) 组合编辑和插入编辑

组合编辑是指将不同时间、不同场合拍摄的分散在不同素材带上的视频、音频和控制磁迹等,按照预先确定的顺序,连续记录在母带上的编辑方式。插入编辑是指将素材插入到已编好的节目片段中,替换掉其中某段素材的修改补充编辑方式。

3) 粗编与合成编

粗编是指使用一对一编辑系统,利用组合编辑,完成节目基本结构的搭建,为节目的精编作好准备。合成编是通过二对一或多对一编辑系统,精编节目素材、添加画面特技、合成声音效果、叠加字幕等工序。

1.2.2 非线性编辑

1. 非线性编辑的定义

非线性编辑是相对于线性编辑而言的,它以计算机技术为基础,以硬盘为记录媒体,用计算机文件的形式存储和记录视音频素材。在编辑过程中,可以对节目素材进行随机存取,再配上相应的专业编辑软件,可以随意完成 A/B 卷或多通道特技、动画制作、字幕叠加、配音、配乐等的制作。因此,非线性编辑可以概括为利用计算机平台、视音频处理卡、视音频编辑软件所构成的系统对电视节目进行后期编辑和处理的过程。

2. 非线性编辑的优势

相对于线性编辑来说,非线性编辑是数字技术和计算机技术发展的产物,它具有以下几个优势:

(1) 非线性编辑系统中,素材采集和回放均采用了计算机数字化技术,各种技术指标和参数均优于模拟技术。同时素材采集大都采用数字压缩技术,通过不同的压缩比,可以得到不同质量的视音频素材。

(2) 采集后的素材以文件的形式存储在计算机硬盘中,内部全部采用数字信号,复制、调用、浏览和编辑素材都很方便,且没有损失。在编辑制作的过程中,非线性编辑能够轻松地进行素材的覆盖、插入和延长、缩短、删除等操作,且不影响原始素材本身的质量。

(3) 非线性编辑系统还整合了功能齐全的制作工具,如字幕、特技、动画和合成等,数字特技效果层出不穷、质量日趋完善、制作速度不断提高。同时,非线性编辑软件的界面直观、操作简单,软件的维修维护简单、升级方便、更新速度快。

(4) 实现了网络化。网络化非线性编辑系统可以实现资源共享,降低了设备投资成本,也提高了工作效率。

总之,非线性编辑能够最大限度地解除编辑设备对节目制作和创作的束缚,更好、更快、更准确地实现节目制作人员的创意和完成节目的制作。

3. 非线性编辑的局限和发展

非线性编辑系统是建立在计算机平台上的,计算机技术的发展影响和制约着非线性编辑技术的发展。

(1) 计算机的运算速度制约着视频特技效果。非线性编辑的视频特技实际上是对视频数据进行各种特定的运算,而视频的计算量十分庞大,计算机的运算速度直接影响到视频特技效果的实时性和非实时特技的计算时间。

（2）计算机硬件系统和软件系统自身的稳定性也是一个重要的影响因素。非线性编辑系统是建立在计算机硬件和软件系统之上的，计算机本身也是精密电子设备，也可能发生故障，导致非线性编辑系统无法正常工作。非线性编辑软件和数据库是安装在计算机系统软件之上的，系统软件的正常运行是保障非线性编辑系统运转的前提条件。

（3）非线性编辑以硬盘作为记录媒介，现有的存储设备也是机电一体化的产物，也存在着相当高的故障率。虽然可以采用磁盘冗余技术和备份技术对数据进行备份，但最严重还可能导致数据丢失。

（4）与线性编辑相比，非线性编辑需要花费时间将磁带中的素材采集到非编系统，以及从非线性编辑系统输出节目到磁带，送往播出，延长了节目制作的时间。

（5）非线性编辑中的许多特技由于现有计算机的限制还不能完全实现，计算和生成特技还需要时间，这些都对节目制作产生了制约。

1.3　非线性编辑常用术语

在使用数字非线性编辑系统的过程中有以下几个基本术语需要理解，它们有些是由电影和磁带编辑中使用的概念沿用下来的，有些则是数字非线性系统所特有的。

1. 片段（clip）

原意是一段影片素材镜头，又称"剪辑"。片段这个概念由电影产生、使用，数字非线性编辑软件继承了下来。

2. 过渡（transition）

镜头间的衔接形式叫过渡。无技巧的过渡是切换，有技巧的过渡有常用的各种划像、淡变、混合叠化和新颖的二维、三维数字特技。

3. 顺序（sequence）

顺序是一些片段（镜头）连接起来形成的一个场景，是一个相对完整的情节，常常包括视频、音频片段和生成的效果。

4. 项目（project）

由一个或多个场景组成的一个编辑段落。有时剪辑工作中途停下保存项目成果，所以项目不一定是完整的剧情。多个项目构成一部影片或电视节目。

5. 文件（file）

在数字非线性编辑系统中，所有素材都以文件的形式存储在记录媒体（硬盘、光盘）中，并以树状目录的结构进行管理。编辑工作主要用到两种文件：素材文件和工作文件。素材文件包括图形图像、视频、音频、动画和字幕等。工作文件包括用来记录编辑状态的项目文件和管理素材的库文件等。

6. 时间线（timeline）

时间线是非线性编辑软件里供编辑者监看和进行编辑操作的工作平台、编辑窗口。在数字非线性编辑系统中，时间线铺设视音频轨，以静态图案表示视频、音频和过渡特技。通过时间线，节目编辑人员可以对某一片段进行定位、监看等操作。

7. 索引画面（index frame）

为了把镜头的第一帧画面和最后一帧画面显示在时间线上，这两帧画面都被称作索引画面。索引画面的作用是提示镜头的内容,非线性编辑软件的素材库可以用索引画面代表视频文件,可以在时间线窗口同时展示多个索引画面。

8. 高清晰度电视(high definition television,HDTV)

就是在拍摄、编辑、制作、播出、传输、接收等电视信号播出和接收的全过程都使用符合高清晰度标准的数字技术和设备。编辑时要对高清晰度电视素材的参数进行设定。

9. 帧速率(frame per second,FPS)

组成视频或者动画的最小的单位就是帧,一帧就是一幅静止的画面。电视或者显示器上每秒钟扫描的帧数就是帧速率。帧速率的高低决定了视频播放的平滑程度。

10. 像素的宽高比和屏幕画幅的宽高比(pixel rate & screen rate)

画面水平方向像素数与垂直方向像素数之比。

11. 逐行扫描和隔行扫描(by line scan)

隔行扫描是将水平线分为奇数行和偶数行,然后轮流扫描。捕捉到的图像被分为奇数行组成的场和偶数行组成的场,从而保证使用的频带宽度较小且基本不闪烁。

逐行扫描按照行的顺序逐一扫描整个图像,也就是说,电脑屏幕每次以正常的顺序显示图像,所以不会产生闪烁现象。液晶显示器、基于薄膜晶体管的显示器、DVD和数字摄像机,这其中任何一种图像显示方式都可以采用逐行扫描技术。

12. SMPTE 时间码(society of motion picture and television engineers)

用"时、分、秒、帧"的形式标记、识别和记录视频数据流中的每一帧,从一段视频的起始帧到终止帧,其间的每一帧都有一个唯一的时间码地址。根据运动图像和电视工程师协会SMPTE使用的时间码标准,其格式是"小时:分钟:秒:帧"。

13. 电视形象包装(TV appearance design and packing)

根据现代媒体运作规律和美学理念,把电视节目或栏目作为一个频道或电视台的信息化产品整体策划和设计,调动各种视听元素和技巧进行个性化表达,形成电视频道自身品牌形象的一种电视业务。

14. 在线包装(on-line packing)

根据所播出的节目内容,实时地进行视觉效果强化,按照整体包装的设计要求,应用包装模板制作图形、字幕,实施虚拟合成的技术与艺术高度统一的创作方式。

本章要点提示

(1) 时码编辑的优点。
(2) 非线性编辑的定义。
(3) 非线性编辑技术基本术语。
(4) 电视形象包装的含义。
(5) 在线包装的含义。

第 2 章　非线性编辑系统结构

了解单机非线性编辑系统的基本结构是认识非线性编辑工作原理的第一步。本章讨论独立的非线性编辑系统的主要组成模块,按照非线性编辑系统的基本结构、非线性编辑系统的计算机基础平台、视频处理子系统、音频处理子系统、输入输出接口的顺序学习。存储子系统、非线性编辑软件平台两部分会在专门的章节论述,为了内容的系统性才在这里进行简述的。网络非线性编辑系统的结构将在以后章节讨论。

2.1　非线性编辑系统的构成

一个独立的非线性编辑系统包括以下几个子系统:计算机基础平台、视频处理子系统、音频处理子系统、存储子系统、非线性编辑软件(软件平台)、信号输入输出接口。图 2.1 是独立非线性编辑系统结构的示意图。

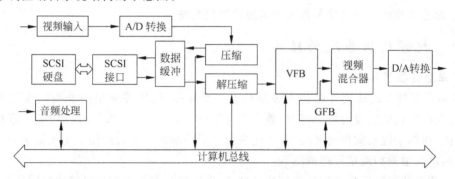

图 2.1　独立非线性编辑系统的结构

计算机基础平台主要完成数据存储管理、音频处理、视频处理、字幕特技处理和软件运行等任务。非线性编辑视频卡是视频处理子系统所在的板卡,视频处理子系统主要完成视频信号的输入处理、压缩与解压缩,有些独立的非线编系统有特技混合处理、图文字幕的专用板卡,而有些则是特技字幕软件实现叠加功能;音频处理子系统根据用户设置完成音频信号的采样、量化、编码等数字化处理,以及存储读取处理。对于单机非线性编辑系统来说,网络连接是一般意义上的计算机网络连接,获取素材还是通过录像机。编辑完成后输出的数字视频由录像机记录或输出到播出系统,还可由串行数据线输出到数据磁盘阵列或磁带机存储备用。

非线性编辑软件是为了编辑创作而开发的专门的应用软件,可以称之为非线性编辑软件平台,是一整套指令,它提供良好的图形界面,指挥计算机平台和视音频处理子系统工作。应用软件分为通用非线性编辑软件和专用非线性编辑软件。

对于模拟录像机,信号处理需要经过如图 2.2 所示的处理过程,这种录像机仅在企业或

8

县级电视台使用了。计算机的操作系统和编辑软件装在系统盘里,音视频数据存在数据硬盘(磁盘阵列)中,两种硬盘是分开的。非线性编辑系统的工作流程与图 2.1 相同,对于输入的模拟视频信号进行 A/D 转换后再进行压缩、记录在数据盘中;编辑时从数据盘调出、解压缩、视频混合,送到视频特技处理卡或由特技软件进行数字特技处理、叠加字幕,经 D/A 转换送往录像机记录或播出。

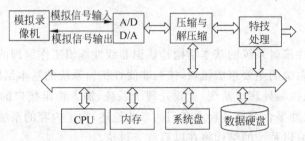

图 2.2　模拟录像机与非线性编辑系统连接

2.2　视频处理系统与音频处理系统

非线性编辑的视频处理系统有单通道、多通道、内存中心结构和 Flex 3D 特技等结构形式。新闻编辑、广告播出时的编辑采用单通道编辑系统,一般的电视节目采用双通道编辑系统,复杂的艺术片或大型文体节目采用多通道编辑系统。

2.2.1　视频处理系统的结构

1. 单通道视频系统

单通道视频系统从硬件结构上讲是只有一个压缩/解压缩通道的非线性编辑系统结构,通常在硬件构成上没有数字特技、数字混合部分,因此只具备采集、压缩、解压缩和编码输出功能,在两个镜头间作过渡处理,不能进行二对一编辑。前边的图 2.1 就是增加了特技处理卡的单通道视频系统原理框图。

单通道系统视频采集过程是视频流经过 A/D 转换将模拟视频信号转成数字信号,经由视频缓存器 VFB,通过压缩编码后存为视频文件。单通道系统视频播出是通过 SCSI 接口读取视频文件,经过解压缩后将视频文件送入 VFB,再通过 D/A 转换成视频信号输出。

单通道系统中的音频信号有独立的处理通道,在压缩或解压缩时将音频编码到文件中或解码送入音频轨道。

2. 双通道视频系统

图 2.3 是双通道视频系统的原理图,双通道视频系统增加了 DVE(digital video effect,数字视频特技)、Key(键特技,包括亮度键、色度键和 Alpha 键)和混合器。

双通道视频系统的视音频子系统的硬件包括外部视音频输入模块、压缩采集和压缩回放模块、图文产生模块、二维数字特技模块、三维数字特技模块、多层叠加模块、预览输出及主输出模块。可以看出,两个压缩解压缩通道构成的两路独立的视频流相当于两个放像机,视频流与在字幕叠加(GFB)中存放的图文字幕通过混合器与其他两路视频混合。还可以有一路视频作为背景。

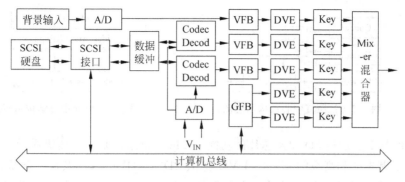

图 2.3 双通道视频系统编辑原理图

Movie-2 数字视频与音频扩展总线：Matrox 公司 1995 年推出了 Movie-2 总线的数字视频与音频扩展总线。Movie-2 总线是符合 ITU-R601(广播级)标准的介质流总线,总线速率超过 242MB/s。

Movie-2 总线上的数据是高速连续传输的,不需要 FIFO 缓冲器。视频采样时钟是 13.5MHz,音频采样时钟是 48kHz,都是由 27MHz 的主基准上分频得到的,以保证视频与音频准确同步。Movie-2 总线的连接方式如图 2.4 所示。

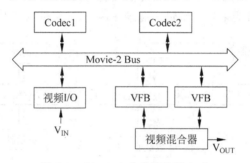

图 2.4   Movie-2 总线的连接方式

3. CPU＋GPU＋I/O 结构

采用软件编码、解码器,充分利用 CPU 与显示卡加速芯片 GPU 协同处理技术,在编解码、特技效果、节目合成、节目输出方面实现了实时操作。I/O 卡作为标准的输入输出接口,可以提供多层高画质视频的实时下载输出。由于软件解码器兼容的文件格式不受限制,这种结构可以实现 DV 类、WMV9、MPEG2 等多种文件格式的混合编辑和混合输出。这可以提高效率、降低价格,方便升级。

4. 内存中心结构

Pinnacle 公司的高端视频编辑卡普遍采用了该公司独到的革新方案——"内存结构",用来代替传统的"视频流中心结构"。图 2.5 是一般的多通道非线性编辑采用的"视频流中心结构"示意图,图 2.6 是"内存中心结构"的解决方案的示意图。

5. Flex 3D 特技结构

Flex 3D 是 Matrox 公司 2000 年推出的硬件基于 Flex 三维技术的实时视频混合和特技结构。这是一种可编程的结构,使用 Matrox 3D 图形加速芯片和图文存储器将 3D 纹理实时贴到视频上,快速创造无限种可调关键帧,运动视频或图文被当作材质源并贴到基于多

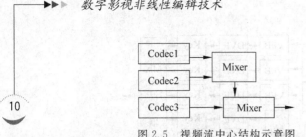

图 2.5　视频流中心结构示意图

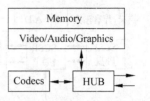

图 2.6　内存中心结构示意图

边形的 3D 形状上。通过 3D 加速芯片的功能和 Flex 3D 结构制作广播级质量特技,如有以下实时特技:基本的和高级的 2D/3D DVE、遮蔽 2D/3D DVE、移动及尺寸调整、3D 瓦片特技、变形特技、漩涡特技、立方体特技、镜头璇光特技、球特技、摇移特技、软聚焦特技、镜框贴图特技、不规则划像特技等。

2.2.2　音频处理系统

音频编辑的任务主要是完成音频素材的剪辑、排列、添加效果和多轨混音,音频特效处理则主要是利用转场与滤镜等工具调整声音,使其产生变化或具有某种特殊效果。音频编辑是非线性编辑工作中的一个关键步骤,音频编辑可以创造出视频画面所不能充分表现的内容,可以通过音效将作品的深刻内涵展现在人们的面前。

音频处理的工艺流程为采集—编辑—混录—输出,计算机音频工作站连接如图 2.7 所示。

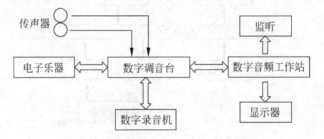

图 2.7　计算机音频工作站连接示意图

非线性编辑系统对音频的处理方法见 6.3 节数字音频压缩、解压缩技术。非线性编辑系统中设置多种格式编码解码器,配合软件对音频进行剪切和特效处理。

2.2.3　视频编辑卡

以计算机为基础平台的非线性编辑系统,关键部件是非线性编辑卡,其他软、硬件都是对非线性编辑板卡功能的辅助与发挥,非线性编辑板卡也是非线编系统设备选型的重要因素。

1. 国内典型非线性编辑板卡

国内典型非线性编辑板卡公司有中科大洋、索贝、新奥特等视频科技公司。

(1) 中科大洋科技公司为非线性编辑工作站 D-Cube-Edit 开发的标清网络非线性编辑卡是 RedBridge Ⅱ;针对高清晰度影视剧、电视剧专题片、新闻节目等应用,又开发出广播级高清网络非线性编辑卡是 RedBridge Ⅲ,RedBridge Ⅲ 填补了国产高清板卡领域的空白,是 20 年来继广电字幕机技术、非线性编辑技术和视频数字化、网络化技术之后,大洋公司创造的又一个科技成果。RedBridge Ⅲ 在各项指标上都达到或超过了国际通用标准,RedBridge Ⅲ 的视频接口和音频接口均采用国家标准中的上限,有效保证了高清的演播室质量;在图像精度处理方面,RedBridge Ⅲ 内部采用 16bit 的计算精度,以及 4∶4∶4 全色度采样格式,比现行通用标准图像细节还原度提升数十倍。

(2)索贝数码科技公司的后期制作产品中,单机非线性编辑系统是 Editmax 系列,网络方面有 E-NET2 系列小型制播一体化网络、SOBEY-NET 电视节目生产网络系统、SOBEY-MAM 大型媒体资产管理系统。索贝公司推出了基于 CPU＋GPU 架构的非线性编辑系统 Editmax 1 系列,开发的新一代 CPU＋GPU 引擎命名为 A. R. T(advanced realtime techlonogy)引擎,用于非线性编辑的平台 Editmax 7 是一款高性能的高标清一体化引擎,可以支持 3 层以上高清格式实时编辑和输出,并同时至少具有 2 个以上的 3D 高清特技,具有全功能的视频键轨道和时间线容器,具有与 AE 相类似的实时合成能力。

(3)新奥特视频技术公司后期制作的产品主要是喜马拉雅系列非线性编辑系统,包括 Himalaya Xtreme 系列高清、标清高端产品,Himalaya Advanced 系列普及产品,Himalaya Mobile 系列多用途编辑系统。与创新威特数码公司签署了 Venus Edit 系列非线性编辑产品协议,Venus Edit 基于新奥特新一代 I/O 板卡,运用 CPU＋GPU 高性能实时处理,支持多格式、多分辨率、多轨道实时混合帧精确编辑,实时高标清混合编辑,实时上下变换;提供高质量视频制作平台。

2.国外典型非线性编辑板卡

国外专业市场上专业非线性编辑板卡生产公司有 Matrox 公司、Pinnacle 公司、DPS 公司、Canopus 公司、Avid 公司等。下面主要介绍流行于我国的 Matrox 公司的板卡——DigiSuite 系列非线性编辑板卡,包括 DigiSuite、DigiSuite LE、DigiSuite DTV 和 DigiSuite LX,以及 Matrox RT 系列板卡。DigiSuite 套卡被国内多家公司选用。它以 5 层实时处理、5 个通道都可以独立设置多重特技支持特技制作。DigiSuite 套卡的结构如图 2.8 所示。

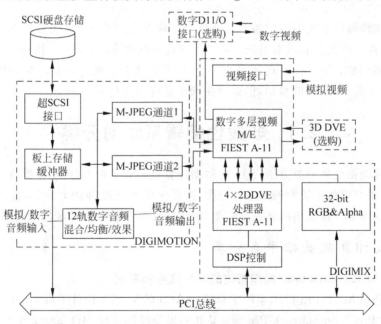

图 2.8 DigiSuite 方框图

DigiSuite 套卡的信号压缩格式:M-JPEG,双路,每路压缩比 1.3∶1 到 200∶1 可调,支持 16∶9。实时层:一层动态背景、二层数据视频、一层外部视频、一层字幕,共 5 层实时通道特技处理。5 个独立的 2D DVE、1 个实时 3D DVE、2 个 WIPE 发生器、2 个色键、2 个亮键、图形键发生器、5 个滤镜发生器、2 个马赛克发生器、3 个色彩调整器、3 个色调分离器、5 个透明控制器、5 个变速控制器(无级速快、慢动作和倒放),1/16 子像素缩放功能;捆绑软件有 Adobe Premiere RT、Inscriber CG、Boris FX 3D Plug-in、Digisuite Utilit。3D DVE 选件:Movie-2 标准总线的 Genie DVE 三维特技实时处理卡。

2.3　视音频数据存储系统

电视台视音频数据存储系统分为在线存储、近线存储、离线存储几种存储形式。一般情况下在线存储使用磁盘冗余阵列 RAID、近线存储使用光盘塔、离线存储使用磁带机。

磁盘冗余阵列的概念是由美国加州大学 Berkeley 分校的 David. Patterson 教授等人于 1988 年提出的,它的全称是 Redundant Array of Independent Drives。磁盘阵列是利用若干台小型硬磁盘驱动器加上控制器按一定的组合条件,组成的一个大容量的、快速响应的、高可靠的存储子系统。由于可有多台驱动器并行工作,大幅度提高存储容量和数据传输率,而且采用了纠错技术,提高了可靠性。

RAID 是目前存储子系统提高速率和冗余的主要手段,发明 RAID 的本意是为了容错,共分为 RAID-0、1、3、5、10、30 和 50 等模式级别,RAID-0、1、3、5 级已标准化。RAID-6 虽有使用但没有统一标准。RAID 技术使无损压缩和无压缩的单路视频捕获不丢帧,并能实现视频压缩数据的多路捕获和回放。它允许带电更换磁盘驱动器,损坏的驱动器取下换上新的驱动器后,系统能自动生成原来驱动器上的数据,这正是高性能并行计算机和网络服务器所需要的。

目前非线性编辑系统中使用的 RAID 分为三种方式:第一种方式是独立于计算机的硬盘阵列,具有独立的机箱和供电系统;第二种方式是软件 RAID,软件 RAID 必须在操作系统建立后才能创建;第三种方式是 RAID 卡,这种方式介于独立硬盘阵列和软件 RAID 之间,它可分担一部分 CPU 的负担,但必须在操作系统建立后才能创建。

2.4　非线性编辑系统的分类

非线性编辑系统的分类方法很多,有根据计算机基础平台的分类,根据视频压缩方式的分类,还有按独立单机系统和网络系统分类,按系统的特技处理能力分类,按系统软硬件的开放情况划分等等。最常用的还是前两类,后边的分类只是强调系统的某些属性。

2.4.1　按计算机基础平台分类

1. 基于 MAC(Macintosh)操作系统的非线性编辑系统

如苹果公司 MAC Pro HD,系统平台是 MAC OS X,编辑软件平台 Final Cut Studio,兼容 Final Cut Pro 5、Soundtrack Pro 等;又如苹果非线编系统 HD-2000;还有 Avid 公司的产品 MC-8000、MC-1000、MEDIA-100 等。

2. 基于 PC 平台(微软操作系统、英特尔芯片为主)的非线性编辑系统

如中科大洋科技公司的非线性编辑工作站 D³-Edit,索贝公司高标清编辑系统 Editmax 7,

新奥特后期制作的产品主要是喜马拉雅系列非线性编辑系统,包括 Himalaya Xtreme。上述系统采用 Windows 操作系统,以 Intel 及其兼容芯片为核心,型号丰富。

3. 基于图形工作站的非线性编辑系统

如电影实时剪辑特效系统——Autodesk Smoke,运行在 SGI Octane 2 以上的平台上面,可以支持高清分辨率 4:4:4 非压缩的数据的实时剪辑、合成以及特技制作。又如 Autodesk Smoke 2009、Autodesk Inferno 2009、Autodesk Flame 2009 和 Autodesk Flint 2009 的扩展包的应用。

2.4.2 按压缩方法分类

1. 采用 Motion-JPEG 压缩格式的非线性编辑系统

Avid 早期的非线性编辑系统多数基于 MAC 平台,采用 Motion-JPEG 压缩格式。

2. 采用 MPEG 子集压缩格式的非线性编辑系统

SONY 公司 Betacam SX 系列摄录编设备的配套非线性编辑工作站 ES7,使用 MPEG 标准的 4:2:2 MP@ML 压缩方法。

3. 采用 DV、DVCAM 和 DVCPRO 压缩格式的非线性编辑系统

由于宽度为 6.35mm 的 DV 磁带应用越来越广泛,基于 DV 压缩方式的非线性编辑系统越来越多。

其他如小波变换压缩方法的非线性编辑系统,实际产品不多,但是有逐渐增加的趋势。这里暂时不列入分类。

2.4.3 其他分类方法

其他分类方法强调系统的某一属性,有按独立单机系统和网络系统分类,按所处理数字电视信号的格式分类,按系统的特技处理能力分类,按系统软硬件的开放情况划分等等。

1. 按独立单机系统和网络系统分类

(1) 单机非线性编辑系统。

(2) 网络非线性编辑系统。

2. 按所处理数字电视信号的格式分类

(1) 高清晰度非线性编辑系统。

(2) 标准清晰度非线性编辑系统。

(3) 非标准清晰度非线性编辑系统。

3. 按系统的特技处理能力划分

(1) 实时特技非线性编辑系统。

(2) 多层画面实时合成系统。

(3) 非实时非线性编辑系统。

4. 按系统软硬件的开放情况划分

(1) 专用型非线性编辑系统。

(2) 通用型非线性编辑系统。

2.5　非线性编辑系统的总线和周边设备

2.5.1　计算机系统总线与视频总线

借助当前的超大规模集成电路技术,使得帧同步机、数字特技发生器、数字切换台、字幕机、磁盘录像机和多轨 DAT 技术的数字视频设备的功能能在标准的数字板卡上实现。PCI-Express 采用全新的 PCI 硬件架构,支持 Intel 最新的芯片组,支持 16 条渲染管线,使总线带宽、渲染能力大幅度增强。PCI-Express 结构上的高端 PCI 平台,还可以使用对显示卡要求较高的 Combustion、Boris、AE 等特技包装软件;它以 CPU＋GPU 协同工作为技术核心,达到低成本、稳定和实时性好。板卡上的硬件可直接进行视音频信号的捕获、编码解码、回放,甚至直接管理素材硬盘,计算机则负责管理图形用户界面、字幕、网络等功能,实现了多层画面的实时合成,使视频与音频信息处理不依赖计算机的速度,计算机本身也在迅速发展,PC 已从 32 位过渡到 64 位,CPU 主频已经达到了 4GHz 以上,操作系统已经直接支持视频与音频操作,非线性编辑系统的基础平台不断完善。

视频总线技术解决了 PCI 总线传输视音频数据的瓶颈问题。前述的 Movie-2 总线是广播级标准清晰度的介质流总线,总线速率超过 242MB/s,视频采样频率 13.5MHz,音频采样频率是 48kHz,视频与音频准确同步。

2.5.2　非线性编辑系统的周边设备

非线性编辑系统的周边设备主要有磁带、磁盘或光盘录像机、视频切换开关和视频监视器及音频设备、网络接口等。前一时期按照与其配置的录像机格式,非线性编辑系统的周边设备有数字分量 D1、D5 非压缩、D7(DVCPRO)、Digital Betacam、DVCAM 格式的数字电视设备,数字复合有 Digital S、D2、D3 格式的数字电视设备。目前上下载均采用 SDI、DV 串行数据接口,既使是硬盘摄录一体机和硬盘、光盘录像机都能简单接入。

2.5.3　非线性编辑系统的系统配接

前期数字视频设备和非线性编辑系统的有机结合,再辅助以高速数据传输、网络化资源共享等新技术以及硬盘录像机、盘带式录像机等可以组成全数字的电视节目制作系统。图 2.9 是 PC 平台非线性编辑系统与周边设备系统的配接示意图。

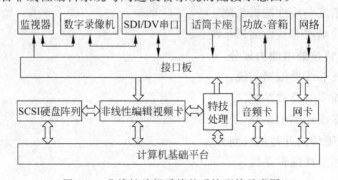

图 2.9　非线性编辑系统的系统配接示意图

2.6 非线性编辑系统的功能

单机非线性编辑系统和网络非线性编辑系统的存储和传输技术有很大差别,但是功能基本一致。

1. 非线性编辑系统的基本功能

非线性编辑系统的基本功能包括:

(1) 能完成 PAL 等多种制式的广播级电视视频、音频信号的输入、输出。

(2) 能始终保持视音频的同步。

(3) 全部编辑工作可以精确到每一帧。

(4) 能实现特技台的一些特技效果和字幕特效,因而也具备一定的包装功能。

(5) 在视频指标上,符合标清或高清,标清音频达到 CD 标准,高清输出 AC-3 音频。

2. 扩展功能

非线性编辑系统功能正在走向集成化、网络化,它的扩展功能有三维动画设计制作、特技效果制作、电视形象包装、MIDI 作曲和演奏、音响编辑、大容量节目的保存和使用和以 DVD 形式存储历史资料片等。

本章要点提示

(1) 独立的非线性编辑系统的基本结构。

(2) 视频处理系统中的双通道结构和 CPU+GPU+I/O 结构。

(3) DigiSuite 套卡结构。

(4) 非线性编辑系统按操作系统和压缩方法的分类方法。

(5) 非线性编辑系统的基本功能。

第3章 数字视频技术

说到视频,大家第一个想到的应该是日常生活中随处可见的电视,电视产生于 20 世纪 30 年代,经历了从黑白到彩色、从无线到有线的重要变化过程。近几年基本完成了从模拟到数字的转变,这个过程对于电视节目的前期拍摄和后期制作非常重要,大大降低了电视节目的制作成本和简化了制作流程,下面对与非线性编辑有关的数字视频技术作一个简要的介绍。

3.1 视频的基本概念

3.1.1 人眼的视觉特性

人类每天获得的信息 80% 来自视觉。只有 380～780nm 波长范围的电磁波才能被人类视觉系统感知,因此这段范围内的电磁波称为可见光。它与无线电波、红外线、紫外线、X 射线、γ 射线等电磁波并无本质差异,唯一不同的是它们的波长。在人的视网膜上分布着光敏细胞,这些光敏细胞可以分为两类:一类是杆状细胞,一类是锥状细胞。杆状细胞只能感觉到光的强弱,不能分辨颜色;而锥状细胞不仅可以感觉到光的强度,还能分辨出不同的色光。所以辨别颜色要靠锥状细胞,明暗程度则两者都能感知,根据科学研究,杆状细胞对光强的灵敏度比锥状细胞高得多。图 3.1 中右边的曲线表现的是在白天正常光照下人眼对各种不同波长光的敏感程度,它称为明视觉视敏函数曲线。明视觉过程主要是由锥状细胞完成的,它既产生明视觉,又产生彩色感觉。因此,这条曲线主要反映锥状细胞对不同波长光的亮度敏感特性。在弱光条件下,人眼的视觉过程主要由杆状细胞完成。而杆状细胞对各种不同波长光的敏感程度将不同于明视觉视敏函数曲线,表现为对波长短的光敏感度有所增大,即曲线向左移,称为暗视觉视敏函数曲线,如图 3.1 中左边的曲线所示。在弱光条件下,杆状细胞只有明暗感觉,而没有彩色感觉。当这两种细胞感光以后,即发生化学变化,把光波转化为一种能够刺激视网膜神经组织的能量。在这种能量的作用下,视网膜的神经组织就兴奋起来,将信号传递给大脑皮层的相应部位,大脑皮层就会产生与此相应的视感。从人的视觉系统看,色彩可用色调、饱和度和亮度来描述。人眼看到的任一彩色光都是这 3 个特性的综合效果。总的来说,人眼对亮度的敏感程度比对颜色的敏感程度要高。当观看图像的细节时,人眼只能感觉到亮度的区别,对色彩的感觉要迟钝一些。

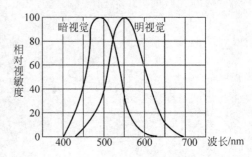

图 3.1 人眼的视敏曲线

3.1.2 电视信号及其分类

人眼的视觉特性是制定电视标准的基础。电视是由黑白发展到彩色,所以在彩色电视发明以后,为了兼容黑白电视信号,并没有直接采用符合彩色电视机屏幕显示原理的 RGB(红绿蓝)彩色模型和符合人眼特性的 HSI 彩色模型,而是把彩色电视信号分成亮度信号和两个色差信号分别传送。其中,亮度信号 Y 根据亮度方程由红、绿、蓝三基色信号得到:

$$Y=0.30R+0.59G+0.11B$$

色差信号分别为 R-Y、G-Y 和 B-Y。3 个色差信号一般只取两个,第三个可以由另外两个计算得到。彩色电视中一般选择 R-Y 和 B-Y 这两个色差信号。

人眼对亮度的敏感程度较高,当传输彩色电视信号时,亮度信号赋予较宽的带宽,以保证图像的清晰度,而色差信号的带宽较窄,可以实现大面积着色。我国的彩色电视信号带宽为 6MHz,而两个色度信号带宽均为 1.3MHz。

由于电视技术发展标准并不统一,目前世界上共有三种彩色电视信号制式:

(1) 正交平衡调幅制——National Television Systems Committee,简称 NTSC 制。采用这种制式的主要国家有美国、加拿大和日本等。

(2) 正交平衡调幅逐行倒相制——Phase-Alternative Line,简称 PAL 制。中国、德国、英国和其他一些西北欧国家采用这种制式。

(3) 行轮换调频制——Sequential Coleuravec Memoire,简称 SECAM 制。采用这种制式的有法国、前苏联和东欧一些国家。

这三种彩色制式互不兼容,只各自兼容相应的黑白制式。但是随着节目来源的增多,如卫星电视、视盘,市场上的电视是多制式电视机。这里所说的制式不只是平常所说的 PAL、NTSC、SECAM 彩电三大制式,而是说一台电视机可以接收多少种制式的信号,如双制式是指既能接收我国内地电视图像和伴音,又能接收香港电视图像和伴音;28 制式能接收六种电视广播、八种特殊录像机放像、七种激光视盘放像和七种有线电视系统的信号。

3.1.3 视频信号的产生

电视信号从产生的现场到达电视机的屏幕需要依次经过以下步骤:

(1) 摄像机拍摄录制。摄像机在拍摄现场把场景中的可见光聚焦到分光系统,然后把接收到的彩色光像分解为红、绿、蓝 3 种光像,分别投射到三个电荷耦合器件(CCD)上,把光信号转换成电信号,经过处理后通过切换台直接播送出(作为信号直接发送出去,即实况转播)或通过录像磁头将电信号转换成磁信号记录在磁带上。

(2) 后期编辑制作。素材被记录在硬盘中,在编辑以前把素材录制到非线性编辑系统的数据硬盘里,这个过程叫"上载"。使用非线性编辑系统进行后期制作,编辑完后,把节目重新录制到磁盘或磁带上的过程叫"输出"。

(3) 播控。电视台播出的电视信号既可以来自存储节目的数据盘或磁带录像机,也可以来自切换台的输出端(直播)。电视信号被调制后,通过卫星、地面无线传输系统、有线电视网或者多种传输手段相结合,送到接收机中。数字化无磁带播出即将取代传统的磁带化播出方式。计算机海量存储技术、数字压缩编码技术、光纤通信技术、多媒体通信技术、磁盘技术的发展以及数字化设备成本的不断降低,将使播控系统发生质的变化,使网络的电视播控完全数字化,从而极大地提高电视信号的播出质量。

3.2 视频的数字化

数字视频是一种用二进制数进行编码、压缩、再传输的图像信源,它较传统的模拟制式图像信源相比,更适合多次中继的远距离通信,易于多次复制,并且抗干扰能力强,保密性好,有效地提高了电视的质量。数字化技术在视频图像中的成功运用,变换编码及图像编码的标准起着关键性的作用。

3.2.1 像素

图像在日常生活中随处可见,广义上它是自然景物反射或透射的光线经人们的视觉系统在脑海中形成的一种认知的过程,就是说被视觉系统

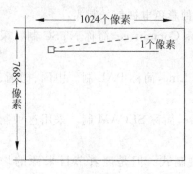

图 3.2 数字图像的像素矩阵

接收的信息是图像。相比文字、言语,图像具有能够更直观地描述事物的特点。而组成数字图像的最小基本单元就是像素,所以它也是组成数字视频的最小基本单元。如果计算机屏幕可以显示 1024×768 大小的数字图像,在行方向上有 1024 个像素,在列方向上有 768 个像素,如图 3.2 所示,那么这幅图像总共有 1024 × 768 = 786 432 个像素。像素不是圆点,而是呈方形。它的大小主要受采样间隔、电视制式的影响。

3.2.2 采样

一帧视频可以看成是二维连续函数 $f(x, y)$,也就是由无限个点组成的物体。要把这无限个点转化为有限个点,就要每隔一定距离取一个点,这个点就代表了这段位置上的信号电平。图 3.3 就是对一维信号采样的过程,视频一般在水平、垂直方向上分别采样,如图 3.4 所示。那么通过这种方式就可以把原本无限的点组成的视频,化为有限个点组成的视频。

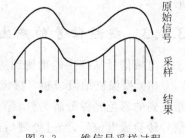

图 3.3 一维信号采样过程

每两个点之间的距离称为采样间隔,这个点就是像素。人们得到的是一个二维的像素矩阵,它具有有限的个数,由每行采样的点乘上每列采样的点决定。人们常说 1024×768 大小的数字图像,就是说在行方向上采样 1024 个点,在列方向上采样 768 个点。

视频信号经过采样后所获得的数字视频的效果与以下价格评价参数有关:

(1) 分辨率,采样所获得一帧视频总像素的多少,通常称为分辨率。例如,一帧 1024×768 视频的总像素为 786 432 个,所以在购买具有这种分辨率的数码摄像机和数码相机时,产品性能说明书上会给出 80 万像素分辨率这一参数。

(2) 采样密度,指在视频上单位长度所包含的采样点数。采样密度的倒数是像素间距。

(3) 采样频率,指一秒钟内采样的次数。它反映了采样点之间的间隔大小(图 3.4),采

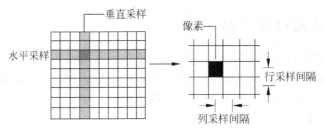

图 3.4 图像的二维采样过程

样频率越高,丢失的信息越少,采样得到的样本越细致逼真,视频的质量越好,但要求的数据存储量也越大。

3.2.3 量化

在确定一帧视频的像素个数之后,还没有完成视频数字化的工作,还需要对像素进行赋值,原始视频所具有的颜色也是连续的,也可以认为是由无数种颜色组成的,由电脑来处理无数个点也是不现实的,所以需要每隔一定的色差来取颜色,这就是量化,其实就是在信号的赋值上进行"分层次",如图 3.5 所示。在量化以后,每个像素都具有了一个值,这个值就代表了相应的颜色。所以最后获得的就是一个二维的数字矩阵,它有有限的像素,每个像素都有一定的值,把这样的数据按某种格式记录在视频文件中,就完成了图像数字化的过程。可以看出,数字化处理的视频编辑其实就是在处理一些"数字"。

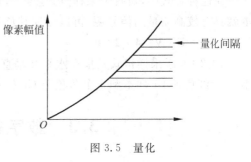

图 3.5 量化

量化会引入量化误差,即模拟的电平值与量化后得到的值之间的差值。在非线性编辑系统中,图像质量的下降主要发生在量化阶段。量化误差在电视画面上一般表现为马赛克或伪彩色等失真现象。减少量化误差最简单的方法是提高量化级数。图 3.6 所示的是不同量化级数对图像质量的影响。

(a) 原始图像(256灰度);

(b) 量化图像1(64灰度);

(c) 量化图像2(32灰度);

(d) 量化图像3(16灰度);

(e) 量化图像4(4灰度);

(f) 量化图像5(2灰度)

图 3.6 不同量化级别对灰度图像质量的影响

3.2.4 数字视频的采样格式

根据电视信号的特征,亮度信号的带宽是色度信号带宽的两倍。模拟视频数字化时对信号的色差分量的采样率低于对亮度分量的采样率。用 Y∶U∶V 来表示亮度 Y、B-Y 和 R-Y 两色差三个分量的采样比例,则数字视频的采样格式有如下 4 种:

1. Y∶U∶V=4∶1∶1

这种方式是在每 4 个连续的采样点上,取 4 个亮度 Y 的样本值,而色差 U、V 分别取其第一点的样本值,共 6 个样本。显然这种方式的采样比例与全电视信号中的亮度、色度的带宽比例相同,数据量较小。

2. Y∶U∶V=4∶2∶2

这种方式是在每 4 个连续的采样点上,取 4 个亮度 Y 的样本值,而色差 U、V 分别取其第一点和第三点的样本值,共 8 个样本。这种方式能给信号的转换留有一定余量,效果更好一些。这是通常所用的方式。

3. Y∶U∶V=4∶4∶4

在这种方式中,对每个采样点,亮度 Y,色差 U、V 各取一个样本。显然这种方式对于原本就具有较高质量的信号源,可以保证其色彩质量,但信息量大。

4. Y∶U∶V=4∶2∶0

4∶2∶0 子采样格式是指在水平和垂直方向上每 2 个连续的采样点上取 2 个亮度 Y 样本、1 个红色差 Cr 样本和 1 个蓝色差 Cb 样本,平均每个像素用 1.5 个样本表示。

3.3 数字视频编码技术

数字化后的视频信号数据量巨大。因此,需要对数字化后的视频进行压缩,数字视频压缩编码技术就成为了数字视频技术发展的关键。

3.3.1 视频信息的冗余

要降低视频数据量并不难,但是减少视频信息不能减少到无法识别视频的程度,所以需要有一个最低限度,可以认知视频最基本信息的程度就是视频的基本信息量,而可以去掉且不影响认知图像的这部分数据就称为冗余。

视频数据中主要存在以下几种冗余:

(1) 空间冗余:这是视频数据中经常存在的一种冗余。在同一帧视频中,规则排列的景物和其他有一定规律排列的图案是具有一定相关性的,或者说可以从一个物体的位置推测出下一个物体的位置,这称为物体的相关性,这些相关性可以用来使数据的描述变得简单。这些相关性在数字视频中就表现为数据冗余。

(2) 时间冗余:一般出现在视频中的两帧相邻的图像中,前一幅图像和后一幅图像有较大的相关,如前一幅图像大部分与后一幅图像相似或者前一幅图像部分有一定运动轨迹可以推测出在后一幅图像中的位置,这就是相关性。

(3) 视觉冗余:人类的视觉系统由于受生理特性的限制,对于视频的变化并不是都能感知的。有些变化很小,不容易被视觉所察觉,这时人们会认为视频在这些变化处没有变化,这样的变化可以被忽略,不影响人们对视频信息的解读,所以可以去除这样的冗余。

所以在进行视频压缩时就要考虑如何可能多地去除冗余,又使视频质量尽量保持原状。针对不同类型的冗余,人们已经提出了许多方法来进行压缩。

3.3.2 视频压缩方法的分类

视频压缩技术发展至今,已经出现了多种方法,这些方法有的针对特定冗余,有的针对视频的特殊排列。目前来看,可以把视频压缩按照下述特征进行分类:

1. 无损压缩和有损压缩

无损压缩法的根本原理是将相同的或相似的数据或数据特征归类,使用较少的数据量描述原始数据,达到减少数据量的目的。其实就是去掉或减少了视频中的冗余数据,这些冗余数据是根据相关性去除的,可以根据一定的相关性进行恢复,所以无损压缩是一个可逆的过程,也就是说数据信息在解压后可以完全恢复。例如,图3.7中一帧视频中连续4个像素均为紫色,描述语言为"这是一帧2×2的视频,视频的第一个像素是紫的,第二个像素是紫的,第三个像素是紫的,第四个像素是紫的",一般就是4个像素每个按照视频像素所占位数来存储,但是无损压缩的描述语言就可以把问题变得简单:"这是一帧2×2的视频,整幅视频都是紫色的"。具体操作时就可以转换为一个按照像素所占位数和4这个数,按照4这个计数连续输出就可以了,这样就节省了大量存储空间,同时没有影响视频信息。所以无损压缩又称无失真压缩,平时在使用电脑时常用的RAR就是这样的无损压缩。

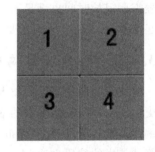

图3.7 一幅全为紫色的图像

有损压缩是利用人眼的视觉特性有针对性地简化不重要的数据,以减少总的数据量,这种简化是直接把信息丢弃,所以解压时信息不能完全恢复到解压前的状态。这种压缩是不可逆的,所以称为有损压缩。虽然视频在压缩过程中会有一定程度的失真,但由于去除了一些不重要的数据,再压缩将可以减少更多的冗余,有损压缩可以大幅减小视频需要存储的数据量。一般来说压缩比都比无损压缩要高,所以经常用于数字视频的网络存储与传输。

2. 帧内压缩和帧间压缩

帧内压缩也称空间压缩。当压缩一帧图像时,仅考虑本帧的数据而不考虑相邻帧之间的冗余信息,这实际上与静态图像压缩类似。帧内一般采用有损压缩算法,由于帧内压缩时各个帧之间没有相互关系,所以压缩后的视频数据仍可以以帧为单位进行编辑。帧内压缩一般达不到很高的压缩效率。

帧间压缩是基于许多视频或动画的连续前后两帧具有很大的相关性,或者说前后两帧信息变化很小的特点,也即连续的视频其相邻帧之间具有冗余信息,根据这一特性,压缩相邻帧之间的冗余量就可以进一步提高压缩效率,减小压缩比。帧间压缩也称时间压缩,它通过比较时间轴上不同帧之间的数据进行压缩。帧间压缩一般是无损的。帧差值算法是一种典型的时间压缩法,它通过比较本帧与相邻帧之间的差异,仅记录本帧与相邻帧的差值,这样可以大大减少数据量。

3. 对称性压缩和不对称压缩

对称性是压缩编码的一个关键特征。对称意味着压缩和解压缩占用相同的计算处理能力和时间,对称算法适合于实时压缩和传送视频,如视频会议应用就以采用对称的压缩编码算法为好。不对称意味着压缩时需要花费大量的处理能力和时间,而解压缩时则能较好地实时回放,也即以不同的速度进行压缩和解压缩。一般地说,压缩一段视频的时间比回放(解压缩)该视频的时间要多得多。如压缩一段 5 秒的视频可能需要 13 秒的时间,而解码回放该视频只要 5 秒。

在进行视频压缩方法的研究时,都会建立一定的评价标准来判断压缩方法的优劣,在长期的实践过程中,一般认为视频压缩方法的优劣主要以压缩比、压缩后的视频质量(与压缩前相比)、压缩解压缩速度这三方面为评价标准。压缩比也称压缩率或者压缩倍数,其实就是视频压缩前的数据量比上视频压缩后的数据量。如一幅视频压缩前数据量为 500KB,压缩后视频数据量为 20KB,那么这个视频压缩方法的压缩比就是 25∶1。很明显压缩比越大,越符合存储的需要,但是也不能完全追求高压缩比,还要兼顾视频质量和压缩解压缩的速度,这很容易理解,如果压缩后无法辨别原始视频信息,那就没意义了;如果压缩解压过程需要很长时间也满足不了人们的日常需求。所以衡量一种视频压缩技术好坏的标准综合起来就是:第一、压缩比要大;第二、视频压缩解压过程简单,速度快;第三、恢复效果要好。

3.3.3 视频压缩编码标准

视频图像压缩编码技术自从 1948 年由 Oliver 提出 PCM 编码规划以来已有 60 年的历史。它是一门非常复杂的依赖于数学算法的技术,随着数字通信和计算机科学技术的发展,编码技术日益成熟,应用范围更加广泛。基于不同的信号、不同的应用目的,有着不同的思路和技术的编码方法。

目前,视频图像压缩编码技术主要分为以下三类:

(1) 基于图像信源的统计特征的压缩编码技术,称为第一代编码技术,有统计编码、预测编码、变换编码、矢量量化编码、小波编码、神经网络编码等。

(2) 基于人眼视觉特征的压缩编码技术,主要有基于方向滤波的视频编码技术和基于图像轮廓纹理的编码技术。

(3) 基于视频内容特征的压缩编码技术,与第二类技术都称为第二代编码技术,主要有分形编码技术和基于模型的编码技术等。

目前,最常见的 Motion-JPEG、MPEG-1 和 MPEG-2 等压缩编码技术主要采用第一代图像压缩编码技术,它是以像素为基本单位进行编、解码的。这类编码技术都具有下列特征:一是接收端得到的图像中每一像素与原始图像中对应的像素是相似的;二是把图像分解成一些事先确定的固定大小的像素块,这些像素块的划分方法与图像内容无关;三是只用了人类视觉系统的很少一部分特性。实际压缩图像时常采用混合编码方法,甚至一幅图像采用几种算法在多层次上反复进行处理,这是为了使压缩比尽可能高,图像质量尽可能不受影响。除了几点之外,还要考虑图像的压缩解压缩时间,如果太长又不利于应用。

1. JPEG 和 Motion JPEG

在多媒体技术的发展过程中,静止和活动视频图像压缩标准的制定和普及起到了非常重要的作用。国际标准化组织(International Organization for Standards,ISO)和国际电话咨询委员会(International Consultative Committee on Telecommunications and Telegraphy,

CCITT)联合成立的"联合图像专家组"JPEG(Joint Photographic Experts Group,正式名称为"信息技术——连续色调静止图像的数字压缩编码")经过5年的细致工作,于1991年3月推出了JPEG标准——多灰度静止图像的压缩编码。

JPEG的目标是给出一个适用于连续色调、多极灰度、彩色或单色静止图像的压缩方法,使之满足以下要求:达到或接近当前压缩比与图像保真度的技术水平,能覆盖一个较宽的图像质量等级范围,能达到较好的评价等级,与原始图像相比,人的视觉难以区分;能适用于任何种类的连续色调的图像,既不受限于图像长宽比,也不受限于景物内容、图像的复杂程度和统计特性等;算法的复杂性适中,对CPU的性能没有太高要求就可实现;其算法既可以由软件实现,也可用硬件实现;编码器可以由用户设置参数,以便于用户在压缩比和图像质量之间权衡选择;定义了累进编码(即对变换时间较长的扫描器,按由粗到细的过程,以复合扫描的顺序进行图像编码)、无失真编码(保证解码后,完全精确地恢复源图像取样值,其压缩比低于有失真压缩编码方法)、顺序编码(每个图像分量按从左到右、从上到下进行扫描和编码)和分层编码(将图像分为多个空间分辨率等级进行编码)四种编码模式。

JPEG包含两部分:一部分是无损压缩,即基于空间线性预测技术的无失真压缩算法,这种算法的压缩比很低;另一部分是有损压缩,JPEG在众多候补算法中选用了以自适应离散余弦变换DCT(dicrete cosin transform)为基础的算法,这是一种将图像信号转换为空间频率的方法,并配合使用了霍夫曼编码方法,大大提高了压缩比。在性能方面,JPEG对自然景色图像,按16位/像素量化,其处理结果如下:压缩到0.16位/像素,压缩比100∶1,图像仍可识别,满足某些应用;压缩到0.25位/像素,压缩比64∶1,图像较好,满足多数应用;压缩到0.8位/像素,压缩比20∶1,图像很好,满足绝大多数应用;压缩到1.6位/像素,压缩比10∶1,图像压缩前后看不出差别。如图3.8所示。

(a) 原图(24位真彩色图)　　　　(b) 将24位真彩色图按照压缩比为10:1转
　　　　　　　　　　　　　　　　换的JPEG格式的图像

图3.8　JPEG正常应用压缩前后对比(前后无明显区别)

JPEG 2000是JPEG工作组于2000年底公布的最新的静止图像压缩编码标准。JPEG 2000的压缩方法比JPEG具有更高的压缩效率,其压缩率比JPEG高约30%,可以认为是JPEG的升级版,同样支持有损和无损压缩。另外JPEG 2000还提供了一种可用单一位流提供适应多种应用性能的新的图像描述方法,并支持多分辨率表示。JPEG 2000还支持所谓的"感兴趣区域"特性,可以任意指定图像上感兴趣区域的压缩质量,还可以选择指

24

定的部分先解压缩。在有些情况下,图像中只有一小块区域对用户是有用的,对这些区域,采用低压缩比,而感兴趣区域之外采用高压缩比,在保证不丢失重要信息的同时,又能有效地压缩数据量,这就是基于感兴趣区域的编码方案所采取的压缩策略。其优点在于它结合了接收方对压缩的主观需求,实现了交互式压缩。

Motion-JPEG(简称 M-JPEG)即运动静止图像(或逐帧)压缩技术,它是针对活动图像而优化的 JPEG 压缩名称。而 JPEG 是针对一帧图像离散余弦变换(DCT 变换)来对图像数据进行压缩的,通过对电视数字信号(4:2:2 数据)的每一帧进行 JPEG 压缩,以减少电视数字信号数据量,因此压缩的好处是显而易见的。由于数据量成倍减少,降低了存储成本,提高了数据传输速度,减少了对计算机总线和网络带宽的压力。所以,自从电视信号进入数字化以来,在保证最佳视觉质量的前提下提高数据的压缩比,是人们一直在努力追求的目标。由于电视编辑、特技制作均需要以帧为基本单位,所以对以帧为单元进行压缩(帧内压缩)的 M-JPEG 格式被成功地用于数字视频系统,特别是数字非线性节目编辑系统。早期进口的非线性编辑系统大都采用 M-JPEG 压缩,广泛应用于非线性编辑领域可精确到帧编辑和多层图像处理,把运动的视频序列作为连续的静止图像来处理,这种压缩方式单独完整地压缩每一帧,在编辑过程中可随机存储每一帧,可进行精确到帧的编辑,此外 M-JPEG 的压缩和解压缩是对称的,可由相同的硬件和软件实现。但 M-JPEG 只对帧内的空间冗余进行压缩。不对帧间的时间冗余进行压缩,故压缩效率不高。采用 M-JPEG 数字压缩格式,当压缩比为7:1时,可提供相当于 Betecam SP 质量图像的节目。被认为是可以接受的广播级水平。当 PAL 制 4:2:2 数字信号采用 4:1 压缩时,其数据率是 50Mb/s,每小时视频节目占用 18GB 存储空间。

但由于 JPEG 采用帧内编码,其目的是针对静止图像,或者是单帧视频,而视频的最大特点是运动图像,因而不能算是最优的技术,或者说用在视频的处理上并非最优。它的压缩比不能做得太高,否则将明显影响图像质量。图 3.9 所示为 JPEG 压缩比提高时图像的显示效果。

(a) 原图　　　　　　　(b) 压缩比为50:1的JPEG格式图像

图 3.9　JPEG 压缩比提高时图像的显示效果

2. 数字声像压缩标准(MPEG-1)

动态图像专家组 MPEG(Motion Pictures Experts Group)成立于 1988 年,MPEG-1 标准是国际标准化组织 ISO 和国际电工委员会 IEC(International Electrotechnical Commission)于 1993 年 8 月公布的,其全称是"适于约 1.5Mb/s 以下数字存储媒体的运动图像及伴音的编码"。所谓数字存储媒体是指常见的数字存储设备,包括 CDROM、DAT、硬盘、刻录光盘、通信网络(如综合业务数字网)和局域网。MPEG-1 标准有 3 个组成部分，即 MPEG-1 视频、MPEG-1 音频和 MPEG-1 系统。MPEG-1 系统部分说明了编码后的 MPEG-1 视频和 MPEG-1 音频的系统编码层，提供了专用数据码流的组合方式，描绘了编码流的语法和语义规则。

1) MPEG-1 视频

MPEG-1 视频规定了视频压缩数据码流的语法结构，这个语法把视频压缩数据码流分为 6 层，每层或者支持一种信号处理过程，或者支持一种系统功能。作为 MPEG-1 第一阶段的目标，MPEG-1 要求视频压缩算法必须具有与存储相适应的特性，即能够随机访问、快进/快退、检索、倒放、音像同步、容错能力、延时控制小于 150ms、可编辑性以及灵活的视频窗口模式等，这些特性和要求就构成了 MPEG 视频编码压缩算法的要求和特点。基于以上特性，MPEG-1 主要采取了以下压缩编码技术手段。

首先将待压缩的视频图像序列分为若干图像组 GOP(group of picture)，每 GOP 又包含若干图(pictures，又称为编码图，MPEG-1 的"图"就是 1 帧视频图像)，在一个 GOP 内的第 1 帧图像采用与 JPEG 基本相同的帧内压缩编码的方式(称为 I 帧)，其余后续的图像分别采用前向预测编码方式(称为 P 帧)、双向预测编码方法(称为 B 帧)进行不同程度的压缩。

帧内预测编码是指对某样点进行压缩编码时，利用同一帧内的其他样点与该样点的信息相关性，来实现对该样点数据的压缩，这是 I 帧的编码方式，也称为关键帧压缩技术。I 帧技术是基于离散余弦变换 DCT 的压缩技术，这种算法与 JPEG 压缩算法类似。因此 I 帧在解码时只需要自身数据而不需要其他图的数据，就能够重构图像。I 帧是压缩编码图像序列中提供随机存取的存取位置，但压缩比不高，采用 I 帧压缩可以达到 6∶1 的压缩比而无明显的压缩痕迹。

在保证图像质量的前提下实现高压缩的压缩算法，仅靠帧内压缩是不能实现的，MPEG-1 采用了帧间与帧内结合的压缩算法。P 帧法是一种前向预测算法，它利用相邻帧也就是前后帧(P 帧是前一帧)之间的信息或数据的相关性，来实现对该帧数据的压缩。采用 I 帧和 P 帧相结合的压缩方法可以达到更高的压缩比，一般可达 18∶1 且无明显的压缩痕迹。

要达到更高的压缩比就得采用 B 帧技术，B 帧是双向预测的帧间压缩算法。当把一帧压缩成 B 帧时，B 帧需要其先前和后续的 I 帧、P 帧的数据做参考，也就是根据相邻的前一帧、本帧和后一帧数据的不同点来压缩本帧，然后重构图像。B 帧的压缩比可以达到惊人的 200∶1，大大提高了压缩比，但 B 帧不能作为其他帧的预测参照值。

MPEG-1 编码的基本原理是采用"帧间预测+运动补偿"的方法来消除时间冗余，因为活动图像的内容是变化的，帧间预测编码时利用前后若干帧的相应像素值来预测当前帧的相应像素值。这种方法一般较适合运动缓慢的区域，对于运动较快的区域，还要考虑运动的估值来进行恢复。就是根据画面运动情况来对图像加以补偿后再进行预测。基本过程就是在单位时间内，首先采集并压缩第一帧的图像为 I 帧。然后对于其后的各帧，在对单帧图像进行有效压缩的基础上，只存储其相对于前后帧变化的部分。帧间压缩的过程中也常间隔采用帧内压缩法，由于帧内的压缩方法不基于前一帧，一般每隔 15 帧就设一关键帧，这样可以减少相关前一帧压缩的误差积累。MPEG-1 编码器首先要决定压缩当前帧为 I 帧或 P 帧或 B 帧,然后采用相应的算法对其进行压缩。由于压缩成 B 帧或 P 帧比压缩成 I 帧要耗费非常多的时间,所以有的编码器为了提高速度,不支持压缩 B 帧和 P 帧,相应的压缩比也不会很高。目前的主流电脑一般都支持 MPEG-1 的 B 帧和 P 帧压缩,所以大部分编码器都能支持压缩 B 帧和 P 帧。

2) MPEG-1 音频

MPEG-1 音频是关于伴音的压缩编码技术,其目标是要将 44.1kHz、22.05kHz、11.025kHz 采样,16 位量化的音频压缩码率降到 192Kb/s 以下,并且声音质量不能太低。

MPEG-1 音频编码时,充分利用了人的听觉生理—心理特性。具体做法是:根据听觉的心理声学关于听觉的阈值特性和掩蔽特性测量统计结果而制定了一个心理声学模型,简单说就是在压缩编码丢弃信息时选择人耳不易察觉的信息,从而让压缩后的音频人耳听上去觉察不到失真的存在。MPEG-1 提供三级音频压缩编码的等级,分别定义了三级 MPEG音频压缩/解压缩算法,以便与不同的视频应用相配套,这三种音频编码算法分别为:第一级,其目标是压缩后码率为 192Kb/s;第二级比第一级精度要高,压缩后码率为 128Kb/s;第三级增加了不定长编码、霍夫曼编码等算法,可获得非常低的数据率和更高的保真度,压缩后码率为 64Kb/s。经这三种算法编码后,再解码输出的音频信号的音质都是相近的,且都与源信号的音质相当。级数越高的编码器,其输出的压缩位流的码率越低,其性能就越好,但编码器越复杂。因此,任一级的音频解码器都能正确读取比它低一级的编码,反之则不行。

3) MPEG-1 系统

MPEG-1 系统是关于同步和多路复用的技术,用来把视频和伴音复合成单一的、码率为1.5Mb/s 的数据流。MPEG-1 的数据流分为内外两层,外层为系统层,内层为压缩层。系统层提供在一个系统中使用 MPEG-1 数据流所需的功能,包括定时、复合和分离视频图像和伴音,以及在播放期间图像和伴音的同步。压缩层包括压缩的图像和伴音的数据流。

综上所述,MPEG-1 是提供低码率和高保真度的最好算法,目前已被广大用户所采用,如多媒体应用,特别是 VCD 或小影碟的发行等,其播放质量高于电视电话,可以达到家用录像机的水平。

3. 通用视频图像压缩编码标准(MPEG-2)

MPEG-2 是一种既能兼容 MPEG-1 标准又能适用于多媒体计算机、多媒体数据库、多媒体通信、高分辨率数字电视和高分辨率数字卫星接收机等方面要求的技术标准,它是由国际标准化组织的动态图像专家组和国际电信联盟所属的电信标准化组 ITU-TS 的第十五研究组于 1994 年共同制定的,其全称是动态图像及其伴音通用标准(Generic Coding of Moving Picture and Associated Audio Information)。

MPEG-2 标准是高分辨率视频图像的标准,与 MPEG-1 针对 352×240 的低分辨率的视频图像不同,它针对分辨率为 720×484 的广播级视频图像,压缩后的数据码率约为 3~15Mb/s,适合于宽带数据传输通道。由于广播级数字电视 MPEG-2 格式的数据量要比 MPEG-1 大得多,而尽管 CD-ROM 的容量有 600MB,但也满足不了存放 MPEG-2 视频节目的要求。为了解决 MPEG-2 视频节目的存储问题,从而促成了 DVD 的问世。

MPEG-2 还是高清晰度电视 HDTV 和数字广播电视以及新型数字式交互有线网所采

用的基本标准,这些应用领域与计算机领域的结合将使 MPEG-2 成为计算机上重要的数字视频压缩标准。因为 MPEG-2 的解码器与 MPEG-1 兼容,所以目前的 DVD 编码器可以向下兼容 VCD。

MPEG-2 包括 4 部分内容:MPEG-2 视频、MPEG-2 音频、MPEG-2 系统和一致性测试。

MPEG-2 视频与 MPEG-1 视频的编码方式基本相同,也是采用 I 帧、P 帧和 B 帧规定视频数据的编码和解码。与 MPEG-1 视频相比,MPEG-2 可支持交叠图像序列,支持可调节性编码以及在压缩技术应用方面也比 MPEG-1 要更先进,所以 MPEG-2 的压缩效率和图像质量比 MPEG-1 更好。

MPEG-2 音频仍沿用 MPEG-1 音频压缩编码技术,仍有 MPEG 音频中的 3 级,但扩展了多声道方式,即 3 级的音频都在原来的单声道、双声道的基础上增加了后向兼容的多声道。这是一种包含 L、R、C、LS、RS 5 个主声道和 1 个低音音频增强声道组成的"5.1 声道环绕立体声",码率扩展到 1Mb/s。

MPEG-2 系统针对不同的应用环境规定了传送流和程序流两种系统编码方式。前者针对那些很容易发生错误(表现为位值错误或分组丢失)的环境;后者针对那些不容易发生错误的环境。MPEG-2 系统作用还是定义视频和音频数据的复接结构和实现时间同步的方法。

由于 MPEG-2 不仅消除了空间上的冗余,而且消除了时间上的冗余,因此使用 MPEG-2 可以在比较大的压缩比的情况下保持较好的图像质量。

4. 低比特率视音频压缩编码标准(MPEG-4)

在成功制定 MPEG-1 和 MPEG-2 之后,MPEG 工作组开始制定 MPEG-3 标准以支持数字电视等的应用。但是发现之前制定的 MPEG-2 已经可以很好地胜任这一工作,所以就取消了 MPEG-3 的研发,直接开始了 MPEG-4 的研制,并于 1999 年 1 月推出了 MPEG-4 的第一版,同年 12 月公布第二版,其初衷是面向电视会议、可视电话等低码率应用,以 64Kb/s 以下的码率实现视音频编码。在制定 MPEG-4 过程中,MPEG 工作组认为人们对媒体信息,特别是视频信息的需求由播放型转向基于内容的访问、检索和操作。因此,最后将 MPEG-4 制定为一种支持多种多媒体的应用,特别是多媒体信息基于内容的访问和检索,可根据不同的应用需求配置解码器。

在 MPEG-4 之前人们在所获得的视频信息面前是被动的,不可能与所看到的内容进行交互,而 MPEG-4 在这方面迈出了一大步,人们不仅可以观看节目的内容,还可以控制和参与到节目中去,实现真正的多媒体交互功能。MPEG-4 的主要特点是基于对象的交互性、更高的压缩比、广泛的访问性等,其应用范围非常广阔,主要包括 Internet 上的多媒体应用、交互式的视频游戏、个人通信、多媒体电子邮件、远程医疗系统及远程监控等。

MPEG-4 具有高速压缩、基于内容交互和基于内容分级扩展等特点,并且具有基于内容方式表示的视频数据。MPEG-4 在信息描述中引入了对象的概念,用来表达视频对象和音频对象。同时 MPEG-4 扩充了编码的数据类型,由自然数据类型扩展到计算机生成的合成数据对象,采用合成对象、自然对象混合编码算法。在实现交互功能和重用对象中引入了组合、合成和编排等重要概念。

基于内容的视频编码过程可由三步完成:

(1) 视频对象的形成,从原始视频中分割出视频对象。

（2）编码，对视频对象分别独立编码。

（3）复合，将各个视频对象的码流复合成一个符合 MPEG-4 标准的数据流。

在编码和复合阶段可以加入用户的交互控制或由智能化算法进行控制。

MPEG-4 标准划分为不同的部分和等级，或者说它提供了分类的方法，将整个标准划分为一套子标准，利用这些子标准可以针对某些具体的应用组成不同的方案。标准的每一个部分都有各自最适合的应用场合。

5. 基于内容的视音频压缩标准（MPEG-7）

由于网络的普及，近年来视音频信息都呈现高速增长的状态，越来越多的信息是以数字形式、在线形式以及诸如静止图像、图形、3D 模型、音频、语音、视频等形式出现的，尽管这些信息在很大程度上充实了人们的生活，然而，有效的检索手段的缺乏已经成为阻碍人们进一步有效使用多媒体信息的瓶颈。因此，基于内容的检索技术应运而生。它是从多媒体信息本身带有的特征出发进行描述与检索的技术，这是基于内容的检索技术与传统的文本检索技术的主要区别。所以 MPEG 专家组就开始制定专门支持多媒体信息基于内容检索的编码方案，这就是 MPEG-7 压缩标准。

MPEG-7 的正式名称为多媒体内容描述接口，它为各种类型的多媒体信息规定一种标准化的描述。这种描述与多媒体信息的内容一起，支持对用户感兴趣的图形、图像、3D 模型、视频、音频等信息以及它们之间组合的快速有效的查询，满足实时、非实时和推拉应用的需求。

3.3.4 常见视频压缩格式

1. DV 格式上的优化——DVCPRO 和 DVCAM

DV 产生于 20 世纪 90 年代中期，正是模拟录像格式风行的时代。民用模拟录像格式的激烈竞争令世界各大生产商胆寒，下一代数字格式的竞争，谁也没有绝对胜算的把握。所以大家坐下来协商，共同制定一个 21 世纪针对民用市场的数字记录格式统一的标准，这就是 DV。DV 格式定位的特点是：

（1）作为未来 20 年的数字标准，质量远高于当时的民用模拟格式。

（2）与其他民用视频标准如 DVD、数字电视接收一脉相承，都是 4∶2∶0 取样。

（3）采用帧内压缩方式，有利于节目的编辑制作。这些基本特征为 DV 向专业化发展提供了条件。

松下和索尼公司几乎同时开始了 DV 专业化的发展。出于各自发展战略的考虑，他们的定位也各不相同。索尼公司已经在广播专业市场占统治地位，有自己的相关产品并正在开发自己的广播级数字化替代产品，它发展 DV 产品只是为在低端专业市场上丰富自己的产品线。而松下公司则不同，它在模拟广播格式的竞争中失败，在整个广播专业市场占有率很低，它发展 DV 产品不但要参加低端专业市场的竞争，还要进一步进军高端广播市场。基于不同的发展思路，它们分别开发了 DVCAM 和 DVCPRO。

DVCPRO 对 DV 做了以下改造：

（1）将色差信号取样由 4∶2∶0 改为 4∶1∶1 以适应与传统模拟设备对接时反复的 A/D、D/A 转换。（4∶2∶0 与 4∶1∶1 表现在色差信号取样时垂直清晰度和水平清晰度之间的差别。对一次性取样，4∶2∶0 更适合于中国的 625 行 PAL 制，4∶1∶1 更适合 525 行的 NTSC 制。对多次取样对信号的损失，4∶2∶0 方式大于 4∶1∶1 方式）

(2) 将 $10\mu m$ 的磁迹宽度改为 $18\mu m$ 以提高磁带的互换性和适应复杂的插入编辑。

(3) 增加了提示音频(CUE)和控制(CTL)磁迹以提高编辑精度和音频编辑能力。

DVCPRO 对 DV 的改造使之在保持 DV 品质的前提下,达到了满足专业的操作要求和系统配套能力,并保留了进一步发展(到 DVCPRO50)的能力。

SONY 公司于 1996 年在 DV 格式的成功基础上开发了基于 1/4 英寸磁带的 DVCAM 专业数字分量记录格式,与 DVCPRO 一些主要的技术指标基本相同。如亮度带宽 $25Hz\sim 5.5MHz$,信噪比大于 55dB。声音为 48kHz 取样、16 比特量化 2 声道 PCM,频率特性 $20Hz\sim 20kHz$,动态范围 85dB 以上。但二者的某些技术参数并不相同,如 DVCAM 的视频磁迹宽度为 15um,而 DVCPRO 磁迹宽度为 18um,相应的图像质量也稍好一些。图像的取样方式不同,DVCPRO 采用 4∶1∶1 方式,DVCAM 采用 4∶2∶0 方式。4∶1∶1 方式是指 Y 信号以 13.5MHz 采样,R-Y 和 B-Y 各以 3.75MHz 采样。4∶2∶0 方式是 Y 信号以 13.5MHz 采样,而 R-Y 和 B-Y 信号以 6.75MHz 采样,R-Y、B-Y 轮流传送,每行传送一种信号。松下公司认为在多代复制过程中,特别是在 A/D、D/A 转换中,4∶2∶0 方式图像信号的下降比 4∶1∶1 方式更快。而 SONY 公司则认为采用 4∶2∶0 方式既与民用 DV 兼容,又与 MPEG-2MP@ML 传输标准相同,不会因转换带来质量损失。

2. Digital-S

用色差数字压缩录像系统创造出高质量的图像,用新型的 3.3∶1 低比率数据压缩系统实现了高密度录像,既采用类似于 M-JPEG 的 DV 方式,即 DCT 和帧内压缩。8bit(4∶2∶2 色差分离信号)高质量图像(按 CCIR601 规定量化至少 8bit,最后修改定为 10bit)。取样比 Y∶R-Y∶B-Y 为 4∶2∶2,符合 CCIR601,同时与大多数数字特技台、切换台广泛采用的 4∶2∶2 相兼容,而 DVCPRO(25)为 4∶1∶1,DVCAM 为 4∶2∶0,这些数字录像机只能与各厂特定相配套的特技台、切换台组成系统。

Digital-S 格式除具有良好的信噪比、频率特性及脉冲特性外,还具有高度的图像细微部分再现性。而且,因为是数字录像系统,所以即使反复进行复制也不会降低图像质量,同时能够在相当长的时间内保持其原有特性。在信号编辑过程中,希望能够使用数字 SDI 接口进行编辑,这样可以避免 A/D、D/A 转换。如果仍使用模拟接口(包括 Y/C、分量、复合)作为编辑机连接口,将极大降低数字机的使用效果,特别是多次复制特性。以后如果 JVC 公司推出压缩比特流编辑,那么最好使用此种接口编辑,SDI 接口对信号的损伤较小或几乎不损伤。

3. Betacam-SX

目前在 MPEG-2 系统中存在 5 个"档次"(profile),每一个"档次"都会比它的前一个"档次"更加复杂、更加完善,提供更多的工具,同时其相对应的设备的价格也更高。"档次"的最初级叫做简单档次(simple profile),随后是主档次(main profile),它比简单档次增加了编码双向预测的功能,即 B-FRAMES,在使用同样码流的情况下,它的质量会更好,但算法更加复杂,使用的芯片更多。主档次的解码芯片可以兼容解码简单档次的编码,这种向下兼容性贯穿整个系列的"档次"。

根据图像节目源的清晰度由低到高的不同,MPEG-2 标准分成许多"等级",最低的 Low Level 的清晰度是 IU-R-BT.601 建议的四分之一,即 $352\times 288\times 25$ 帧/秒;Main Level 是完全符合 IU-R-BT.601 建议的标准,即 $720\times 576\times 25$ 帧/秒;High-1440 Level 采用了每行 1440 个采样的方法;High Level 采用了更高的每行 1920 的采样方法。

目前在世界上最常用的 MPEG-2 标准是 MP@ML,即 Main Profile@Main Level,它是第一代数字卫星电视的基础,节目提供者可以提供 625 线质量的节目,图像的长宽比可以是 4∶3 或 16∶9;它的码流率是由节目提供者根据节目质量来选定的,图像质量越高,所需码流率越高,反之则越低。

目前业界流行的数字录像机采用的均是 Digital-S、DVCPRO、DVCAM 与 Betacam-SX 4 种格式。这 4 种格式中,前 3 种采用的均是 M-JPEG 标准的帧内压缩场编码的方式,只有 SONY 公司推出的 Batecam-SX 格式采用了 MPEG-2 标准,但它采用的是 MPEG-2 4∶2∶2 MP@ML 而不是 MPEG-2 4∶2∶0 MP@ML,原因在于:

(1) MP@ML 较长的 GOP 结构(12 帧)决定了它的编辑精度只有 12 帧,远远不能满足节目制作的逐帧编辑要求,也令演播室的信号切换变得困难。当采用较小 GOP 的结构时,15Mb/s 的最大码速率又决定了不能产生所需的图像质量。

(2) 4∶2∶0 的色度亚取样,决定了它在垂直方向上的色度精度只有水平方向的一半,虽然作为直接传输显示可以,但作为演播室节目制作,当有较多色度处理时就显得不足,有违原数字演播室 4∶2∶2 的初衷。同时也不能产生演播室对多代复制所要求的图像质量,多版复制只可到 2 代。

而 4∶2∶2 MP@ML 压缩方案的内涵是以 MPEG-2 标准中主类主级 MP@ML 的图像质量和传输码率为参考标准,同时考虑传送素材和制作的需求,将主类、主级中的 4∶2∶0 取样改为 4∶2∶2 标准取样,相对提高了传送素材的质量。再施以 MPEG-2 压缩,其中兼顾编辑要求,采用由 I-B 帧构成的 GOP(group of pictures)图像组序列,使数据流的编辑系统与两帧 4 场的 GOP 边界同步,切换点始终选在 I-B 帧的 I 帧上,实现高精度编辑,保证了入点画面的制作质量。

SONY 的 Betacam-SX 采用 10∶1 压缩,数据率为 18Mb/s 是现有数字录像机中最低的,有利于高速传输与存储。MPEG-2 的这种开放性的优点,决定了 Betacam-SX 可直接与众多公司生产的数字视频系统连接,进行数据交换、传输、制作而不需任何数字的转换设备,就连一贯采用 M-JPEG 数字压缩算法的非线性编辑领域也在积极向 MPEG-2 靠拢。Matrox、品尼高等一些非线性软、硬件主流产品厂商也于 1999 年第一季度推出采用 MPEG-2 压缩算法的视频板卡及软件,无疑这其中受益的是 Betacam-SX,而且 Betacam-SX 本身还推出了一种盘带结合型录像机,为进行非线性编辑提供了更加优越的条件。另外,MPEG-2 将是广播电视向全数字化过渡的最佳选择也逐步被大多数视频专业人士认可,所以美国以及西方各国普遍以 MPEG-2 标准作为数字 HDTV 图像压缩编码系统的核心,这无疑又为 Betacam-SX 的未来发展提供了一个优越性。

本章要点提示

(1) 数字视频采样 Y∶U∶V 比例为 4∶4∶4,4∶2∶2,4∶2∶0 的含义。

(2) 视频数据冗余的种类。

(3) 视频压缩中帧内压缩和帧间压缩。

(4) MPEG-2、MPEG-4 的主要内容。

(5) 常见的视频压缩格式。

第 4 章　非线性编辑系统的软件平台

非线性编辑系统以其高超的编辑性能在视频领域得到广泛应用,各种搭配方式的非线性编辑系统大量出现,一个好的非线性编辑系统既需要高性能的硬件平台也需要优良的软件平台,还要选择合用的操作系统。本章主要学习非线性编辑系统的软件平台。

4.1　计算机操作系统

非线性编辑系统中的软件分为操作系统和应用软件,操作系统是非线性编辑软件的基础,没有稳定可靠的操作系统,应用软件就无法流畅运行,良好的操作系统是优秀非线性编辑系统的前提。非线性编辑系统通常采用的操作系统有两类:苹果的 MAC OS 系统及微软的 Windows 系列。本文以 PC 代表 Windows 操作系统计算机,PC 原意是个人计算机,后来泛指使用微软操作系统、中央处理器、以 IBM 为代表的微型计算机,以下都简称 PC。

4.1.1　苹果 MAC OS 操作系统

MAC OS 操作系统是美国苹果计算机公司为它的 Macintosh 计算机设计的操作系统,该机型于 1984 年推出,在当时的 PC 还只是 DOS 枯燥的字符界面的时候,MAC 率先采用了图形用户界面 GUI、多媒体应用、鼠标等,使得 Macintosh 计算机在出版、印刷、影视制作和教育等领域广泛应用。

MAC OS 的发展历程可以分成两大系列:一类是较早研发的 Classic MAC OS,系统搭载在 1984 年销售的首部 MAC 与其后代上,终极版本是 MAC OS 9;第二类是新的 MAC OS X 结合 BSD UNIX、OpenStep 和 MAC OS 9 的元素。它的最底层基于 UNIX 基础,其代码被称为 Darwin,实行的是部分开放源代码。

MAC OS 只能安装于苹果计算机,苹果计算机在 20 世纪 70 年代占据了大部分计算机市场,其优良的性能和友好的界面被广泛认可,但后来忽略了个人市场,逐渐被 PC 占领了主要市场,苹果机立足于专业视频领域较早,有着先进的视频、多媒体技术。由于 MAC 系统中所有的应用软件几乎全部为一家厂商设计,并且全部针对苹果机的硬件优化,所以几乎不存在兼容性问题,性能也是大为提高。除此以外在网络安全性方面 MAC 操作系统也具有独特的优势,目前大部分的病毒都是针对 PC 的 Windows 系统,所以拥有 MAC 系统的苹果机不易染上病毒。

新的 MAC OS X 基于 UNIX 的核心系统,增强了系统的稳定性、性能以及响应能力。它能通过 Classic 环境支持所有 MAC OS 9 应用程序,直观的 Aqua 用户界面使 Macintosh 的易用性又有提高。稳定性方面体现在内存保护、抢先多任务功能、先进的内存管理、对称多处理功能以及即插即用设备支持等。图像层 Quartz、OpenGL、QuickTime 3 项技术,还有苹果机硬件处理图像方面的高性能加上专门为之设计优化的操作系统,保证了高端视频图像编辑的应用需求。但是,苹果机价格高、缺少对第三方软件厂商的支持,除了自带的应用软件,对大部分第三方软件有兼容性的问题。目前 MAC OS X 只是在高端图像编辑市场中占有较多份额。

4.1.2 Windows 操作系统

目前市场上绝大多数的 PC 都安装 Microsoft 开发的 Windows 系统。1985 年就推出了 Windows 1.0,后历经了 Windows 2.0、Windows 3. x、Windows NT、Windows 95、Windows 98、Windows NT 5.0、Windows 2000、Windows XP、Windows Vista、Windows 7 等多个版本,其功能逐步趋于完善。下面简要介绍目前主流的 Windows XP 和 Windows Vista 操作系统以及 Windows 7 系统。

1. Windows XP 系统

Windows XP 于 2001 年 8 月 24 日正式发布,是一个消费型操作系统和商业型的操作系统相互融合的操作系统,包括家庭版(Windows XP Home Edition)和专业版(Windows XP Professional Edition)两个版本,后来又发行了媒体中心版(Media Center Edition)、平板电脑版(Tablet PC Edition)和入门版(Starter Edition)等。具有以下特点:

(1) 基于新型 Windows 引擎。Windows XP 建立在 Windows NT 和 Windows 2000 代码基础之上,采用 32 位计算机体系结构和完全保护的内存模型,这使得 Windows XP 成为可靠的操作系统。

(2) AppFixs 模拟仿真技术的采用,使其具备功能完善的软、硬件设备的兼容性。

(3) 支持交互式对等技术,同时改进了之前 Windows 版本的一些系统功能。

(4) 并行 DLL 支持,安装多个不同 Windows 组件版本的机制,解决了 DLL 组件冲突的问题。

(5) 带有多用户支持的加密文件系统,提高了系统的安全性。

Windows XP 由于推出较早,各项技术成熟,即使在 2005 年 64 位 PC 取代 32 位 PC 之后,还有很多用户依然坚持使用 Windows XP。

2. Windows Vista 系统

2007 年 1 月 30 日,Windows Vista 正式对普通用户出售,同时也可以从微软的网站下载。Windows Vista 距离上一版本 Windows XP 已有超过 5 年的时间,这是 Windows 版本历史上间隔时间最久的一次发布。

与 Windows XP 相比,Windows Vista 在界面、安全性和软件驱动集成性上有了很大的改进:

(1) 操作系统核心进行了全新修正。Windows XP 和 Windows 2000 的核心并没有安全性方面的设计,因此只能一点点打补丁,Vista 在这个核心上进行了很大的修正。如在 Vista 中,部分操作系统运行在核心模式下,而硬件驱动等运行在用户模式下,核心模式要求非常高的权限,这样一些病毒木马等就很难对核心系统形成破坏。

(2) 网络方面,集成 IPv6 支持,防火墙的效率和易用性更高,优化了 TCP/IP 模块,从而大幅增加网络连接速度,对于无线网络的支持也加强了。

(3) 显示方面,Vista 内置 Direct X 10,这是 Vista 独有的,使用更多的 DLL,不向下兼容,显卡的画质和速度得到非常明显的提升。

(4) 集成应用软件,取代系统还原的新 SafeDoc 功能让用户自动创建系统的影像,内置的备份工具更强。

（5）新的用户界面,窗口支持 3D 显示提高工作效率。Windows 的加速再加上双核处理器的支持,大型 3D 软件可以顺畅运行。

Windows Vista 总体来说是一个成功的操作系统,但是由于还未完善自身功能就推出,早期的版本与 Windows XP 相比有很多问题,如兼容性差、太耗资源、运行速度慢、对硬件要求过高等,后续的版本逐步消除了这些问题。

3. Windows 7 系统

Windows 7 是微软公司新的一款视窗操作系统,于 2009 年 7 月正式推出,它具有以下特色:

（1）使用起来更加简单。Windows 7 让搜索和使用信息更加简单,包括本地、网络和互联网搜索功能,直观的用户体验更加高级,还整合自动化应用程序提交和交叉程序数据透明性。

（2）具有更好的安全性。包括改进的安全和功能合法性,还会把数据保护和管理扩展到外围设备;将改进基于角色的计算方案和用户账户管理,在数据保护和坚固协作的固有冲突之间搭建沟通桥梁,同时也会开启企业级的数据保护和权限许可。

（3）网络连接更好。将进一步增强移动工作能力,无线连接、管理和安全功能将会扩展。新兴移动硬件将得到优化,多设备同步、管理和数据保护功能被拓展。同时,Windows 7 将给灵活计算提供非常好的保障。

（4）成本更低。帮助企业优化桌面基础设施,有无缝操作系统、应用程序和数据移植功能,并简化 PC 供应和升级,进一步朝完整的应用程序更新和补丁方面努力。包括改进的硬件和软件虚拟化体验,并扩展 PC 自身的 Windows 帮助和 IT 专业问题解决方案诊断。

Windows 7 占据主流市场还需要一定时间,同时对之前的应用软件兼容性方面也需要时间来逐步修补。

从上面 3 个 Windows 系列的经典版本可以看出,Windows 系列的图形图像编辑效果不如 MAC OS X,但是与第三方软件的良好兼容性,可以在任何 PC 上安装的易用性使得Windows 系列的市场占用率更高。

4.1.3 计算机平台视频处理能力技术分析

不同的计算机平台对视频的处理能力存在差别,计算机系统的硬件平台应该为软件运行提供强有力的保证,衡量计算机平台的标准在于它的实时计算能力、绘图能力和视频处理能力。

1. 体系结构

PC 工作站利用系统总线连接 PC 的各个子系统和独立的本地缓存,包括帧存、纹理内存、缓存或图像存储,整个存储结构形成了许多独立的数据区,这些数据区可以通过总线连接。在这种结构中,Microsoft/Intel Windows BIOS(基本输入输出系统)定义了只有 CPU和主存储能够使用系统总线,其他子系统的数据只能驻留在 PCI 总线中,与 CPU 和主存储的数据交换通过桥接完成。每个子系统共同分享 PCI 总线,而用于 I/O 上的 Ultra SCSI 通道也要消耗 PCI 总线,使得 PCI 总线趋近于饱和。虽然 PC 系统结构中在特殊区域采用了能够控制并实时地在本地缓存之间传递数据的高速总线将各部分连接起来,但是 CPU 与本地缓存之间不能实现实时数据交换。由于这一瓶颈,当把数据通过桥接传向系统总线时,这些数据到系统总线实时传递困难。

MAC O2 的一体化存储结构(UMA)是将一个系统内所有的缓存捆绑在一起形成一个

存储池,成为系统的主 CPU 存储区。它拥有基于 4 组多路复用的 SDRAM 来支持 2.1GB/s 或更大的带宽。主存储单元通过这个充分预留的带宽来确保各子系统不会发生数据堵塞现象。对 MAC O2 的一体化存储结构点分述如下:

(1) 本地缓存。MAC O2 中的所有子系统都用主存储区作为数据缓存,不需要对视频、图像、图形处理或压缩数据等建立单独的缓存。主存储区存储的数据类型有帧存(支持双 32b 缓存、Z-缓存、模板平面和材质贴图)、2D 图形数据、未压缩的数字视频分量信号、应用程序数据和操作系统内核、P 缓存(非演示的帧缓存渲染)、JPEG、MPEG-1 和 H.261 数据。

(2) 低数据运动量。数据都被保存在主存储区内,数字媒体数据从一个数据源传递到另一个数据源的过程中有申请而无数据的运动。此外 MAC O2 还引入了一种数字媒体流的机制,当有数据从一个子系统传递到另一个子系统时,数字媒体流从源到目的地的连接就建立起来。如果数据不需要转换,则只需发出一个到目的地的指令。如果需要数据转换,则转换方式会被放置于源和目的地之间。

(3) 有效存储。统一存储结构不仅通过降低本地缓存数量来降低系统开销,也能有效地提高存储使用效率。存储单元只有需要时才会分配。当不被使用时,可被其他子系统或应用程序调用。

(4) CPU 可视察性数据。MAC O2 的另一个关键点在于 CPU 可以实时视察和操作各种类型数据。这种能力意味着一个应用程序在对子系统进行数据操作的同时也可有效并实时地支持大范围系统的特性,减少系统整体开销。

2. CPU 和操作系统

PC 采用 CISC 复杂指令集执行命令,Windows 操作系统将 CPU 的 95% 的处理能力放在 GUI 的运行和对子系统传递控制信息之上。MAC O2 较早采用 64 位的 CPU,尽管主频慢,但采用 RISC 算法执行命令,可以同时执行 4 条命令,所以主频相当于标称值的 4 倍,而且有专用的 Mips 芯片执行浮点运算,适用于多媒体、图形图像的实时处理。此外,MAC O2 的 CPU 承认全部类型数据,使它具有灵活的运算能力。

3. 图形运算

PC 将图形卡置于 PCI 总线上,图形卡上依靠专用的不可以扩展的图形处理、显示内存进行图形处理,当图形运算量超过图形卡的内存时,只能以牺牲图形质量来完成运算,而且可能发生系统死机。MAC O2 将图形卡的功能置于主板上,又是一体化存储结构,对图形处理所需的内存自动优化配置,可以避免系统死机现象的发生。

在图形质量方面,PC 对图形边缘必须作反锯齿效果,占用有限的系统资源,从而使图形质量下降。PC 的图形分辨率一般较低,虚拟场景设置的颜色最多为 24 位真彩色。而 MAC O2 图像处理不占用系统资源,图形视频指标不会下降,图形分辨率高达 4096×4096 像素。虚拟场景设置的颜色可达全 32 位真彩色。以具有 VPro 图形系统的 SGI 的图形工作站为例,每个彩色分量通路处理信号的精度最高为 12bit。较高的分辨率,加上透视校正的彩色和纹理,意味着更高的透视精度,对具有透明度的形体有更好的色彩交融,具有三维纹理的更高质量的体视化。SGI 的 VPro 图形系统包含的单个芯片执行 Open GL 的功能,几何图形加速流水线以及专业水平的纹理映射功能,保证向 MAC O2 提供高质量的背景图像,而 MAC O2 工作站的标准 32 位双缓冲图像显示、硬件 OpenGL 图形子系统和对纹理映射及 Z 缓冲的硬件支持,可以尽量保证 SGI 图形工作站提供的原始大型高分辨率背景图像信号质量。而 PC 由于硬件处理能力不足,很难支持这种高质量的原始背景图像。

4. 活动视频处理

PC 将活动视频在图形卡内存上以贴图的方式来实现,需要缓存的支持,占用系统资源。而 MAC O2 支持全视频分辨率活动视频,且都在内存中实现。另外,在视频窗口 DVE 效果上视频指标不会下降。在延时上,PC 虚拟演播室系统的视频延时有 3 帧或更多的延时,而 MAC O2 系统只有 2 帧延时。在用户界面上,MAC O2 系统标准的用户界面均在一个窗口中,操作员能控制工作站中的几台不同的摄像机。在制作上,MAC O2 系统能够读取多个场景文件并且非常容易地相互快速转换。在摄像机位置校准上 MAC O2 相对节省时间。综上所述,作为非线性编辑系统和虚拟演播室系统的主机,MAC O2 图形工作站处理图形和视频能力更胜一筹。

4.2　非线性编辑应用软件的功能

非线性编辑软件是运行在多媒体计算机硬件平台上的专用数字视音频编辑应用软件,它能完成一台多媒体计算机的基本工作,而且可以实现以下电视设备的功能:

(1) 硬盘录像机。根据对图像质量的要求,选择适用的非线性编辑系统,充当一台硬盘录像机进行视频信号的记录和重放,是这种设备起码的功能。存储节目的最长时间根据硬盘容量和压缩方式、压缩比。

(2) 编辑控制器。快速实时地寻找编辑点,设定入点、出点及其他标记,这是非线性编辑系统优于传统编辑控制的一个重要特点。

(3) 数字视频切换台。非线性编辑系统采用了时间线和视频轨、音频轨的概念,每一条视频轨都可以看作一台数字放像机,因此非线编系统能用多条轨道模拟多通道切换台。

(4) 数字特技机。非线性编辑系统可以使用内置软件或用硬件实现数字特技的功能。软件特技成本低廉,并可不断升级;硬件支持的特技是实时特技,提高了编辑效率。

(5) 字幕和图形创作系统。现代的非线性编辑系统中都装有用于制作字幕和图形的专门软件,并通过软件或硬件方法实现与视频信号的叠加。我国电视图文创作软件系统相当成熟,国产的非线性编辑设备中的汉字字幕和图形技术具有很高的水平和很强的可用性。

(6) 动画制作与合成。动画与合成都是在高性能软硬件平台上完成的,尤其是三维动画和数字合成。一般在非线性编辑系统中生成的简单的动画都采用标准图像文件格式,有的非线性编辑软件包含一些动画与合成,随着数字处理技术飞速的发展,这项功能将会集成进入非线性编辑系统。

(7) 数字录音机、音源和调音台。非线性编辑系统中都包含音频输入/输出单元、软件波表或硬件波表及硬件混音器,可以录制高质量的声音,可以用数百种乐器的原始音色演奏 MIDI(音乐仪器数字接口)乐曲,也可以配合软件完成多路音频信号电平的调节。

4.3　非线性编辑系统的软件平台

非线性编辑系统的应用软件是以硬件平台为基础的,按照硬件平台的分类方法,非线性编辑软件也可分为三类:运行于 PC 上的非线性编辑软件,运行于 MAC 上的非线性编辑软件,运行于工作站上的非线性编辑软件。下面是几个典型的软件平台。

1. Jaleo

Jaleo(读音为哈勒欧)是运行于 SGI 工作站上的西班牙 S.G.O. 公司的非线性编辑软件。它采用全过程图像不压缩技术进行视频图像数字特技合成及非线性编辑处理。Jaleo可以是纯软件化非线性编辑,具有很强的图像处理能力,多种方式的抠像,通过色彩抑制、校正抽取来精炼原有的素材。同时还有大量的过滤器,如 AutoPaint 可自动对图像使用像喷笔一样的功能。Swirl 用于杂乱的径向形变。还有 Bump、Feed Back 等更多的工具。Jaleo还包括一个喷绘系统,用于快速润色修饰,以及关键帧矢量图形及喷绘的动画,徒手喷绘也可作为矢量来编辑。Jaleo 不仅可以对视频进行编辑,同时也支持对单声或立体声音频的编辑、处理和混合。对音频的编辑可以是多轨的,对每轨音频可分别进行编辑和处理,可同时对音视频进行混编。

Jaleo 可接受的图像格式包括:S-Video、数字和模拟分量,制作时还可从其他三维、二维系统中直接采集素材,如 Alias/Wavefront、SoftImage、Targa、RGB、Fit、Tiff,同时也可以输入输出 JPEG 等压缩格式的图像及 EDL。

Jaleo 的来历:在佛朗明哥表演里有一个特殊的名词叫 Jaleo,它是一种曲调,也代表表演到最激昂时,歌者、吉他手与舞者的鼓掌声(palmas)、弹指声(palillos)、观众的呐喊鼓噪声交错、互动,也就是最激昂、狂热的境界。听众听到迷醉处,不是高声呐喊 Jaleo,就是高喊“打字机万岁”或“水”,前者是指舞者快速的脚步像打字机一样,后者是因为安大露西亚是个缺水的地方,“水”就变成最神圣的赞美词。

2. Final Cut Pro

Final Cut Pro 是由 Premiere 创始人 Randy Ubillos 设计的运行于 MAC 平台上的非线性后期编辑软件,当时它充分利用了 PowerPC G4 处理器中的“极速引擎”(velocity engine)处理核心,提供全新的功能,不需要加装 PCI 卡就可以实时预览过渡,视频特技编辑、合成和特技效果。系统具有 300 多种新功能,包括用于实时合成和增效的 RT Extreme、功能很强的新界面定制工具、新型高质量 8/10 位非压缩格式;编辑系统中引入每通道 32 位浮点视频处理功能,引入了 3 个全新的集成式应用用于制作标题的 LiveType、用于创作音乐的 Soundtrack 和用于全功能批量代码转换的 Compressor。

3. 苹果非线性编辑系统

苹果非线性编辑系统 HD-2000,64 位主机和操作系统实时性好、图像质量高、稳定性好、支持电影、高清、标清,可以支持 4 到 8 层实时视频流;FXScript 与 FXBuilder 工具可用以制作专属滤镜工具与特技,几百种实时特效及无限种第三方特效;支持编码格式多,支持 DV、DVCAM、DVCPRO、DVCPRO50、高标清无压缩。导入导出支持 MPEG 1、MPEG 2、MPEG 4、QuickTime、VOB、TGA、AVI、PSD、Mp3、WAV、AFF 等格式。引入存储局域网 SAN 架构,可实现多台 APPLE 非线性编辑系统共享存储的网络编辑。可将片段与序列标记输出至 Live Type 供制作标题字幕、动态 JKL 剪切之用;兼容的 RS-422 串行录像机控制接口。

4. Adobe Premiere Pro

Adobe Premiere Pro 可以用于 MAC 和 PC 平台,通过对数字视频编辑处理的改进(从捕获视频到编辑,直到最终的项目输出),已经成为专业人员使用的产品。它提供内置的跨平台支持以利于 DV 设备的大范围的选择,增强的用户界面、新的专业编辑工具以及与其他

Adobe 应用软件无缝的结合。Premiere Pro 是 Adobe 公司自 1991 年推出视频编辑软件以来的最重要的升级版本,它被重新设计,能够提供强大、高效的增强功能和先进的专业工具,包括高端的色彩修正、音频控制和多个嵌套的时间轴,并专门针对多处理器和超线程进行了优化,能够利用新一代基于英特尔奔腾处理器、运行 Windows XP 的系统在速度方面的优势,提供一个能够自由渲染的编辑体验。

5. Adobe After Effects

After Effects 是一款用于视频特效系统的专业视频合成软件,它借鉴了许多优秀软件的成功之处,将视频特效合成提升到了一个新的高度。After Effects 已经成为专业的跨媒体传输设立动态图形和视觉效果的标准,在精确控制的前提下,可以充分展示用户的创造性。

6. 中科大洋 D³-Edit 系列

大洋 D³-Edit 采用相同的软件构架,包括素材、字幕、特技、工程文件在内的所有资源都可在不同系列的高标清产品之间共享;用户原有的 D³-Edit 标清产品或网络,可以平滑升级到高清;D³-Edit HD9,采用 GPU+Acc. 硬件加速技术(GPU:graphics processing unit,图形处理器),拥有很高的实时性能;5 层 HD 视频或者 10 层 SD 视频实时播放,并且是所见即所得,任意时刻都可以输出全分辨率的高质量视频。3D pilot 字幕插件可以快捷地制作三维字体和三维物件,突破了以往非编产品只能实现假三维特技的局限。D³-Edit 系列非线性编辑系统满足从剪辑到包装合成,从视频后期到录音缩混的电视节目制作需求。面对广电技术和 IT 技术的融合,D³-Edit 非线性编辑系统会最终脱离简单编辑工具的范畴,成为一个面向多种媒体应用的多媒体桌面环境。大洋高清节目制作的母版保存,需要将字幕信息从母版中分离出去;一个干净的 cleanfeed 版本有助于日后多版本的发行。大洋公司已经逐步推出基于字幕视频同屏制作、分离保存技术的多种网络方案,以适应当前高清节目制作、保存的需求。

7. 新奥特 Himalaya 系列

新奥特喜马拉雅(Himalaya)非线性编辑系统基于"CPU+GPU+I/O 通道卡"的技术理念和架构,以软件为核心,编辑快捷方便又提供大量用于节目包装的元素,是集新闻编辑、专题制作、广告包装、片头设计、栏目合成、教学互动、字幕叠加、网络系统于一身的全面开放性的综合非线性编辑平台。在高清节目后期制作方面有 Himalaya X3000HD 高清非线性编辑系统,多层、丰富的特效、完善的编辑、方便的字幕功能等。系统采用 Windows XP 中文操作系统,提供矢量示波器监视。采集时支持 MPEG2、MPEG4、DVSD、DV25、DV50、无压缩等多种编码格式,可以一次性将同一素材采集成不同的编码格式文件;支持多格式素材混编。可以直接将 P2 卡、专业光盘里的素材导入到非线性编辑系统中直接编辑,可将序列和区间输出成各种媒体格式文件。支持音频 5.1 声道编辑与输出。调音台功能可在播放的同时通过滑杆控制记录关键帧调节音量大小。系统提供了大量的实时 GPU 特技,包括横纵比变换、色度键、色彩校正、三维变换、亮度键、蒙片、材质板、卷页、阴影、散焦、晶体化、抽帧、透镜闪耀、四角变换、蒙片模糊、蒙片马赛克、老电影、立体光等功能。

8. 索贝 Editmax 1000 系列

索贝公司运用 CPU+GPU 架构的非线性编辑系统 Mditmax 1 系列,摆脱了传统硬件板卡的限制;又开发了新一代的 CPU+GPU 引擎,并命名为 A. R. T(Advanced Realtime Techlonogy)引擎,非线性编辑产品平台是 Editmax 7 高标清一体化软件平台,具有高清编辑实时性能,可以支持 3 层以上高清格式的实时编辑和输出,并同时至少具有 2 个以上的 3D 高清特技;具有全功能的视频键轨道和时间线容器,具有实时轨间合成能力,具有与 AE 相似的合成能力;可以提供 SD/HD 相互上下变换能力,无需转码过程,在质量上达到广播级的要求。EditMax 1000 是索贝数码推出的移动非编系列产品,与 SONY XDCAM 专业光盘产品、DVCAM 系列产品、eVTR 及其他传统摄录像机结合,为本地、紧急新闻、异地记者站提供新闻采编、传输的全流程解决方案。

4.4 Adobe Premiere Pro 软件平台

本章为 Adobe Premiere Pro 的应用知识,将对 Premiere Pro 的基本操作逐一进行介绍,使用户能够使用这个软件进行初步的影音编辑。本章使用的版本为 Premiere Pro CS3。

4.4.1 新建节目设置

在开始视频项目制作之前,首先要设置好相应的视音频参数,以便完成规定格式的节目制作。Premiere Pro CS3 启动后,出现的启动界面如图 4.1 所示。在启动界面中,程序提示用户选择新建或者打开一个项目文件,用户可以单击"新建项目"图标,程序将弹出如图 4.2 所示的"新建项目"对话框,以便用户对新建的项目进行参数设定。

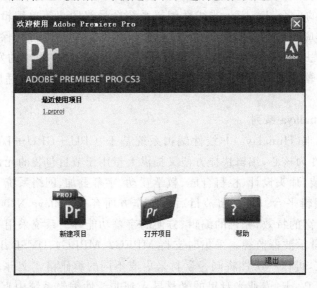

图 4.1　Premiere Pro CS3 启动界面

在"新建项目"对话框的"加载预置"选项卡中,左侧部分显示了不同的项目模式,右侧显示选中模式的相关属性描述。用户可以通过单击左侧的模式,在右侧查看相关属性来选择合适的项目模式。如符合中国标清电视节目要求的项目模式可选择 DV-PAL Standard 48kHz。

在"新建项目"对话框的"自定义设置"选项卡中,可以对影片的编辑模式、时间参数、视频、音频等基本选项进行相关设置,如图 4.3 所示。选项卡的左侧是"常规"、"采集"、"视频渲染"、"默认序列"四个选项。选中"常规"选项,可在选项卡的右侧进行相关的设定。在"编

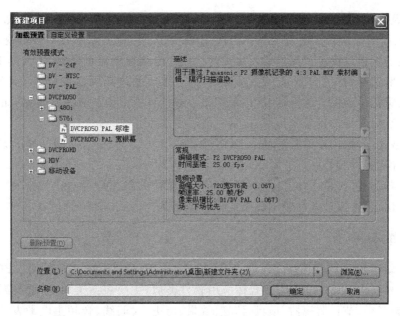

图 4.2 "新建项目"对话框

辑模式"下拉列表中可以设置视频的播放模式,常见的有 DV PAL 和 DV NTSC 两种制式。
PAL 电视标准用于中国、欧洲等国家和地区,NTSC 电视标准用于美国、日本等国家和地区。制作"家用小高清"项目,可以选择 HDV 的相关参数,有"HDV 720P"、"HDV 1080I"、
"HDV 1080P"等模式。时间基准参数也随着编辑模式而变化,一般 DV PAL 选择 25.00
帧/秒,DV NTSC 选择 29.97 帧/秒。"画幅大小"文本框只有设置成"桌面编辑模式"后,参
数才可编辑。

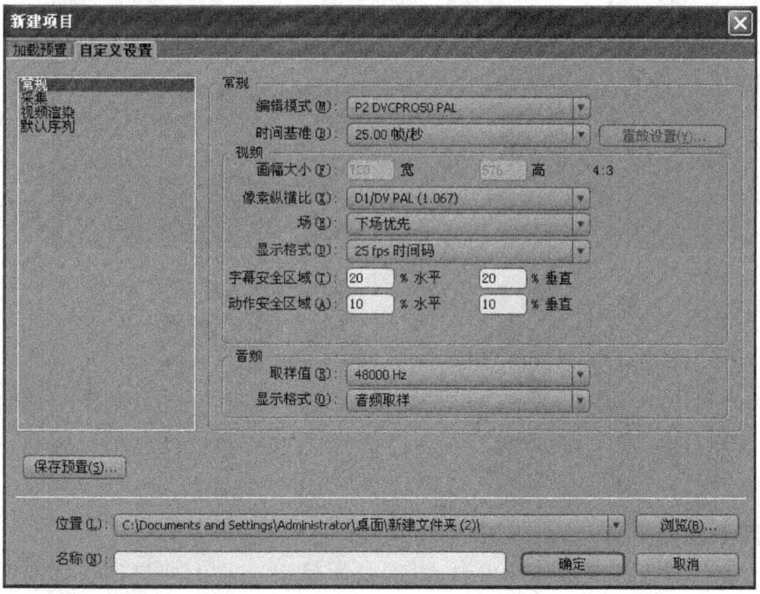

图 4.3 "自定义设置"选项卡

第4章　非线性编辑系统的软件平台

"像素纵横比"参数决定了画面最后的表现,计算机的显示器像素长宽比为 1.0,DV PAL 制式画面的像素长宽比为 1.067,"DV PAL 宽荧幕"为 1.422,该参数由视频项目最终在什么播放器上播放决定。如果最后生成的视频在电脑显示器上播放,需选择 1.0,如在电视上播放一般选择为 1.067。选择错误的话,最后生成的视频画面被拉伸。计算机能正确播放像素长宽比不为 1.0 的视频,所以不用担心在计算机上预览时视频播放不正确。

"场"参数只在导出到录像带时有用,一般不用多做修改。

"显示格式"参数用于设置 Premiere Pro CS3"时间线"调板中时间的显示方式,一般保持与时间基准参数相同。

选择好各参数后,单击"浏览"按钮,选择文件保存的路径位置,在"名称"栏里输入文件名称,单击"确定"按钮进入视频编辑模式工作界面。

4.4.2 界面分布

完成了新建项目的设置后,就进入了 Premiere Pro CS3 的工作界面。Premiere Pro CS3 的工作界面与 Photoshop 等多媒体应用软件类似,主要包括菜单栏、素材源监视器、效果控制台、调音台、节目监视器、项目、信息、效果、历史、时间线、音频主电平表、工具箱等调板,如图 4.4 所示。

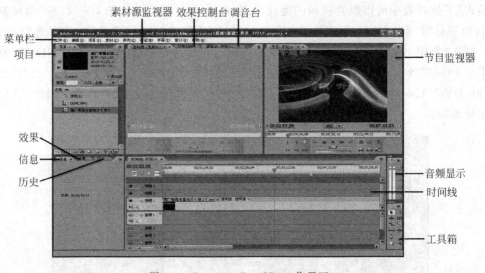

图 4.4　Premiere Pro CS3 工作界面

1. 菜单栏

工作界面的最上方为 Premiere Pro CS3 的菜单栏,主要包括文件(File)、编辑(Edit)、项目(Project)、素材(Clip)、序列(Sequence)、标记(Marker)、字幕(Title)、窗口(Window)、帮助(Help)菜单。

2. 素材源监视器

"素材源监视器"调板可以播放素材、查看最终结果。双击项目调板或时间线中的素材片段或使用鼠标将其拖放至素材源监视器,可以在素材源监视器中进行区域剪辑和预览操作。图 4.5 所示为"素材源监视器"调板。

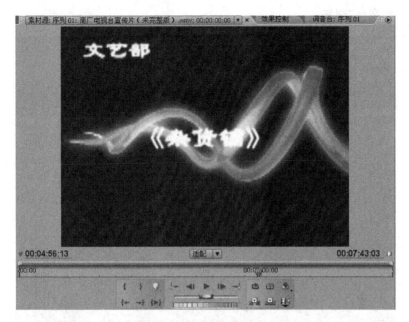

图 4.5 "素材源监视器"调板

"设置入点"按钮 ，可以设置素材的入点，默认为素材的开头。

"设置出点"按钮 ，可以设置素材的出点，默认为素材的结尾。

"设置无编号标记"按钮 ，可以在素材中设置多个标记。

"跳转到入点"按钮 ，可以使时间指示器跳转至已标记的入点处，若没有设置入点，则跳转至开头。

"跳转到出点"按钮 ，可以使时间指示器跳转至已标记的出点处，若没有设置出点，则跳转至结尾。

"播放入点到出点"按钮 ，可以播放入点到出点之间的视频，若循环开关打开了，则循环播放。

"快速搜索"按钮 ，可以通过按住中间的滑块，左右拖动，来实现前后快进的播放功能。

"微调"按钮 ，可以通过按住鼠标左键拖动，实现微调视频的播放，鼠标移动的幅度代表速度。

"插入"按钮 ，可以将入点和出点之间的视频插入到"时间线"调板的轨道上。

"覆盖"按钮 ，可以覆盖源轨道素材的方式将视频插入到"时间线"调板的轨道上。

"切换并获取视音频"按钮 ，只在素材存在音频时有效。

"循环"按钮 ，可以控制素材循环播放。

"安全框"按钮 ，可以打开视频安全框。

"输出"按钮 ，可以控制该监视器输出的通道。

3．效果控制台

"效果控制台"默认可以控制视频的运动和透明，还可以控制音频的音量操作。图 4.6

所示为"效果控制台"调板。

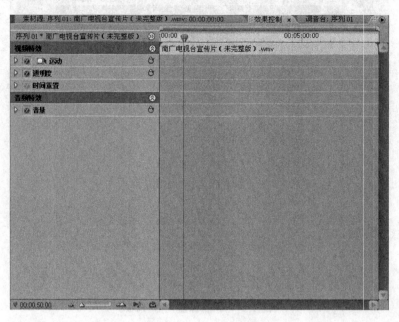

图 4.6　"效果控制台"调板

4. 调音台

　　"调音台"可以实现多个音频混合、调节增益和平衡控制等多种编辑操作。在音频混音器中,可以在播放素材的同时调节音频素材的音量信息,即可以做到边听边调节音频素材,使音频的编辑变得更加直接和方便。图 4.7 所示为"调音台"调板。

图 4.7　"调音台"调板

5. 节目监视器

"节目监视器"主要用于显示当前影片的编辑效果,还可以显示通道信息和测量调整区域,还包含时间标尺、视频播放控制和安全区域等功能。图 4.8 所示为"节目监视器"调板。

6. 项目调板

"项目"调板是导入、组织与管理项目所用素材的工作调板。该调板由素材预览区、素材目录栏和调板工具栏 3 部分组成,如图 4.9 所示。

图 4.8 "节目监视器"调板

图 4.9 "项目"调板

7. 信息、效果和历史组合调板

软件界面的左下方为信息、效果和历史组合调板,如图 4.10 所示。选择调板上的选项卡可以在 3 个不同的调板之间切换。信息调板中显示当前选中对象的详细信息,"效果"调板显示 Premiere Pro CS3 中的预置特效、视音频特效,"历史"调板中记录了从打开文件开始所进行的每一步操作。

图 4.10 "信息"、"效果"和"历史"组合调板

8．时间线

在软件界面的下方中央部分为"时间线"调板，如图4.11左侧所示。"时间线"调板是Premiere Pro CS3工作界面的核心部分，按时间顺序将视频文件逐帧展开，并与音频文件同步。通过它可以轻松地实现对素材的剪辑、复制、插入、修饰、调整和显示等操作。

9．音频主电平表和工具箱

软件界面的右下角主要包括音频主电平调板和工具箱，如图4.11右侧所示。其中"音频主电平"调板主要显示音频的音量和音阶，当时间线播放时，"音频主电平"调板实时显示时间线中的音频基准电平。"工具箱"调板包含编辑时间线所需的各种工具，包括选择、轨道选择、波纹编辑、转换编辑、比例伸展、切刀、滑动编辑、幻灯片编辑、钢笔、平移和缩放等。用鼠标在相应的工具图标上单击或者使用相应的键盘快捷键，鼠标指针将变成相应的工具形状，工具即被激活。使用完某工具后，单击选择的工具即可恢复正常。

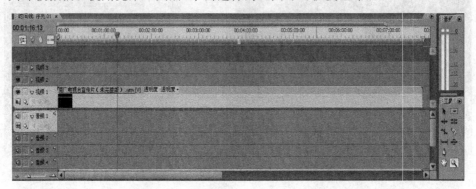

图4.11 "时间线"、"工具箱"调板

4.4.3 采集与导入素材

在导入素材前，应该了解Premiere Pro CS3支持哪些格式的素材。导入素材后，将素材分类管理。

1．兼容的格式

对于静态图像而言，Photoshop的PSD格式无疑是支持的最好的。Premiere Pro CS3能对导入的PSD素材保留较多Photoshop的特性，如图层的层次、图层样式、Alpha通道等。对于复杂场景中的一些制作，用PSD作为静态图像间的交换较为方便。其他图像格式，如GIF、JPG、BMP、TGA、PIC、EPS等，Premiere Pro CS3都能提供很好的支持。

Premiere Pro CS3对视频素材的兼容性也非常好，常见的视频格式有AVI、FLV、MKV、MPG、WMV、MOV等。但并不是所有系统能播放的视频都能导入Premiere Pro CS3。如需要导入QuickTime的MOV格式的视频文件，则需要系统中安装了QuickTime播放器。如遇到视频无法导入的问题，可以使用其他的视频转码软件将视频转成AVI格式，并使用常见的编码方式压缩。

对于常见的音频素材，Premiere Pro CS3基本都能识别并正常地工作，使使用户能很容易地找到需要的音频素材，并将其导入自己制作的视频中。

2．采集素材

通过数字接口（如IEEE 1394或SDI），Premiere Pro CS3能够采集DV等数字磁带的

视音频内容,以文件的形式存储到硬盘中。将 DV 数码摄像机通过 IEEE 1394 等接口连接后,在菜单栏中执行"文件"|"采集"命令或按 F5 快捷键,弹出"采集"对话框,在该对话框中可以设置视音频的保存位置、采集格式、设备控制和录制等功能,如图 4.12 所示。

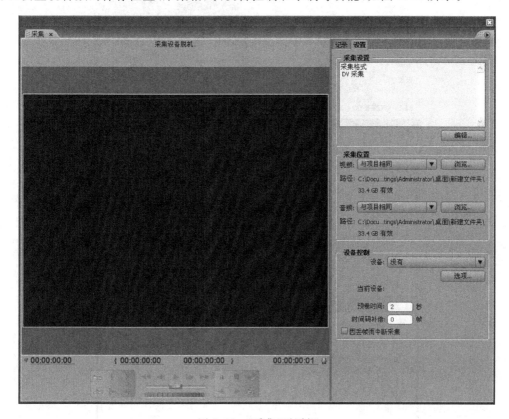

图 4.12 "采集"对话框

3. 导入素材

有多种方法可以将素材文件导入至 Premiere Pro CS3,除了采集、录音等方法之外,最常见的方法就是导入素材。素材文件的导入可以通过执行"文件"|"导入"命令,在弹出的"导入"对话框中选择所需的素材文件,单击"打开"按钮即可将素材文件导入 Premiere Pro CS3。也可以通过在"项目"调板的空白处右击或双击,打开"导入"对话框,进行素材的导入操作。图 4.13 所示为导入素材的两种方式,图 4.14 所示为"导入"对话框。

4.4.4 影片基本剪辑

影片的基本剪辑主要是调整素材的长度、速度以及对多个素材进行组合。导入的素材均显示于"项目"调板中,用户可以在"项目"调板中对素材进行分类存放,也可以对素材进行重命名等操作。双击素材文件还可以将素材调入"素材源监视器"窗口,对素材进行浏览。在"素材源监视器"窗口中可以对素材进行初剪,通过拖拽时间滑块,定位到素材需要的起始点后单击 按钮设置入点,此时的时间显示条会在入点以后显示颜色加深。继续拖拽时间滑块,定位到素材需要的终止点后单击 按钮设置出点,此时的时间显示条在入点与出点之间显示颜色加深,显示颜色加深的区域即为选中的修建后的素材,如图 4.15 所示。

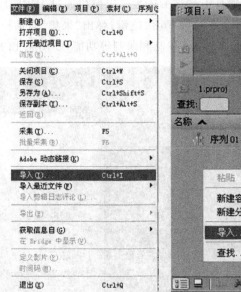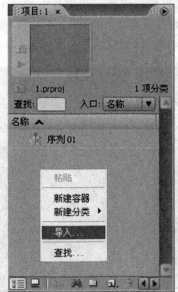

图 4.13 导入素材的两种方式

图 4.14 "导入"对话框

1. 添加素材到"时间线"调板

在 Premiere Pro CS3 中,只有将素材通过"时间线"调板中的轨道有序地连接起来,才能完成一个完整的作品。常用的方法是选中"素材源监视器"调板中设置了入出点的素材或"项目"调板中的素材,按住鼠标左键直接将素材拖动至"时间线"调板中需要的视频轨道上,释放鼠标左键即可,如图 4.16 所示。

若需要将多个素材同时添加到"时间线"调板的轨道上,可以使用菜单中的命令完成,步骤如下:

图 4.15 设置素材入出点

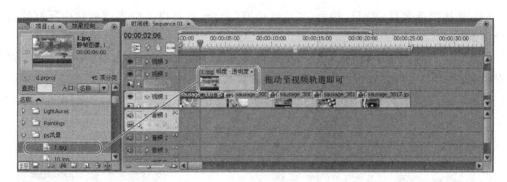

图 4.16 将素材添加到"时间线"调板

（1）和 Windows 中对文件的操作一样，结合 Ctrl 和 Shift 键，在"项目"调板中同时选中多个素材文件。

（2）在"项目"调板底部的调板工具栏中，单击"自动匹配到序列"按钮 ，弹出"自动匹配到序列"对话框，如图 4.17 所示。

（3）在对话框中取默认设置，单击"确定"按钮，即可将选中的多个素材文件按顺序排列到"时间线"调板的轨道上。

2．使用"时间线"调板进行素材编辑

1）素材的选择、移动与编组

Premiere Pro CS3 中对素材的选择主要有选择单个素材、选择多个素材和选择全部素材三种，可以通过多种方法选定轨道上的素材，做整体移动或删除等操作。

（1）选择单个素材：单击要选择的素材片段，素材片段呈深色显示，说明当前素材已经被选中。

（2）选择多个素材：在选择单个素材的基础上，配合键盘上的 Ctrl 键，依次单击需要选择的素材片段。选择多个素材也可以利用鼠标的框选操作，在"时间线"调板视频轨道的空白区域，按住鼠标左键，向侧面移动，拖出一个框，所有在框内的素材片段都将被选中。

48

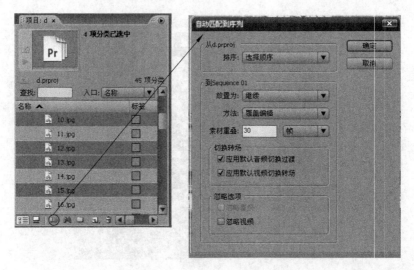

图 4.17 "自动匹配到序列"对话框

(3) 选择全部素材：执行"编辑"|"选择所有"命令，就可以选中当前项目中所有轨道上的全部素材。

在轨道上选择多个素材后，可以在素材上右击，在弹出的菜单中选择"编组"命令，对目标对象进行编组，如图 4.18 所示。编组后的素材可以作为整体在"时间线"轨道上移动，而它们的相对位置不变。在已编组的任意一个素材上右击，在弹出的菜单中选择"取消编组"命令，各个素材就会恢复为独立的素材。

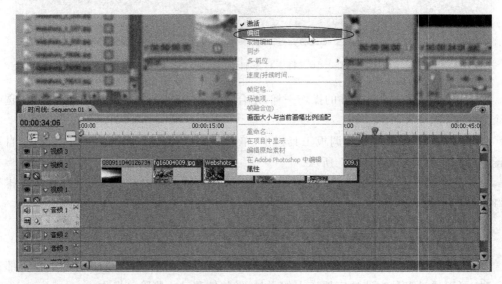

图 4.18 编组素材

2) 剪切、复制、粘贴素材

在"时间线"调板的轨道上并不是只能移动素材，同样可以像对文件的操作一样，对素材进行剪切、复制和粘贴，操作方法也基本类似。

剪切操作是先在轨道上选中素材片段，按组合键 Ctrl＋X 或执行"编辑"|"剪切"命令，

然后选择想要粘贴的视频轨道,移动时码线,然后按组合键 Ctrl＋V 或执行"编辑"|"粘贴"命令,素材将被插入到时码线所在的时间点上。

复制操作基本和剪切操作相同,只是将组合键 Ctrl＋X 换成 Ctrl＋C 或执行"编辑"|"复制"命令。

3) 切割素材

切割素材需要使用"工具"调板中的"剃刀"工具 ,它可以将一个素材片段切割成两个独立的素材。默认情况下,"剃刀"工具只能切割一个目标轨道上的视频和对应的音频。配合 Shift 键,则可以同时对所有轨道进行切割。

4.4.5 视频切换

视频切换俗称视频转场,是为了让一段视频素材以某种特殊形式变换到另一段视频素材而运用的过渡效果,即从上一个镜头的末尾画面到下一个镜头的开始画面之间添加中间画面,使上下两个画面以某种自然的形式进行过渡。

要添加视频转场,首先要打开"效果"调板,在调板中展开"视频切换效果"选项,其中提供了 3D 运动、伸缩、划像、卷页、叠化、映射、滑动、特殊效果和缩放等转场效果,如图 4.19 所示。

图 4.19 展开"视频切换效果"选项

在"视频切换效果"中找到需要的效果,选中后,按住鼠标左键拖放至两段素材之间,即完成转场效果的添加,如图 4.20 和图 4.21 所示。

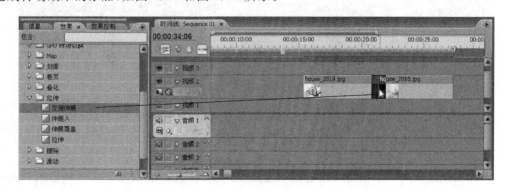

图 4.20 添加视频转场效果

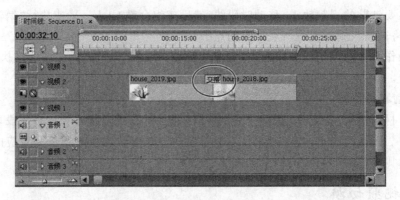

图 4.21　添加视频转场效果后的效果

　　如果对已经加入的视频转场不满意,选中已经加入的视频转场,按 Del 键即可删除,也可以右击后在弹出的菜单中选择"清楚"命令。

　　如果想用其他的转场替换当前的效果,可以直接从"效果"面板中拖动新的效果,直接覆盖已有的转场效果。

4.4.6　视频特效

　　视频特效是指 Premiere Pro CS3 中封装的一些特别的程序,专门用于处理视频中的像素,然后按照要求实现各种效果。和视频转场效果不同的是,视频特效是添加在单个素材上的。用户可以根据制作需要给素材添加一个或多个视频效果,以制作出各种绚丽的效果。在添加视频效果前,用户需确保已经在"时间线"调板上添加了素材。

　　要添加视频效果,首先在"效果"调板中展开"视频特效"选项,如图 4.22 所示。

　　选择所需要的视频特效后,按住鼠标左键,拖放至想要被添加特效的素材上,如图 4.23 所示。

图 4.22　展开"视频特效"选项

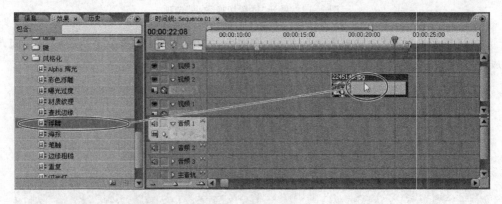

图 4.23　添加视频特效

　　添加视频特效后可以在特效控制台中进行参数设置,直接输入参数或拖动滑块都可以在节目监视器中实时地预览效果,如图 4.24 所示。

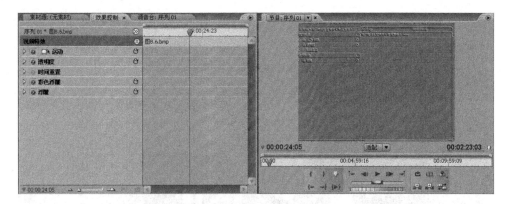

图 4.24   视频特效参数设置

4.4.7   音频编辑处理

音频部分主要包含音频特效和音频转换。音频特效中可以控制 5.1 声道、双声道和单声道,音频切换效果中可以控制音频交叉过渡效果,如图 4.25 所示。

图 4.25   音频特效和音频切换效果

如果想控制记录音频声音大小的动画可以在时码线起始位置单击"添加关键帧"按钮,将时码线移动至结束位置并单击"添加关键帧"按钮,然后通过鼠标向下拖动结束位置的关键帧,产生斜坡的过渡效果,声音就会产生由大到小的过渡效果,如图 4.26 所示。

图 4.26   音频音量大小的调节

4.4.8   字幕制作

字幕是影视作品中不可或缺的部分,字幕制作包括文字和图形的制作。新建字幕的方法有以下几种:

(1) 执行"文件"|"新建"|"字幕"命令。

(2) 在"项目"调板中右击,在弹出的菜单中选择"新建分类"|"字幕"命令。

(3) 在"项目"调板中,单击调板工具栏中的"新建"按钮,在弹出的菜单中选择"字幕"命令。

完成三种新建字幕方法中的任意一种后,会弹出"新建字幕"对话框,给该字幕命名后,单击"确定"按钮,就会弹出 Premiere Pro CS3 内建的"字幕编辑"调板,如图 4.27 所示,主要包括"工具"、"字幕"、"字幕属性"、"动作"、"样式"、"输入区"六部分。

"工具"调板:其中包含各种文字和图形的新建工具。常用的有"文字工具"、"垂直文字工具"、"文本框工具"、"垂直文本框工具"、"路径输入工具"和"垂直路径输入工具"等。所有

第4章   非线性编辑系统的软件平台

图 4.27　"字幕编辑"调板

的工具都在中央的"输入区"中使用，"输入区"的背景是时码线的当前帧。

"动作"调板：其中的命令功能是对已输入的文字进行排列。

"字幕"调板：主要调节字体、文字大小、粗体、斜体、文字对齐方式。

"样式"调板：可通过单击选中样式，并直接作用在新建的字幕上。也能将用户定义的样式保持，方便多次调用。

"字幕属性"调板：包含各种文字样式的选项，方便自定义。

文字的输入步骤十分简单。首先在"工具"调板中选择"文字工具"，然后在"输入区"中在需要输入文字的区域单击，输入文字，如图 4.28 所示。文字输入完成后，可以在"样式"调板中挑选合适的样式，在样式上单击，即可将样式应用在文字上。

当完成了字幕的制作后，可以直接关闭字幕编辑窗口。在"项目"调板中将出现新建的字幕文件名。在字幕文件上单击，选中文件并按住鼠标左键拖动到"时间线"调板视频轨道上，完成字幕文件的添加，如图 4.29 所示。

4.4.9　影片的输出

影片的输出不只是能够利用某个特定媒介播放就可以了，还得根据实际需要来决定输出视频的类型和格式，所以需要先明确输出影片文件的目的和用途，并根据实际情况对输出的参数作相应的设置。

完成节目制作编辑后，执行"文件"|"导出"|"影片"命令，在弹出的"导出影片"对话框中可以设置保存文件的名称和路径，还可以单击"设置"按钮，进入"导出影片设置"对话框，可对输出文件类型、范围等进行设置，如图 4.30 所示。

图 4.28　文字输入

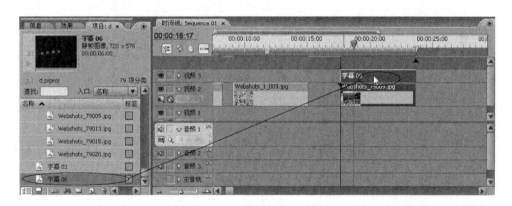

图 4.29　添加字幕至视频轨道

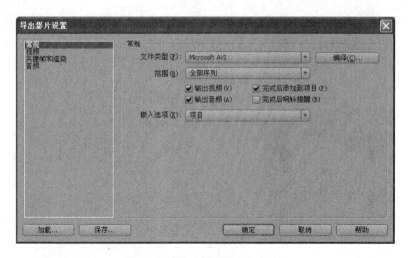

图 4.30　"导出影片设置"对话框

本章要点提示

（1）非线性编辑软件的功能。

（2）了解常见的非线性编辑系统的软件平台。

（3）Premiere Pro 新建项目对话框设置方法。

（4）Premiere Pro CS3 视音频效果调板用法。

（5）在 Premiere Pro 中影视片剪辑的一般过程。

第 5 章　电视节目后期编辑

5.1　电　视　画　面

研究影视画面和声音艺术的学问称为视听语言,画面和声音是视听语言最基本的元素。以景别为例,电视画面内包含景物的多少和部位用景别来描述,基本的景别有远景、全景、中景、近景和特写。电视画面中,远距离拍摄的场景叫远景;包含人物全身或物体全部的画面为全景,全景注意保留头上和脚下的空间;取景时画框下沿在腰部的景别是中景,在胸部的为近景,保留发际和领子的脸部图像,或人或物的某个局部的景别叫特写。电影与电视画面中相同名称的景别相比,电影所包含的景物多一些,就是说电影景别比电视要大一些。高清晰度电视(16∶9)的景别约定在现阶段还不一致,处于探讨和实践过程中。

除了景别,还有摄像角度、运动镜头、字幕、动画、特技等影视表现手法,这些手法造就了精彩纷呈的镜头画面效果。视听语言把画面组接起来叙事和表达情绪、气氛和环境,它是电影、电视特有的表现手段。影视工作者在长期的艺术实践过程中创造了用影视画面叙事和表意的技巧和艺术规律,形成了视听语言这种特定的艺术语言。导演创新性地应用视听语言完成导演创意,电视编辑师要领悟导演的创意,熟练运用视听语言,创造性地完成后期编辑任务。

5.1.1　电视画面的种类

一组连续的电视画面称为镜头,镜头是影视片的基本构成单元和表意单元。常见的镜头有以下几种:素材镜头和有效镜头、固定镜头和运动镜头、主观镜头和客观镜头、中性镜头、空镜头、"长镜头"。

1. 素材镜头和有效镜头

素材镜头是摄像机一次开关机所记录的不间断影像;有效镜头是按照分镜头稿本对素材镜头剪切后得到一段用于组接的画面。

2. 固定镜头和运动镜头

固定镜头是机位和焦距不变时拍下的画面,有静观其变的视觉效果。

运动镜头是在拍摄连续画面时,通过移动机位、转动镜头光轴或变焦进行拍摄的电视画面。运动镜头具有景物与画框相对运动,或观众视点不断变化等特点。它在连续记录的画面上呈现被摄主体的运动,形成了多变的画面构图和审美效果。镜头的运动可以使静止的物体和景物发生位置的变化,在画面上直接表现出人们生活中流动的视点和视向,画面被赋予丰富多变的造型。

按镜头的运动方式,运动镜头可以分为推、拉、摇、移、跟五种类型。

(1) 推镜头:推镜头是画面构图由大景别向小景别连续过渡而拍摄的画面。推镜头的语言特性是突出主体人物和重点形象,突出细节;介绍整体与局部、客观环境与主体人物的关系。镜头推进速度的快慢可以影响和调整画面节奏。

(2) 拉镜头:拉镜头是指构图由小景别向大景别连续过渡所拍摄的画面。拉镜头的功能是表现主体和主体所处环境的关系,通过纵向空间和纵向方位上的各种视觉因素相互关联,可以产生悬念、对比、联想的艺术效果;拉镜头使内部节奏由紧到松。

(3) 摇镜头:摇镜头是把摄像机固定在支座上,镜头沿水平轴或垂直轴作扇形(或圆形)运动时所拍摄的画面,可分为水平摇、垂直摇、复合摇。摇镜头扩大了镜头表现视野,保持大范围空间的完整统一;交代同一场景中两个主体的内在联系;也经常从中性镜头摇到主体用作画面转场。

(4) 移镜头:移镜头是将摄像机架设在轨道或其他运动着的工具上,边移动边拍摄的镜头,可分为横移、垂直移(升降)、环移等形式。移镜头产生边走边看的视觉效果,拓展了画面的造型空间;在表现大场面、大纵深、多景物、多层次的复杂场景时具有气势恢宏的造型效果。

(5) 跟镜头:摄像机跟踪一个动体运动时所拍摄的镜头称为跟镜头,分为跟移和跟摇。镜头移动速度和动体保持基本一致,背景始终处于变化之中。跟镜头能够连续地表现运动中的被摄主体,同时又可以交代主体运动方向、速度、体态及其与环境的关系,加强纪实性。

拍摄运动镜头的注意事项:

运动画面除了导演特殊安排以外,要做到以下几点:平——地平线要平,稳——画面不晃动,匀——运动摄像速度要匀,准——构图景别要准确,清——运动过程中聚焦要清晰。

一个完整的运动镜头包括起幅、运动和落幅三个相互连贯的部分,起幅、落幅是固定画面。

平衡感:掌握好人物、景物在画面中分布在视觉方面的平衡感,包括水平、垂直方向的平衡。

前方空间:运动物体前方空间大于后方空间,速度越快前方空间越大。

跟焦点:跟踪拍摄走近或远去的运动体,边摄像边调焦。

人物或运动物体的出画入画要合情合理。

3. 主观镜头和客观镜头

把剧中人物所看到的事物展现出来的镜头叫主观镜头;观众站在客观角度观察事件的发展的镜头是客观镜头。主观镜头有利于揭示剧中人的所见所闻,大大加强了剧情的真实感,激发了观众的参与意识。

4. 中性镜头

没有明显方向感和特别指向意义的镜头叫中性镜头,中性镜头可以用于过渡、转场和合理越轴。

5. 空镜头

空镜头又称空白镜头、景物镜头,是影视作品中对自然景物或场面描写而不出现与剧情有关的人物的镜头。写物空镜头用于细节描写,常采用近景或特写。空镜头利用对环境、景物的展示,交代时间或空间,具有说明、暗示、象征、隐喻等功能;在影片中能够产生见景生情、情景交融、渲染意境、引发联想等效果。在时空转换和调节影片节奏方面也有独特作用。

6. "长镜头"

从摄像操作方面讲,长镜头是开机到关机时间相对较长的单一镜头,在一个镜头里不间断地表现一个事件,"长镜头"加引号,是强调它的审美意义,"长镜头"通过连续的时空运动形成真实或纪实风格,用来表达导演的特定构想和审美情趣。巴赞"长镜头"理论的核心和实质就是强调电影特性是它的照相性,即纪实性、记录性。在影片中运用长镜头手法可以保持整体效果,保持剧情空间、时间的完整性和统一性;可以如实、完整地再现现实影像,增加影片的可信性、说服力和感染力;还可以渲染气氛、表现人物的心理活动。

5.1.2　电影与电视画面的区别

1. 题材选择

电影在大场面、大空间内以高视点、大视野的宏观角度,全景式地展现方面有优势。这是因为电影银幕大,观赏环境封闭,可以造成恢宏的气势,渲染出特殊的氛围,瞬间爆发出强烈的艺术冲击力。电视的远景和全景镜头受到屏幕和收视环境随意的制约,画面的景别多用中近景、特写,题材选择方面以叙事题材为主。但是高清晰度电视屏幕的横向扩展增强了空间表现力,所以题材选择方面,高清晰度电视与传统电视有所区别。

2. 时空表现力

电视有时间上的优势,它多侧面地表现人与人之间关系的发展,抒写人物的命运历程。电视剧在家庭里收看,适于连续播放。电影则在时间上受到限制。电影对空间的选择重视环境与人物的关系,讲究空间的象征意义、空间的震撼力以及空间感所具有的美学价值。电视剧对环境空间的要求相对宽容得多,空间不大影响表述剧情。观众关注的是故事。随着电视屏幕的扩大和高清晰度电视的普及,电视时空表现的力度、气势、震撼力在逐渐提高。

还有运动镜头等多方面的区别,用非线性编辑系统编辑电影、电视和高清晰度电视节目时要有所区别。

5.2　画　面　组　接

根据剧情和影视艺术的创作规律把画面连接起来叫组接,组接体现导演对剧作内容、对影视特性和社会生活的深刻理解。

5.2.1　句子和场面

1. 句子

通过画面组接表达一个相对完整的过程,成为视听语言的强调动作过程和情绪的"句子"。影视艺术教育家王心语讲述句子的功能时,要求学生用8个镜头表现人物孤独的情绪,学生用镜头刻画了一个老人准备好饭菜等待儿女们为自己过生日的情景,最后结果是,夜深了,没有一个子女带孩子前来,老人收起饭菜,饿着肚子,郁闷地回屋去了。故事情节完整,表达出现代社会生活中子女们繁忙和感情缺失的主题,体现了一个相对完整的过程。

2. 场面

若干个句子有机地组合成为具有矛盾冲突的戏剧性段落叫场面。如果把一部电视剧比作一篇文章,场面就相当于一个自然段。场面中的事件有较完整的情节、有矛盾冲突、有始末。场面是整个剧目的有机组成部分。

5.2.2 组接

导演对剧本进行再创作,根据剧情和影视艺术的创作规律,把画面连接起来叙事或表意,叫组接。

1. 镜头组接的依据

组接要有连接依据,如内容的衔接、情绪的衔接、气氛(场景、环境气氛)的衔接都是顺畅的连接。镜头的衔接要以内容的需要为依据;对画面连接要瞻前顾后,有章可循,敢于创新。

衔接可以利用以下因素:动作——包括人物动作、景物动作、镜头运动;时间——顺时、逆时、时间交错、时间变形;空间——创造画内的和画外的实在空间或假设空间;造型——人物造型(包括化妆服饰等)、环境造型(景物和声音)、光与色的造型等。

2. 画面转换点的选择

画面转换(出画和入画)时注意以下要点:

动作——上下镜头保持视觉上的连贯性、动作的方向性、动作速度节奏的一致性。

视向——目视方向的一致性。

音乐——音乐起承转合,音画同步或音画对位、音画对立的衔接。

音响(效果声)——即效果声的同步或超前,或幻境效果声。

语言——对白、解说、画外音、独白作为剪接点。

物件——通过特定物体剪接、切换而转换时空。

构图——利用原来画面的结构特征如相似性、对称性剪接。

色彩——运用色彩的某些特征剪接。

光影——发挥影子的间接表现、隐喻功能剪接。

空镜头——利用空镜头转接。

3. 蒙太奇

蒙太奇(montage),原义是把各种不同的材料,根据总的计划和设计方案,对材料进行分别处理以后进行装配,构成一个整体。被影视语言借鉴,是把多个镜头合乎逻辑的、有节奏的、创意性的组接在一起,阐述事情发生和发展的技巧。

蒙太奇可分为两大类,有叙事蒙太奇和表现蒙太奇。叙事蒙太奇是技巧性地表达事件的发生、发展和过程;表现蒙太奇用以表达情绪、气氛、状况、隐喻等,达到写意效果。

蒙太奇叙事方法:

(1) 连续式,按照事件发展的时间顺序或空间顺序有技巧地组接画面。又分前进式、后退式的连续组接,如由远景向中、近景或特写的组接属前进式。反之是空间的后退式组接。

(2) 平行式,把同时异地、同时同地、同地异时发生的有关联的事件交叉表现。

(3) 对比式,用大和小、明和暗、快和慢、有色和无色、快乐和阴沉等相反因素进行对比,加强视觉和听觉的冲击力、感染力。

（4）象征式，用比喻、隐喻手法抒发感情或暗示事态发展。

（5）重复式，闪回、再现事件，提示事件的原因，激发联想，说明结果。

4．轴线规律

轴线是想象中的路线或轨迹。轴线的类型有运动轴线（运动体的轨迹和走向）、方位轴线（参照物的方向感和阳光、影子造成的方位感）、关系轴线（有关联的人物、景物之间的关系线）。轴线规律要求在轴线的同一侧拍摄的画面可以进行组接。把轴线两边拍摄的画面接在一起时，同一个运动体会相对而行，造成错觉。解决的方法称为合理越轴，合理越轴的方法有插入中性镜头，插入与运动主体有关的局部镜头或反应镜头，插入运动人物的主观镜头，借助景别的改变等等，还可以利用主体自身的运动改变轴线。

5．"跳接"

"跳接"是对传统电影观念的突破和创新。自由处理电影时空，抓住主要因素进行衔接，排除次要因素和慢节奏的叙述过程跳接更能够体现现代生活的快节奏、突发性、无奈、苦闷、畅想，对情绪的表现力更强。

5.3 电视声音

本节讨论电视声音的类别、作用，分别对电视语言、音乐和效果声的属性和编辑方法进行学习。

1．电视声音的类别和功能

电视声音有语言、音乐、效果声三类。语言包括对白、旁白、解说、画外音；音乐指的是电视节目中的乐音、歌曲和画外音乐；效果声（又叫音响）指的是自然环境、物体或人运动中发出的声响，也包括人工效果声。

同期声不是单独的一类声音，它可能是同期的语言，也可能是与画面同步的效果声和音乐。所以进行非线性编辑不把同期声做一种声音类别，但在线性编辑中把它作为效果声配音操作比较方便。

电视声音能够起到还原真实、多层次表现场景、使画面立体化、增加信息量的作用，在组接画面时用于转场。

1）电视语言的功能

声音在作品结构上发挥的作用是省略，即运用声音代替画面引发观众想象，节省画面。由于声音具有连贯性，使观众感到流畅自然；以持续连贯的声音作为线索或背景，可以将不同的时间、地点，不同的短镜头贯穿起来，以突出统一主题，给观众带来完整统一的感受。

在影视作品中，人声的作用在于叙事，有些不易于画面表现的内容可用话语加以补充，使内容表达更明确、更感人。人物语言还具有塑造形象、强化矛盾冲突、推动故事情节、讲述故事、表现主题等作用。

2）音乐的作用

画面内容的表达经常需要借助于音乐的艺术感染力，音乐在影视节目中起到显示主题、渲染情节段落之间间隔的作用。此外，主题音乐贯穿整个故事情节也是影视节目制作中常用的表现手法,根据影片的需要,将主题音乐在不同时间以不同形式加以重复。

3)效果声

效果声在影视中主要用于写实,也用来烘托气氛,还在组接画面时用于转场。

总之,电视声音能够起到还原真实、多层次表现场景、使画面立体化、增加信息量的作用,在组接画面时用于转场。声音在作品结构上还有省略作用,即运用声音代替画面激发观众想象,节省画面。另外由于声音具有连贯作用,使观众感到整体的流畅,持续连贯的声音作为线索或背景,镜头贯穿起来,突出统一主题,给观众造成完整统一的感受。

2. 电视语言的编辑

对白编辑的方法有声画同步平行剪辑(起落缓冲、情绪呼应、紧凑切换)、声画交错剪辑(声音超前、声音滞后画面)。

解说在编辑时要切实起到交代环境、传递信息、深化主题、创造意境、刻画形象、抒发感情、激发联想、组接场面的作用。

语言类的同期声是画面中说话人同步的语音,采访的交互方式有主动型、被动型、交流型,同期声要顺畅,不要忽大忽小;语言同期声要精练,衔接顺畅。

3. 电视音乐的运用

充分发挥影视音乐深化主题、抒发情感、推进剧情、渲染气氛、描绘景物、刻画形象、激发联想、扩展时空等多方面的功能,还有形成背景、主题造型的作用。

音乐有地方性、时代性、抽象性等特性,要选择得当。应用时应注意旋律、调式的艺术功能。

注意节奏与速度,快节奏音乐有助于营造紧张或轻快的气氛;慢节奏音乐宽广、庄严、冗长;正常节奏用于叙事。

影视中对有声源音乐和无声源音乐的选择很讲究,常会出现明显的效果。

画面与音乐的关系有音画同步、音画对位和音画对立多种处理方式,创意时应当充分利用这些方式创意。

4. 效果声在电视节目中的应用

效果声在影视中主要用于写实,也用来烘托气氛,分为动作音响、自然音响、背景音响、机械音响、特殊音响。也可以分为主观音响与客观音响。效果声的编辑要注意符合实际,服从意境、气氛和语言的表达。

5. 声画关系的处理

1)声画同步

声画同步即画面声音与发声体同时呈现,声音形象与视觉形象吻合一致。

2)声画对位

声音与画面相对独立、相辅相成,声音和画面都是单独录制的,它们在各自独立的基础上又进行有机结合的剪辑,声音的含义与画面的内容是相互吻合的,但又有异于单纯的声音和画面完全一致的效果。

3)声画对立

画面与声音各自独立,通过声音和画面的对立、冲撞产生特定的含义。

电视声音合成的原则是:强弱得当,有机合成。就是说,多种声音存在时,语言总是要放在能听清楚的电平上,除非导演有特别的要求;有机合成要求3种电视声音要浑然一体,有机地与画面相结合。

5.4 在 Premiere Pro 中进行音频编辑

音频编辑的任务主要是完成音频素材的剪辑、排列、添加效果和多轨混音,音频特效处理则主要是利用转场与滤镜等工具调整声音,使其产生变化或具有某种特殊效果。音频编辑是非线性编辑工作中的一个关键步骤,一个优秀的音频编辑者可以创造出视频画面所不能充分表现的内容,可以通过音效将作品的深刻内涵展现在人们的面前。本节主要介绍使用 Adobe Premiere Pro 软件处理音频素材的方法与技巧。

用户可以通过现场录制、捕捉和引入的方法在非线性编辑系统中得到声音文件,用监视器窗口与时间线窗口配合对素材进行剪辑,如图 5.1 所示。在时间线窗口中能够方便地调整声音的增益和播放速度;在混音器窗口中能够实时调整声音的音量与平衡。然后根据节目需要使用音频转场、音频滤镜等效果工具,优化原始素材的声音效果,使声音和画面更加紧密地结合起来。

图 5.1 用监视器窗口与时间线窗口配合对视频、音频素材进行剪辑

5.4.1 使用时间线窗口进行音频编辑

1. 素材剪辑

可以在音频轨道上使用 Premiere Pro 中各种对入点和出点进行设置与调整的工具进行剪辑,也可以结合监视器窗口中的素材剪辑子窗口进行素材的剪辑,如图 5.2 所示。

2. 速度与持续时间调整

（1）将素材添加到时间线窗口上后，单击音频轨道上的小三角按钮，就可以展开音频轨道上的详细内容。

（2）右击时间线中音频轨道上的素材，从弹出菜单中选择 Speed|Duration 命令，可以对音频的速度和持续时间进行调整，如图 5.3 所示。

（3）改变音调的播放速度会影响音频播放的效果，音调会因速度提高而升高，因速度的降低而降低，播放速度变化了，播放的时间也会随着改变。

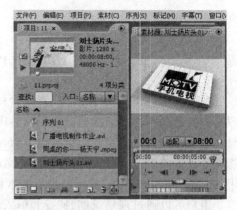

图 5.2 监视窗口中的素材剪辑子窗口

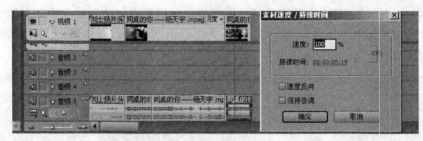

图 5.3 对音频的速度和持续时间进行调整

3. 增益调整

在右击素材之后弹出的菜单中还可以选择 Audio Gain 命令，来调整音频的增益。也可以直接拖动对话框中的 dB 数值来调节素材的增益。如果设置不当，也可以单击其中的 Normalize 按钮让其恢复正常。

4. 关键帧调整

（1）单击音频轨道左边的小三角按钮，将轨道的详细内容展开。

（2）在音频轨道的详细内容中可以显示和隐藏音频轨道的关键帧，如图 5.4 所示。

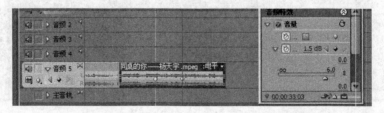

图 5.4 显示音频轨道的关键帧和打开音频特效窗口

（3）在素材的某个位置确定编辑线，然后单击轨道的"增加/删除关键帧"（Add/Remove Keyframe）按钮，给该位置添加（或删除）关键帧。

5.4.2 使用混音器窗口进行编辑

混音器（audio mixer）窗口应用了调音控制台界面设计，便于用户对操作的理解，也能直观地表现音量，是在编辑音频工作中的常用工具。可以通过 Window 菜单中的 Audio

Mixer 或 Workspace|Audio 命令显示混音器窗口。

1．混音器窗口与时间线窗口的对应

用混音器窗口与用时间线窗口对音频素材进行编辑之间并不矛盾，两个窗口的音轨之间是相互对应的，如图 5.5 所示。

图 5.5　混音器窗口与时间线窗口的对应

2．静音/独奏/录音（Mute/Solo/Record）选项的使用

Mute 选项：是静音按钮，单击后显示，表示该音轨不发声。

Solo 选项：是独奏按钮，单击后其他普通音轨显示，表示只有该音轨发声。

Record 选项：是录音按钮，仅在单声道和立体声普通音轨中出现，单击后可以实现轨道录音。

3．使用混音窗自动模式实时调整音频素材

使用混音器窗口编辑声音的便捷之处是可以在播放声音的同时调节多轨音量大小（使用音量推子）和声音位置平衡（使用摆动旋钮或平衡调节器）。

4．摆动和平衡调节

除音量调节外，使用混音器窗口还可以实时调整声音的摆动与平衡（声音的位置）。

（1）摆动（pan）：摆动是双声道中的声道变化技术，又称虚声源或感觉声源。双声道分左声道和右声道，用左右分布的两个音箱分别播放两个声道的声音时，由于人的双耳效应，听者会根据同一声音在两个音箱中强弱不同而产生位置的感觉印象，俗称立体声。摆动技术就是调整一个音轨中的声音在左右两个声道中的均衡。

（2）平衡（balance）：平衡是多声道中的声道变化技术，改变各声道之间的相对属性。如果主输出音轨设置为环绕声（5.1声道），就可以在单声道与立体声的普通音轨中设置平衡（5.1声道无法设置），最后通过主输出音轨得到平衡效果（主输出音轨不能进行平衡调整）。

使用时间线窗口也可以实现摆动和平衡的调整。选择 Show Keyframes 菜单中的 Show Track Keyframes 命令，在弹出的菜单中选择平衡器（panner）选项，再选择摆动（pan）选项或平衡（balance）选项，创建摆动或平衡的控制关键帧与创建音量控制关键帧的方法相同。

5.4.3 子混音轨道的运用

1. 建立子混音轨道

（1）在时间线窗口中新建子混音轨：选择 Sequence|Add Tracks 命令或在音轨上右击，在弹出的关联菜单中选择需要创建的子混音轨。

（2）在混音器窗口中新建子混音轨：在发送的控制面板中单击下拉箭头，弹出菜单，选择需要创建的子混音轨，如图5.6所示。

图5.6 在混音器窗口中新建子混音轨

2. 使用子混音轨进行音频编辑

在默认情况下，混音器窗口的轨道输出指定为 Master Track，如果该音轨需要子混音轨，需要将轨道输出指定为选定的混音轨。

由于可以选择多个普通音轨输出到同一个子混音轨，子混音轨也可以输出到其他子混音轨，所以应用子混音轨可以进行复杂的编辑。

3. 信号送出

有时同一个普通音轨要输出到多个子混音轨，选择轨道输出只能输出到其中一个，可以使用信号发送功能。每个音轨包含5个信号送出设定，菜单中称为"Sends"。

5.4.4 声道转换

1. 声道分离

在项目窗中选择一个立体声或5.1环绕声素材，选择 Clip|Audio Options|Breakout to Mono Clips 命令，可以将声道分离为多个单声道。

2. 单声道素材按立体声素材处理

音频素材类型和单轨类型一一对应，有时需要将单声道素材视为立体声素材处理。可

以在项目窗中完成此操作,选择 Clip|Audio Options|Treat as Stereo 命令,该素材可以放置到立体声音轨中进行编辑。

3. 通道混缩

由于 5.1 声道音响普及程度有限,经常需要将多声道节目转换为单声道或立体声,使用一个或者两个音箱播放,这就需要通道混缩。

5.4.5 创建 5.1 环绕立体声效果

支持 5.1 环绕立体声是 Adobe Premiere Pro 的新功能,这项功能对编辑 DVD 格式的影片非常实用。创建 5.1 环绕立体声效果需要在 Premiere Pro 中创建 5.1 声道主输出音轨,将不同的声音剪辑文件导入项目中后通过混音器窗口中的 5.1 控制台调整各音轨的声源位置,同时控制中央声道和低音,合成所需要的环绕立体声效果,如图 5.7 所示。

图 5.7　用 5.1 音轨合成所需要的环绕立体声

5.4.6 音频转场特效

声音处理的效果和方法很多,如音质调整、混响、延迟、变速等。在 Premiere Pro 中对音频进行特效处理的方法主要是使用音频转场与音频特效滤镜两种,如图 5.8 所示。其中音频转场有两种:Constant Power 和 Constant Gain。默认转场方式是 Constant Power,是将两段素材的淡化线按照抛物线方式进行交叉;Constant Gain 则将淡化线线性交叉。一般认为 Constant Power 转场更符合人耳的听觉规律,Constant Gain 则缺乏变化。

图 5.8　使用音频转场与音频特效滤镜

1. 为音轨添加滤镜特效

除了与视频滤镜有相同的应用方法(用鼠标将特效拖拽到素材上)外,音频滤镜还可以通过混音器窗口添加到素材上。在混音器窗口中单击音轨左侧的小三角形,展开"发送与效果"控制面板。每个音轨最多可以添加 5 个效果,由于 Adobe Premiere Pro 按照添加的效果列表顺序处理,所以顺序变动会影响最终效果。

2. 声道控制

属于声道控制类的滤镜有:Balance(平衡)、Channel Volume(通道音量)、Fill Left(填充左声道)、Fill Right(填充右声道)、Swap Channels(声音通道翻转)和 Invert(反相)。

声道控制类滤镜主要是对不同声道中的内容进行处理,其中 Channel Volume 只能用于 5.1 环绕声音轨中,Balance、Fill Left、Fill Right、Swap Channels 只能用于立体声音轨中。

3. 动态调整

属于动态调整类的滤镜有:Dynamics(动态调整)、Multiband Compressor(多段压缩)、DeNoiser(降噪)、Volume(音量)。

4. 音频调整

属于音频调整类的滤镜有:Highpass(高通滤波器)、Lowpass(低通滤波器)、Bandpass(带通滤波器)、Bass(低频调整)、Treble(高频调整)、Notch(去除指定频率)、PitchShifter(变调)。

5. 均衡调整

均衡调整又可分为 EQ(均衡调整)、Parametric EQ(参数均衡)两种类型。

6. 声音的延迟

声音的延迟又分为 Reverb(混响)、Delay(延迟)、Multitap Delay(多重延时)等几种类型。

5.5 字 幕 制 作

字幕是电视节目构成的基本元素之一,字幕与内容、画面、声音有机结合,用以叙述故事情节、交代时代背景、刻画人物性格、表达思想内涵。

1. 字幕的种类

字幕用于片头、片尾处,如片名,演职员表,制作与赞助支持单位,用于唱词、对白、旁白;还用于转场、人物介绍、节目画面内容及时间地点说明;用于主题解释、赛事过程说明,以及各种插播。功能形式有说明性、强调性、补充性、文学性、结构性(对节目的贯穿、分段与整合)、渲染性(传导情绪、增添气氛和情趣)等。我国电视字幕技术水平很高,随着电视特技的发展,字幕功能更为强大,在电视形象包装方面起到重要作用。

2. 字幕制作要求

字幕设计和制作的要求如下:

(1) 字幕的风格

字幕的风格要与内容、画面、声音有机结合,风格一致。

(2) 背景与字幕的关系

处理好背景与字幕的关系十分重要,这些关系包括二者的动与静、大与小、亮度对比、色彩对比关系。提倡不断创新字幕与背景的构图关系。

(3) 艺术字体

艺术字体不单单能够创造新奇效果,还有时代属性、民族属性等多种特性,提倡使用新颖的特技手法恰当表现内容。对艺术字体的应用要合情合理,如根据剧情采用不同的显示分布、光影流动、聚合、运动姿态等。

(4) 字数和行数

要合理设计每行字数和每帧画面中行数的多少、占有面积的大小、显示时间的长短、字幕出现的节奏。

5.6　D-Cube-CG 平台的字幕与音频制作

字幕和图元在电视节目制作中起着举足轻重的作用,现在以大洋 D-Cube-Edit 内嵌的 D-Cube-CG 字幕系统为例介绍字幕系统的基本使用方法。

5.6.1　进入 D-Cube-CG 字幕系统

在 D-Cube-Edit 中,执行"字幕"|"项目"(或"滚屏",或"唱词")命令,将弹出如图 5.9 所示的"新建素材"对话框。在"素材名"文本框中输入新建素材的名称,在"文件夹"文本框中选择素材保存的文件夹路径,单击"确定"按钮即可进入字幕制作系统。

在大洋资源管理器的"素材"页签右侧空白处右击,在弹出的菜单中选择"新建"|"XCG 项目素材(或 XCG 滚屏素材,或 XCG 对白素材)"命令,如图 5.10 所示,也可弹出"新建素材"对话框。

图 5.9　"新建素材"对话框　　　　　图 5.10　新建字幕素材

在大洋资源管理器的"素材"页签中选中某一字幕素材并右击,在弹出的菜单中选择"编辑素材"命令,或者双击素材,弹出如图 5.11 所示的小 CG 窗口,单击左上角的"切换"按钮，即可进入 D-Cube-CG 字幕系统工作界面。

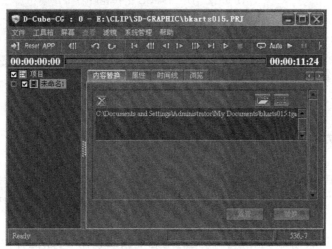

图 5.11　小 CG 窗口

在故事板上选中需要修改的字幕素材，单击故事板中的"字幕编辑"按钮 **T** ，或直接按
T 键，也可进入小 CG 窗口。

5.6.2 D-Cube-CG 工作界面

D-Cube-CG 的界面是独立于 D-Cube-Edit 的，如图 5.12 所示，主要由菜单栏、工具按
钮以及各种功能窗口组成。

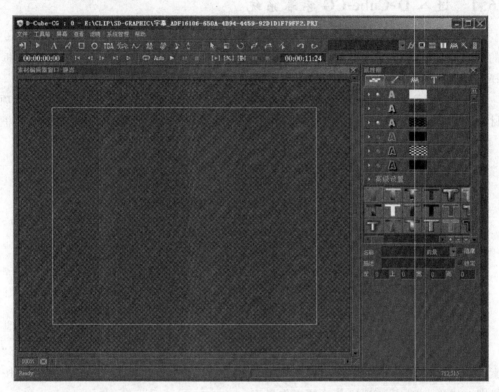

图 5.12 D-Cube-CG 工作界面

1. 菜单栏

工作界面的最上方为 D-Cube-CG 的菜单栏，主要包
括"文件"、"工具箱"、"屏幕"、"查看"、"滤镜"、"系统管
理"、"帮助"菜单，如图 5.13 所示。

文件 工具箱 屏幕 查看 滤镜 系统管理 帮助

图 5.13 D-Cube-CG 菜单栏

2. 工具按钮

在菜单栏下方是系统提供的工具按钮，主要由编辑工具条、时间工具条、窗口工具条三
部分组成。

（1）编辑工具条：是创建文字、图元等对象的重要工具，主要包括"动态/静态切换"
按钮、"图元选择"按钮、"编辑方式选择"按钮三部分，图 5.14 所示为编辑工具条对应的
功能。

（2）时间工具条：主要是在制作图元的动态效果时使用，可以配合主编辑器查看素材
的每一帧或对素材进行预演，图 5.15 所示为时间工具条对应的功能。

图 5.14　D-Cube-CG 编辑工具条

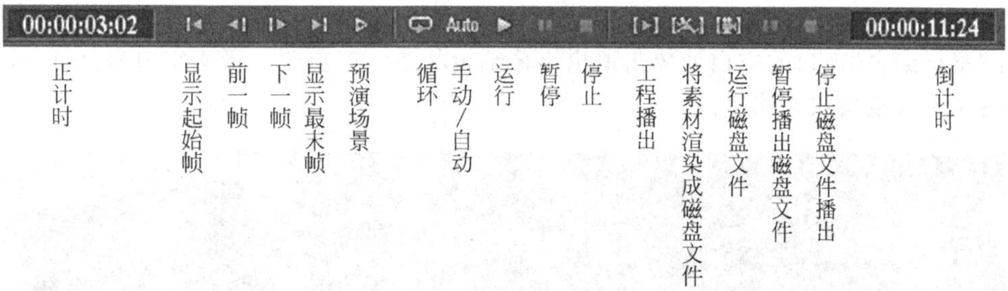

图 5.15　D-Cube-CG 时间工具条

（3）窗口工具条：可以通过窗口工具条将需要显示的功能窗口显示出来，每个按钮对应一个窗口，图 5.16所示为窗口工具条对应的功能。

3. "素材编辑"窗口

"素材编辑"窗口为棋盘格背景，主要由"预监"窗口、"显示比例"和"自适应"按钮组成，用于完成对物件的预监和编辑。

4. 属性框

属性框包含多个标签页，单击相应的标签即可进入，对字幕的各项属性作调整。

图 5.16　D-Cube-CG 窗口工具条

5. "时码轨"窗口

在"时码轨"窗口中可以对字幕的各个元件进行大小、位移、旋转、透明、运动轨迹、入出特技等调节，并可以设置关键帧，实现字幕动态效果。图 5.17 所示为 D-Cube-CG"时码轨"窗口。

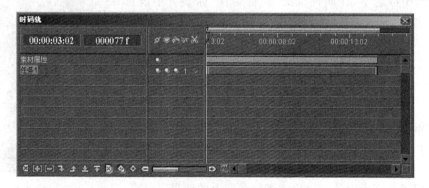

图 5.17　D-Cube-CG"时码轨"窗口

70

5.6.3　制作项目字幕

项目字幕主要包括字幕、图元等,制作标题字的具体方法如下:

(1) 在 D-Cube-Edit 中执行"字幕"|"项目"命令,进入字幕编辑系统。

(2) 选中工具栏上的"标题字"工具 **Ａ**。

(3) 用鼠标左键在"素材编辑器"窗口中拖出一个矩形框,此时有光标在矩形框的最左边闪动,用键盘输入标题字,如"中国传媒大学南广学院"。也可在属性框的"文本编辑器"标签页中输入文字,并将其选中,再选中"标题字"工具按钮,用鼠标在"素材编辑"窗口中拖出一个矩形框,此时输入的标题字就会显示在"素材编辑"窗口中,如图 5.18 所示。输入完成后,在"素材编辑"窗口的空白处单击退出字幕编辑状态。若需要编辑文字内容,可以双击标题字再次进入编辑状态修改。

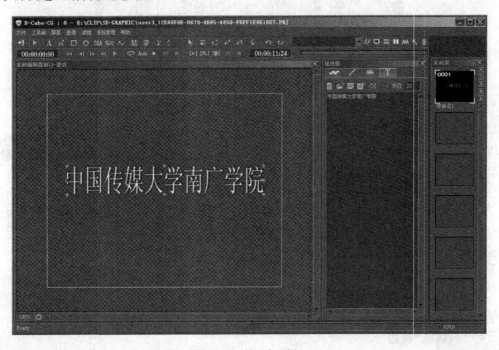

图 5.18　输入标题字

(4) 选中标题字,在属性框的"物件属性"标签页中设置标题字的名称、显示状态、播放模式、描述、左、上、宽、高、是否整体渲染、是否固定字框、字体、字高、字宽、是否加粗、是否倾斜、列间距、行间距以及排列方式等属性。还可以进行标题字的修改,以及插入特殊字符。图 5.19 所示为标题字的特有属性。

(5) 在"颜色设置"窗口中还可以编辑文字的面、立体边、阴影、周边、周边立体边、周边阴影的颜色。也可以选中标题字,在文字库中双击选中的样式,使其作用于标题字。图 5.20 所示为应用了文字库中的文字样式于标题字上的效果。

图 5.19　标题字的特有属性

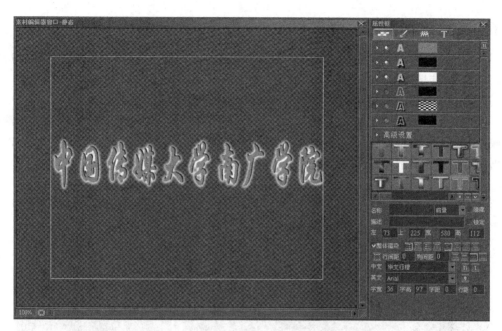

图 5.20　应用文字库中的文字样式于标题字上

（6）单击"颜色设置"页签中的色块即可弹出"调色板"对话框。可以设置标题字的单色、渐变色、纹理、遮罩、光效、材质等属性。图 5.21 所示为对标题字的面设置了纹理效果。

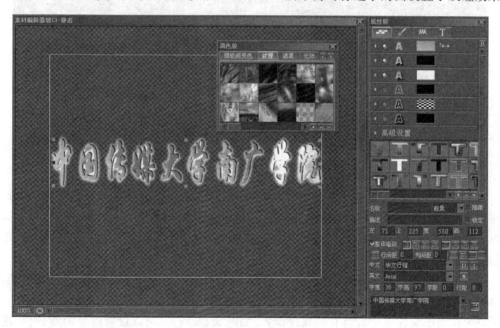

图 5.21　标题字面纹理效果

（7）执行"文件"|"导入到素材库"命令，即可将字幕文件导入到 D-Cube- Edit 中。

（8）退出 D-Cube-CG。

5.6.4 制作滚屏字幕

滚屏字幕是指对文字、图片、多边形等多种图元的滚动播出，在电视节目制作中常应用于片尾字幕，其具体制作方法如下：

（1）在 D-Cube-Edit 中执行"字幕"|"滚屏"命令，打开字幕编辑系统。

（2）执行"工具箱"|"滚屏编辑"命令，同时在"素材编辑"窗口按住鼠标左键拖拽出滚屏区域，如图 5.22 所示，此时滚屏区域上方和左侧有标尺显示，右侧和下方出现滚动条，左上方出现文字输入提示符，此时即可输入文字。

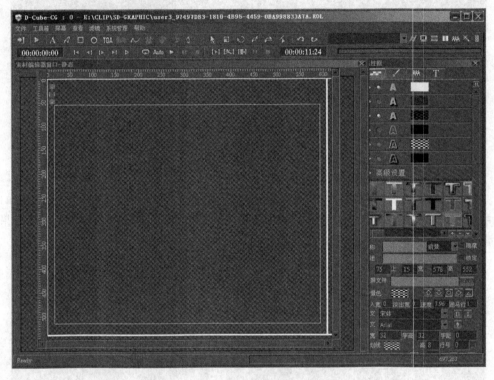

图 5.22　滚屏编辑界面

（3）在滚屏文件的编辑界面中输入文字，如图 5.23 所示。默认情况下，文字靠左对齐。若需要将标题文字居中，首先在横向标尺中间定位一根基准线，然后将光标定位在需要居中的某行文字中，右击后在弹出的菜单中选择"基准线垂直对齐"|"中对齐基准线"命令，即可将该行文字居中。

（4）选中文字（文字变为蓝底），如图 5.24 所示。在属性框中设置文字的相关属性，如字体颜色、阴影、边等，方法与标题字属性设置类似。

（5）在滚屏属性框中有特有的属性设置，如图 5.25 所示，可以设置滚屏的背景色、滚动次数、滚屏方向、滚动速度、跑马行等。制作节目片尾滚屏字幕一般选择上滚屏或左滚屏。

（6）在属性框中给滚屏加上淡蓝色的背景，设置滚屏方向为上滚屏。设置完成后，在滚屏区域外任意位置单击即可退出滚屏编辑模式，如图 5.26 所示，此时滚屏文字四周有 8 个控制点，可以用鼠标拖动控制点进行滚屏区域大小及位置的调整。

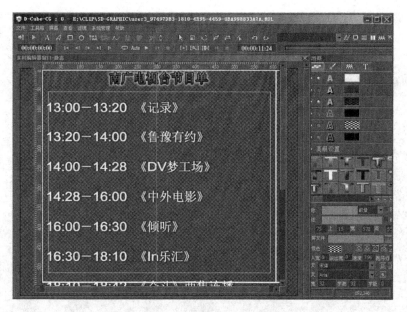

图 5.23　输入滚屏文字

图 5.24　选中文字

图 5.25　滚屏特有属性

（7）执行"文件"|"导入到素材库"命令，即可将字幕文件导入到 D-Cube-Edit 中。

（8）退出 D-Cube-CG。

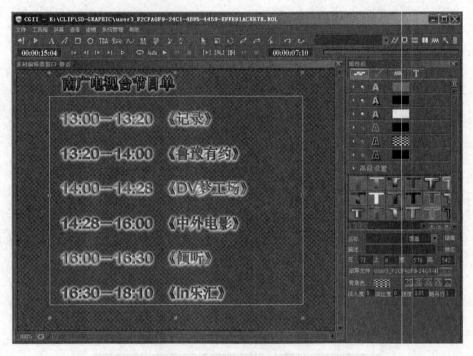

图 5.26   退出滚屏编辑模式

在电视节目制作中往往需要将滚屏字幕的首帧或末帧停留一段时间,这就要对滚屏文件设置首末帧停留。具体操作方法是:选中时码轨上需要设置首末帧停留的素材,单击"时码轨"窗口工具栏中的"字幕编辑"按钮,在弹出的小 CG 窗口中选择"故事板属性"页签,如图 5.27 所示。

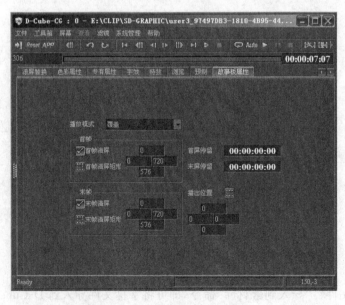

图 5.27   "故事板属性"页签

在"首帧停留"和"末帧停留"后面的时码区直接输入时间值，或按住鼠标左键向上或向下拖拉改变时码数值来设置首末帧停留时间。还可以设置首末帧是否清屏。最后，单击 APP 按钮，完成设置。

另一种方法是选中素材后，按组合键 Ctrl＋T，弹出"故事板属性"对话框，如图 5.28 所示，首末帧停留时间的设置与"故事板属性"页签设置类似。

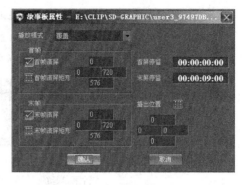

图 5.28　"故事板属性"对话框

5.6.5　制作唱词字幕

D-Cube-CG 中的唱词（对白）编辑器是为制作对话、歌词类字幕素材提供的专用工具，可以方便快捷地制作出电视节目制作中的对白字幕。进入对白编播器可以设置唱词的入出特技、位置、字的特有属性等。唱词素材的基本制作方法如下：

（1）在 D-Cube-Edit 中执行"字幕"|"唱词"命令，打开字幕编辑系统。

（2）在对白编辑器文本框中输入唱词文本，文本将显示在编辑区内，如图 5.29 所示。唱词文本可以手动输入，也可从外部导入，按 Enter 键可直接换行输入。

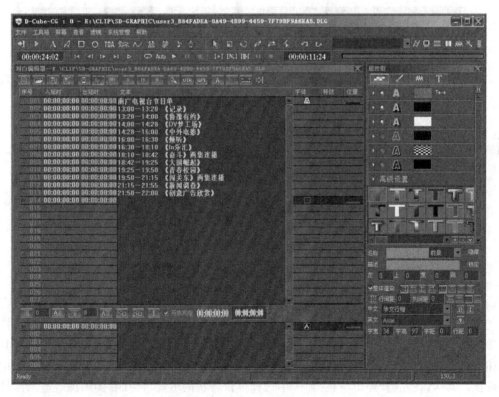

图 5.29　输入/导入唱词文本

（3）在文本后面的属性设置区设置唱词字幕的属性及入出特技和播出位置。

① 文本属性设置：双击"文本属性设置"区域中的"字体"按钮 ，在弹出的如图 5.30 所示的"字符字体属性调节"对话框中可以对本行的字幕属性进行设置。

字符字体属性调节

使用上行属性：　整体渲染：　后面字符使用所选属性：
本行字幕延续　本行字幕　选中本行的一个字符，
上行字幕属性。全部与第　单击此按钮,此字符后
　　　　　一个字符　面的字符均与选中字符
　　　　　属性一致。属性相同。

图 5.30　"字符字体属性调节"对话框

② 调整唱词文件的播放位置：右击位置栏 ▮▮▮，将弹出"调整剪切矩形"对话框。用鼠标拖动、修改代表对白显示位置的矩形框至合适的位置,也可以于下面的位置编辑框中直接输入数值。在调整矩形位置的同时,监视器上将同时显示一个矩形框,方便用户更准确地定位,如图 5.31 所示。

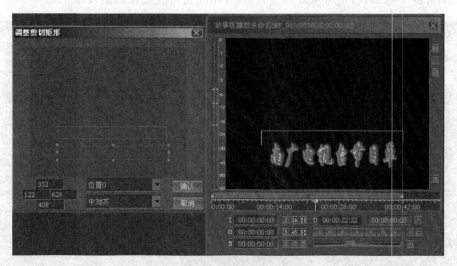

图 5.31　调整唱词文本的播出位置

③ 添加特技：特技一栏可用于设置唱词的入出方式或停留方式。在特技下方的空白处双击或单击"特技管理"按钮 ✕,打开"特技管理"对话框,如图 5.32 所示。首先,在"特技管理"对话框左侧"入出特技"列表中选择入特技的形式,再在右侧的图表显示区域选择具体的样式,用鼠标将相应的图标拖放至特技栏靠左侧位置,如图 5.33 所示,就在字幕上应用了入特技。其次,在左侧"停留特技"列表中选择停留特技的形式,再在右侧的图表显示区域选择具体的样式,用鼠标将相应的图标拖放至特技栏中间位置,如图 5.34 所示,就在字幕上应用了停留特技。最后,在左侧"入出特技"列表中选择出特技的形式,再在右侧的图表显示区域选择具体的样式,用鼠标将相应的图标拖放至特技栏靠右侧的位置,如图 5.35 所示,就在

字幕上应用了出特技。若需要更换特技，只需要将新特技拖放到旧特技图标上即可完成替换。在特技上右击，可弹出对应特技的属性调整框，可以实现对特技的参数设置，从而控制特技效果。

图 5.32 "特技管理"对话框

图 5.33 添加了入特技　　　　图 5.34 添加了停留特技　　　　图 5.35 添加了出特技

（4）执行"文件"|"导入到素材库"命令，即可将字幕文件导入到 D-Cube- Edit 中。

（5）退出 D-Cube-CG。

唱词字幕的播出有自动播出、手动播出、延时播出、VTR 控制播出和 GPI 控制播出 5 种方式。这里介绍常用的自动播出和手动播出方式。

（1）自动播出：单击对白编辑器窗口中的"自动播出"按钮 ，并单击"播出"按钮 ，系统会根据用户设置的入出时码、字效和特技一条一条顺序播出对白文件。"暂停"和"停止"按钮可以控制对白的暂停和停止操作。

（2）手动播出：选中对白窗口中的"手动播出"按钮 ，并单击"播出"按钮，系统会提示"按空格继续，按[ESC]＋[Shift]退出！"，此时，可以按 Space 键，将当前主表对白语句按照设定好的字效与特技方式播出。

D-Cube-Edit 支持唱词素材在轨道展开，直接调整每句对白切入位置及文字内容。选中图文轨上的唱词素材，右击，在弹出的菜单中选择"图文主表轨道展开"命令，唱词素材被展开，可以看到每一句对白的文字内容，如图 5.36 所示。

图 5.36 图文主表轨道展开效果

利用缩放工具可以放大唱词编辑区。选中需要调整的段落，段落边线颜色会变黄，表示段落被选中，可以通过鼠标对段落的入出位置进行调整。右击，在弹出的菜单中选择"修改段文字信息"命令，可弹出"段文字信息修改"对话框，如图 5.37 所示。修改文字，单击"应用"按钮即可完成文字的修改。修改完成后，在唱词上右击，在弹出的菜单中选择"图文素材取消轨道展开"命令，保存所做的修改。

图 5.37 "段文字信息修改"对话框

在电视节目制作过程中，唱词与视频画面的相互匹配是一项重要的工作，也就是唱词拍点。方法是：在故事板上单击"拍唱词"按钮，弹出如图 5.38 所示的小 CG 对话框。单击"运行"按钮，系统会提示"按空格继续，按 [ESC]＋[Shift] 退出!"，按 Space 键来控制唱词的入出时码，双击入出时码的数值也可直接修改。完成后，单击 OK 按钮。

图 5.38 唱词小 CG 对话框

5.6.6 音频编辑与特效

在电视节目制作过程中，有时还需要对音频部分做处理。大洋 D-Cube-Edit 提供了三种实现音频调整的方式：轨道调整、特技调整和素材调整窗调整。

1. 音频的轨道调整

轨道调整是一种直接在轨道上通过拖动特技参数曲线来完成的快速调整方式，通常用来调节音频素材的增益，保证节目响度值既不过低，也不超标，还可以做到淡入淡出的效果。具体调整方法如下：

(1) 单击编辑"故事板"窗口左下方的"编辑素材"按钮，使其呈 状态，切换到特技编辑状态，此时故事板上的音频素材上会显示一根红色电平线，如图 5.39 所示，代表这段素材的真实电平值。红线的两端各有一个蓝点，代表首末两个关键点，默认电平值为 1dB。

图 5.39　音频特技编辑状态

（2）在红线上单击即可添加关键点。上下拖动关键点可以调节音频的电平值，即调节音频的音量。若设置了多个关键点，可对音频电平做曲线调整。图 5.40 所示为对音频进行了淡入淡出调节。按住 Ctrl 键的同时拖动关键点，可自由改变关键帧的位置和参数值；按住 Shift 键的同时拖动关键点，可左右拖动关键帧改变其位置。双击关键点即可恢复其电平默认值 1。

图 5.40　通过关键点对音频进行淡入淡出调节

（3）在素材上右击，在弹出的如图 5.41 所示的菜单中可实现对特技的拷贝、删除、剪切、反向、复位、无效等操作，还可以实现关键点的删除和复制操作。"Fade 调节"选项下的多个选项可直接实现音频的淡入淡出效果。

（4）将故事板编辑窗左下方的"特技编辑"按钮 ▣ 按下，恢复故事板编辑状态。

2. 音频的特技调整

音频的轨道调整提供了对音频增益的最简便、最快速直观的调整，音频特技的添加也可以通过选中故事板轨道上的素材，单击"特技编辑"按钮 ▣ 或直接按快捷键 Enter，进入"特技编辑"窗口，如图 5.42 所示，实现对音频的精细调整。

音频特技主要分为两类：大洋和通用特技。大洋特技

图 5.41　音频素材右键菜单

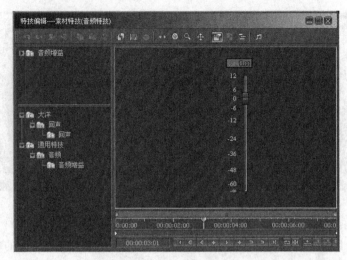

图 5.42　音频特技编辑窗口

是由软件实现的音频特技,种类不受硬件限制;通用特技是硬件支持的特技,随硬件板卡不同有所区分。音频特技的添加和调整方法与视频特技类似。

3. 素材调整窗调整

　　双击素材库中的音频素材,或音频轨道上的音频素材,该素材的波形将会显示在素材调整窗中。单声道采集的素材只显示一条波形;双声道采集的素材会显示两条波形。单击素材调整窗中的"音频特效"按钮，经过短暂的初始化过程,即可进入音频特效制作模块,如图 5.43 所示。大洋音频特效制作模块是 D-Cube-Edit 内置的一个功能模块,能运行在任何声卡上,也支持大洋 Redbrdige 板卡进行输入输出。主要用于对音频素材的精确剪辑、特效添加等,也可进行声音的录制和混音。

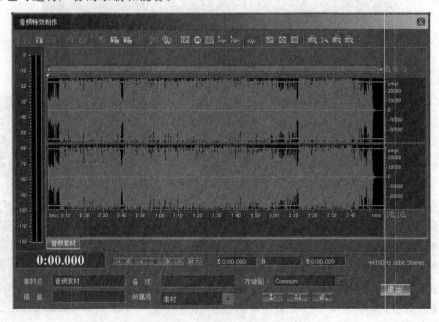

图 5.43　音频特效制作模块

1）界面介绍

音频特技制作模块界面主要包括工具栏、编辑区、播放控制区、素材信息设置区 4 个部分。

工具栏：主要包括常用的工具和命令，如图 5.44 所示。

图 5.44　音频特效制作模块工具栏

编辑区：对素材的操作、显示、缩放、UV 显示等，其功能分布如图 5.45 所示。

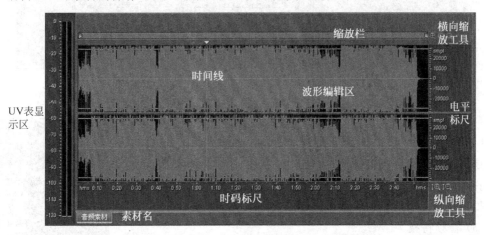

图 5.45　音频特效制作模块编辑区功能分布

播放控制区：主要用于控制时间线的播放和搜索，还可以录音。具体功能分布如图 5.46所示。

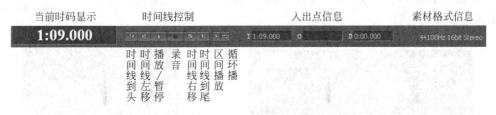

图 5.46　音频特效制作模块播放控制区功能分布

素材信息设置区：主要用于设置素材的元数据信息。

2）音频素材编辑

音频素材选择：按住鼠标左键在波形区域内拖动可以选择素材段。被选中的素材段标识为浅蓝色，如图 5.47 所示。拖动上方的黄色三角形图标可调整素材的选择范围。要选中整个音频，可以在波形上右击，在弹出的菜单中选择"全选"命令，或按组合键 Ctrl＋A。

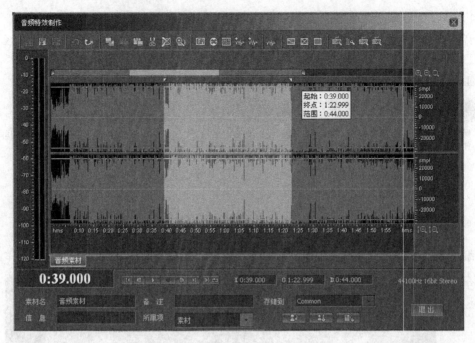

图 5.47　选择音频素材

音频波形的复制、粘贴、删除、混音和静音：在选中的音频素材段上右击，将弹出如图 5.48 所示的菜单，可以实现对音频的剪切、复制、删除、混音粘贴、静音等操作。其中，混音粘贴功能是将复制的音频段和需要粘贴位置的音频段进行混音处理，在弹出的如图 5.49 所示的对话框内设定混音的选项。

3）音频特技

音频特技的添加方法是分别单击工具栏中的音频特技按钮 ，从对应的菜单中选择所需的特技，对音频素材做特效处理，如图 5.50 所示。

在弹出的如图 5.51 所示的"变幅"对话框中可以调节左声道和右声道音频的音量。

图 5.48　音频右键菜单

图 5.49　"混音粘贴"对话框

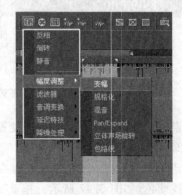

图 5.50　添加大洋特技

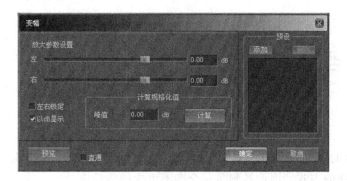

图 5.51　"变幅"对话框

本章要点提示

（1）电视画面的种类。

（2）运动镜头的功能。

（3）镜头组接的依据、剪接点的确定方法。

（4）蒙太奇的分类，蒙太奇叙事方法。

（5）电视声音的构成和编辑方法。

（6）Premiere Pro 中的音频特效制作方法。

（7）大洋 D-Cube-Edit 音频编辑方法。

（8）字幕的种类和制作要求。

（9）在大洋 D-Cube-CG 中进行字幕制作的方法。

人类所接收的 15% 的信息来自听觉,声音在日常生活中无处不在,是人们用来传递信息最熟悉、最方便的方式。因此音频是一个必不可少的传播途径。

6.1　声音的数字化

声音是一种物理现象,来自机械振动,并通过周围的弹性介质以波的形式向周围传播。最简单的声音呈现为正弦波。表述一个音频正弦波需要三个参数。

6.1.1　声音的物理学参数和三要素

频率——发声物体单位时间内振动的次数,表示振动的快慢,它决定了声音的高低。通常以声音信号的带宽来描述声音的质量。频率的倒数称为周期,它代表重复性声波波形的宽度。

振幅——发声物体振动时偏离平衡位置的距离,即振动幅度的大小,它决定了声音的强弱。振幅越大,能量越高、声音越强、传播越远。

相位——振动开始的时间位置。对于单独的一支正弦波,相位不能对听觉产生影响。但同时有两个声音频率相同,相位也相同时,声强将加强;同时两个声音频率声强相同,相位相反时,相互抵消。

前面是声音的三个物理学参数。就听觉特性而言,声音的三要素是音调、音色和音强。声音质量的高低主要取决于该三要素。

音调——代表了声音的高低。音调与频率有关,频率越高,音调越高,反之亦然。平时所说的"高八度"指的就是音调。同样,在使用音频处理软件对声音的频率进行调整时,也可明显地感到音调随之而产生的变化。各种不同的声源都有特定的音调,如果改变了某种声音的音调,则声音会发生质的变化,使人无法分辨。

音色——代表了声音的特征和特点。声音分为纯音和复音两种类型。所谓纯音,是指振幅和周期均为常数的声音;复音是具有不同频率和振幅的混合声音,大自然中的声音大多是复音。在复音中,最低频率的声音是"基音",它是声音的基调。其他频率的声音称"谐音",也叫泛音。基音和谐音是构成声音音色的重要因素。

音强——声音的强度,也被称为声音的响度,平时常说的"音量"也是指音强。音强也可以认为与声波的振幅成正比。由于人对音量的听觉感受按指数规律变化,所以音量用分贝作为单位。在把音频数字化后,可以使用音频处理软件提高音强。

6.1.2　声音的数字化

声音是具有一定的振幅和频率且随时间变化的声波,通过话筒等转化装置可将其变成相应的电信号,但这种电信号是连续的模拟信号,不能由计算机直接处理,必须先将其数字化,就是将连续的模拟声音信号通过模拟/数字(A/D)转换电路转换成计算机可以处理的数字信号。

从数字化的角度考虑,声音数字化的主要技术指标为:一是采样频率,采样频率越高,则经过离散数字化的声波越接近于原始的波形,声音的保真度就越高,声音特征复原得就越好;二是量化位数,是每个采样点所能表示的数据范围,量化位数的大小决定了声音的动态范围,即被记录和重放的最高和最低声音之间的差值,当然,量化位数越高,声音还原的层次就越丰富,表现力越强,音质越好;三是声道数,根据录音时拾音麦克风的数目、摆放位置和混音处理技术的不同,可以把记录的声音分为单声道、立体声和多声道几种类型。一般来说,声道越多,处理方法越先进,声音还原时获得的临场感越强,音质和音色也越好。

6.2　影视录音制作设备

计算机对数字音频信号进行处理的第一步是采集音频素材。一般对原始声源进行专业录制需要一套完整的录音制作设备和专业场地。

1. 场地设施

场地设施要便于对声源进行采录。

(1) 演播室。

(2) 录音棚(录音室、放映室、机械室、调音控制室):语言录音棚、音响录音棚、资料录音棚、音乐录音棚、混合录音棚。

(3) 实景场地:室内空间、室外空间。

(4) 场地设施的声学要求:隔音(摄影棚本底噪声约 -40 dB、录音棚 -30 dB)、吸声(吸声材料对特定频率的声波具有一定的吸收作用,有利于声场的扩散和减噪,还可消除长延时反射声,以免在建筑物内形成回声)、混响(混响时间越短对声源音色的干扰越小,可调节,分为强吸声棚、自然混响棚、可调混响棚)。

2. 拾音设备

拾音设备可将声信号转换成电信号。

(1) 各类传声器:电容式传声器、电动式传声器(不需要外接电源的供电方式支持,频响较宽 $40\sim16\,000$ Hz,全向性 & 单向性)、无线式传声器、特种传声器。

(2) 传声器的特性指标:频宽、灵敏度、指向性(圆形、心形、8 字形)、信噪比(S/N 越大,质量越好)、输出阻抗(输出与下级—调音台/录音机输入端相匹配时,即下级阻抗应高于上级 $5\sim10$ 倍,性能最佳)、最大允许声压级。

(3) 传声器附件:传声器架、传声器杆、减震器、防风罩。

3. 调音设备

调音设备对声音进行分配和音色处理,包括模拟调音台、数字调音台,其主要作用如下。

电平调整:即把强弱不同的声音信号电平调整到适宜的位置。

频率均衡：即对不同的声音进行音色修饰处理。

信号分配：即把来自不同方向的信号重新分配到新的位置中去。

信号处理：即把需要进一步深加工处理的信号送到调音台外部的信号处理设备中去。

信号监测：即把所处理的声音馈送到扬声器和监听仪表去。

4. 记录设备

记录设备主要对声音进行记录、储存和还原（模拟录音机、数字录音机）。

5. 监听设备

监听设备可以把电信号重新还原成声信号。

(1) 功率放大器：起到将声音电压或电流变换成声音功率的一种电器。

(2) 监听耳机：监听时音色不易受外界的干扰，可以更容易地检查各声音成分的演奏质量。

(3) 监听扬声器：将声音信号还原成模拟信号的一种还音设备。

6. 周边设备

周边设备对声音进行各种深加工处理。

(1) 信号处理设备：用来改善声音信号在信号传输过程中信号本身的传输质量，如均衡器（改变声音信号频率的设备；多点、单点）、压限器（自动音量控制器）、扩展器、延时器（将声音信号延时一段时间后输出）、混响器等。

(2) 信号调整设备：用来改善声音信号在信号传输过程中设备的质量，如降噪器、反馈抑制器等（抑制传输过程中叠加累积的声音，可滤掉摄影机噪声等）。

(3) 信号处理特性：可逆性，即通过处理后的声音信号还能恢复原有的声音特性；不可逆性，无法恢复。

7. 计算机音频工作站

计算机音频工作站把模拟音频转变成数字音频进行加工处理（采集和录制）。

8. 影院还音设备

影院还音设备对完成的影片进行重放。

6.3　数字音频压缩技术

数字音频压缩技术指的是对原始数字音频信号流（PCM 编码）运用适当的数字信号处理技术，在不损失有用信息量，或所引入损失可忽略的条件下，降低（压缩）其码率。它必须具有相应的逆变换，称为解压缩或解码。在把模拟声音信号数字化后，人们就可以更方便地存储和编辑音频。但是也会造成存储容量需求及传输时信道容量要求的压力，在带宽高得多的数字视频领域这一问题就显得更加突出。研究发现，直接采用 PCM 码流进行存储和传输存在非常大的冗余度。事实上，在无损条件下对声音至少可进行 4∶1 压缩，即只用 25% 的数字量保留所有的信息。因此，为利用有限的资源，压缩技术从一出现便受到广泛的重视。

音频压缩技术一般分为无损压缩及有损压缩两大类，对于无损编码，一般着重压缩率，而对于有损压缩，除了考虑压缩率外还要考虑其品质。按照压缩方案的不同，又可将其分为时域压缩、变换压缩、子带压缩，以及多种技术相互融合的混合压缩等。各种不同的压缩技术,其算法的复杂程度(包括时间复杂度和空间复杂度)、音频质量、算法效率(即压缩率),以及编解码延时等都有很大的不同。

1. PCM 编码

PCM 脉冲编码调制是 Pulse Code Modulation 的缩写,又叫脉冲编码调制,是数字通信的编码方式之一。主要过程是将话音、图像等模拟信号每隔一定时间进行取样,使其离散化,同时将采样值按分层单位四舍五入取整量化,同时将采样值按一组二进制码来表示抽样脉冲的幅值。

PCM 编码的最大优点就是音质好。常见的 Audio CD 就采用了 PCM 编码,一张光盘只能容纳 72min 的音乐信息。PCM 主要包括采样、量化和编码三个过程。

相对自然界的信号,音频编码最多只能做到无限接近,任何数字音频编码方案都是有损编码(lossy coding),因为无法完全还原。在计算机应用中,能够达到最高保真水平的就是 PCM 编码,被广泛用于素材保存及音乐欣赏,CD、DVD 以及常见的 WAV 文件中均有应用。因此,PCM 被认为是无损编码,因为 PCM 代表了数字音频中最佳的保真水准,但并不意味着 PCM 就能够确保信号的绝对保真,PCM 也只能做到最大程度的无限接近。

2. WAV 格式

WAV 是微软提供的音频格式,由于 Windows 本身的影响力,这个格式已经成为了事实上的通用音频格式。WAV 文件格式符合 RIFF 规范。所有的 WAV 都有一个文件头,这个文件头是音频流的编码参数。WAV 可以使用多种音频编码来压缩其音频流,不过常见的都是音频流被 PCM 编码处理的 WAV,但这不表示 WAV 只能使用 PCM 编码。WAV 对音频流的编码没有硬性规定,除了 PCM 之外,还有几乎所有支持 ACM(Audio Compression Manager)规范的编码都可以为 WAV 的音频流进行编码。在 Windows 平台上通过 ACM 结构及相应的 Codec(编码解码器),可以在 WAV 文件中存放超过 20 种的压缩格式。只要有软件支持,用户甚至可以在 WAV 格式里面存放图像,所以 MP3 编码同样也可以运用在 WAV 中。只要安装好了相应的解码器,就可以欣赏这些 WAV 了。

在 Windows 平台下,基于 PCM 编码的 WAV 是被支持得最好的音频格式,所有音频软件都能完美支持,由于本身可以达到较高的音质的要求,因此,WAV 也是音乐编辑创作的首选格式。它的用途是存放音频数据并用作进一步的处理,而不是像 MP3 那样用于聆听。因此,基于 PCM 编码的 WAV 被作为了一种中介的格式,常常用在其他编码的相互转换之中,如 MP3 转换成 WMA。

3. MP3

MP3 格式是由德国 Erlangen 的 Fraunhofer 研究所于 1980 年开始研究的,研究致力于高质量、低数据率的声音编码。在 Dieter Seitzer 教授的帮助下,1989 年,Fraunhofer 在德国被获准取得了 MP3 的专利权,几年后这项技术被提交到国际标准化组织(ISO),整合进了 MPEG-1 标准。MP3 是第一个实用的有损音频压缩编码,虽然几大音乐商极其反感这种开放的格式,但也无法阻止这种音频压缩格式的生存与流传。各种与 MP3 相关的软件产品层出不穷,现在各种支持 MP3 格式的硬件产品也是随处可见了。

MP3 格式是一个让音乐界产生巨大影响的声音格式。MP3 的全称是 MPEG1 Audio Layer 3,它所使用的技术是在 VCD(MPEG1)的音频压缩技术上发展出的第三代,而不是 MPEG3。MP3 是一种音频压缩的国际技术标准。

MPEG 代表的是 MPEG 活动影音压缩标准,MPEG 音频文件指的是 MPEG 标准中的声音部分即 MPEG 音频层。MPEG 音频文件根据压缩质量和编码复杂程度的不同可分为三层(MPEG AUDIO LAYER 1/2/3 分别与 MP1、MP2 和 MP3 这三种声音文件相对应)。MPEG 音频编码具有很高的压缩率,MP1 和 MP2 的压缩率分别为 4∶1 和(6∶1)～(8∶1),而 MP3 的压缩率则高达(10∶1)～(12∶1),也就是说一分钟 CD 音质的音乐未经压缩需要 10MB 存储空间,而经过 MP3 压缩编码后只有 1MB 左右,在 MP3 出现之前,一般的音频编码即使以有损方式进行压缩能达到 4∶1 的压缩比例已经非常不错了。MP3 可以做到 12∶1 的惊人压缩比,这使得 MP3 迅速地流行起来。MP3 之所以能够达到如此高的压缩比例同时又能保持相当不错的音质是因为利用了知觉音频编码技术,也就是利用了人耳的特性,削减音乐中人耳听不到的成分,同时尝试尽可能地维持原来的声音质量。

另外,几乎所有的音频编辑工具都支持打开和保存 MP3 文件。现在,许多新一代的编码技术都已经能在相同的码率下提供比 MP3 优越得多的音质。应该说,MP3 确实显现出疲态了。不过 MP3 出得比较早,已经形成了自己的影响力,有着众多的用户,同时支持 MP3 的软件非常多,而更多支持 MP3 的硬件播放器由于生产线换代的关系还会继续销售。总之,MP3 依然是目前世界上最流行的音频压缩技术之一,估计还有很长一段时间才会退出舞台。

4. RA

随着互联网的发展,Real Networks 公司发明的 Real Media 出现了。RA 这个文件类型就是 RealAudio 格式。RealAudio 可以根据听众的带宽来控制自己的码率,就算是在非常低的带宽下也可以提供足够好的音质让用户在线聆听。

RA 设计的目的主要是用来在低速率的网络上实时传输活动视频影像,可以根据网络数据传输速率的不同而采用不同的压缩比率,在数据传输过程中边下载边播放视频影像,从而实现影像数据的实时传送和播放。客户端通过 Real Player 播放器进行播放。网络流媒体的道理简单地说就是将原来连续的音频分割成一个个带有顺序标记的小数据包,将这些小数据包通过网络进行传递,在接收的时候再将这些数据包按顺序组织起来播放。如果网络质量太差,有些数据包收不到或者延缓到达,它就跳过这些数据包不播放,以保证用户在聆听的内容是基本连续的。由于 Real Media 是从极差的网络环境下发展过来的,所以 Real Media 的音质并不怎样,包括在高码率的时候,甚至差于 MP3。

5. WMA

WMA 的全称是 Windows Media Audio,它是微软公司推出的与 MP3 格式齐名的一种新的音频格式。在意识到网络流媒体于互联网的重要性之后,微软很快就推出了 Windows Media 与 Real Media 相抗衡,同时开始对其他音频压缩技术一律不提供直接支持。最初版本的 Windows Media 在音质方面并没有什么优势,不过最新的 Windows Media 9 携带了大量的新特性并在 Windows Media Player 的配合下已经是不可同日而语。特别在音频方面,微软是唯一能提供全部种类音频压缩技术(无损、有损、语音)的解决方案。微软声称,在只有 64Kb/s 速率的情况下,WMA 可以接近 CD 的音质。和以往的编码不同,WMA 支持防复制功能,它支持通过 Windows Media Rights Manager 加入保护,可以限制播放时间和次数甚至是播放的主机等。WMA 支持流技术,即一边读一边播放,因此 WMA 可以很轻松地实现在线广播。WMA 凭着本身的优秀技术特征加上微软的大力推广,这种格式被越来越多的人所接受。

由于 WMA 在压缩比和音质方面都超过了 MP3,更是远胜于 RA,即使在较低的采样频率下也能产生较好的音质。一般使用 Windows Media Audio 编码格式的文件以 WMA 作为扩展名,一些使用 Windows Media Audio 编码格式编码其所有内容的纯音频 ASF 文件也使用 WMA 作为扩展名。现在几乎绝大多数在线音频试听网站都使用 WMA 格式(通常码率 64Kb/s),但是 WMA 解码比 MP3 复杂,因此许多山寨手机及有名的低端品牌手机都不支持 WMA 音频格式。

Windows Media 是一种网络流媒体技术,本质上跟 Real Media 是相同的。但 Real Media 是有限开放的技术,而 Windows Media 则没有公开任何技术细节,据称是为了更好地进行版权保护,因此要完全封闭,还创造出一种名为 MMS(Multi-media Stream,多媒体流)的传输协议。但是由于微软的影响力,支持 Windows Media 的软件非常多。虽然它也是用于聆听,不能编辑,但几乎所有的 Windows 平台的音频编辑工具都对它提供了读/写支持,至于第三方播放器更是无一例外了,连 Real Player 都支持其播放。通过微软自己推出的 Windows Media File Editor 可以实现简单的直接剪辑。如果微软继续保持其在操作系统特别是桌面操作系统的垄断地位的话,Windows Media 的未来肯定是一片光辉。

6. 多声道音频信号压缩与 Dolby AC-3

随着技术的不断进步和生活水准的不断提高,原有的立体声形式已不能满足受众对声音节目的欣赏要求,具有更强声音定位功能的多声道三维声音技术得到飞速的发展。Dolby Digital 是杜比实验室最闻名的数字技术,是一种利用了人类的听觉特性,通过对高质量多声道数字音频信号压缩进行有效的存储与传输的音频编解码工艺。Dolby Digital 有时也被称为杜比 AC-3,它是 Dolby Digital 技术的基础。

在 Dolby AC-3 中,音频输入以音频块为单位,块长度为 512 个样值,在 48kHz 采样率时即为 10.66 毫秒,各声道单独处理;音频输入在经过 3Hz 高通滤波器去除直流成分后,通过另一高频带通滤波器以检测信号的瞬变情况,并用它来控制 TDAC 变换的长度,以期在频域分辨率和时域分辨率之间得到最好的折中效果;TDAC 变换的长度一般为 512 点,而数据块之间的重叠长度为 256 点,即 TDAC 每 5.33 毫秒进行一次;在瞬变条件下,TDAC 长度被等分为 256 点,这样 Dolby AC-3 的频域分辨率为 93.75Hz,时域最小分辨率为 2.67 毫秒;为了获得宽的动态范围,在分离后的指数部分经编码后则构成了整个信号大致的频谱,又被称为频谱包络;比特分配主要是通过计算解码后的频谱包络(视为功率谱密度)和掩蔽曲线的相关性来进行的;由于比特分配中采用了前/后向混合自适应比特分配以及公共比特池等技术,因而可使有限的码率在各声道之间、不同的频率分量之间获得合理的分配;在对尾数的量化过程中,可对尾数进行抖晃处理,抖晃所使用的伪随机数发生器可在不同的平台上获得相同的结果;AC-3 的帧结构由同步字、CRC、同步信息(SI)、码流信息(BSI)、音频块和附加数据等组成,帧长度与 TDAC 变换的长度有关,在长度为 512 点时,帧长为 32 毫秒,即每秒 31.25 帧。

Dolby Digital 声能够提供从单声道到 5.1 声道环绕声的各种制式的声音。5.1 声道环绕声包括 5 个分离的全频带(20Hz~20kHz)音频信号,左、中、右、左环绕、右环绕声道加上第六个分离的低频(20~120Hz)效果声道,通常称为 LFE(低频效果)声道。而其所占用的存储空间比 CD 上一路线性 PCM 编码的声道所占用的空间还要少。基于对人耳听觉的研究,Dolby Digital 音频技术中的先进算法使存储或者传输数字音频信号时使用更少数据成为可能。在 5.1 声道的条件下,可将码率压缩至 384Kb/s,压缩比约为 10∶1。Dolby AC-3 最初是针对影院系统开发的,但目前已成为应用最为广泛的环绕声压缩技术之一。

本章要点提示

（1）衡量声音质量的方法。

（2）声音数字化的基本过程。

（3）常用的音频压缩技术。

（4）低压缩率格式的音频格式。

第7章 视音频数据存储

采集压缩过程中产生的数字化素材需要传送到非线性系统的存储设备上,使用内存可以得到较高的访问速度,因为 CPU 可以直接处理内存中的数据。现在非线性系统的内存容量一般在 2~8GB 左右,对于大数量的视频文件来说,已经能基本满足要求,但是由于内存中的数据在系统关闭时会丢失。所以一般使用外部存储器来提供巨大的空间保存数据,同时由于现在大容量存储器的访问速度大幅度提高,价格不断下降,这给非线性系统的发展带来了巨大的推动作用。

目前非线性系统采用的外部存储器主要是磁盘。

7.1 磁盘及其工作原理

7.1.1 磁盘

在线性编辑系统中经常会遇到"大 1/2 带"、"小 1/2 带"、"Beta 带"等专业术语,这些术语都用来描述线性系统的存储介质——磁带。磁带用于视频行业已经有将近半个世纪的历史,经历了磁带尺寸、记录密度和格式的多次变化。

磁盘是一种先进的数字设备,最初是为了解决计算机记录的问题而设计的。磁盘以"0"、"1"数字信号记录数据,准确、无损失地记录、复制、传输各种数据,而且可以迅速访问磁盘上任意位置的数据。

为了满足视音频数据存储容量不断增加的需要,磁盘朝着高容量、高速度的方向发展,磁盘容量从几十 MB 发展到 TB 级,更大的磁盘还在不断出现。由于计算机的 CPU 主频迅速提高,处理数据速度已经非常快。计算机系统里的瓶颈主要在数据传输上,因此对磁盘性能和接口速度的要求也在不断提高。

7.1.2 软盘

软盘是软磁盘存储器的简称。它的盘片是由弹性塑料作为基体,然后在其上面涂一层磁性介质,最后封装在塑料套中,这就是为什么它被称为软盘。它作为单片结构,大都使用接触式读写。常见的软盘有 5.25 英寸和 3.5 英寸两种,存储量分别为 360KB 和 1.44MB,容量和读写速率都非常低。早期由于它的易携性和价格低廉使它一度成为移动存储的首选,现在随着硬盘的性价比和可携性不断提高,软盘已经成为了一个历史名词。完全不能满足非线性编辑系统这样大容量存储的要求,因此只能用于微机中小型文件的存储。

7.1.3 硬盘

硬盘是一种磁介质的外部存储设备,数据存储在密封、洁净的硬盘驱动器内腔的多片磁盘片上。这些盘片一般是在以铝合金为主要成分的片基表面涂上磁性介质所形成的,所以称之为硬盘。在磁盘面的每一面上,以转动轴为轴心、以一定的磁密度为间隔的若干个同心圆,被划分为若干个磁道;每个磁道又被划分为若干个扇区,数据就按扇区存放在硬盘上;在每一个面上都相应的有一个读写磁头,所有盘片相同位置的磁道就构成了所谓的柱面。

1. 硬盘的结构

硬盘的内部结构由控制电路板、磁头、盘片、主轴、电动机、接口及其他附件组成,如图 7.1 所示,其中磁头、盘片组件是构成硬盘的核心,它封装在硬盘的净化腔体内,包括浮动磁头组件、磁头驱动机构、盘片、主轴驱动装置及前置读写控制电路。

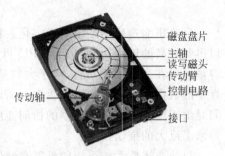

磁盘盘片
主轴
读写磁头
传动臂
控制电路
接口
传动轴

图 7.1　硬盘的内部结构

1) 浮动磁头组件

这个组件是硬盘中的核心组件,它由读写磁头、传动手臂和传动轴三部分组成。磁头的性能对硬盘的数据存储密度和内部传输率有很大的影响,磁头最早用的是铁磁物质,1979 年发明了薄膜磁头,使硬盘体积进一步减小、容量增大、读写速度提高成为了可能,20 世纪 80 年代末期 IBM 研发了 MR(magneto resisive)磁阻磁头,后来又研发了 GMR(giant magneto resisive)磁阻磁头,现在的硬盘都采用 GMR 磁头进行重放。

硬盘的磁头用来读取或者修改盘片上磁性物质的状态,一般说来,每一个磁面都会有一个磁头,从最上面开始,从 0 开始编号。磁头在停止工作时与磁盘是接触的,但是在工作时呈飞行状态。磁头采取在盘片的着陆区接触式启停的方式,着陆区不存放任何数据,磁头在此区域启停,不存在损伤任何数据的问题。读取数据时,盘片高速旋转,由于对磁头运动采取了精巧的空气动力学设计,此时磁头处于离盘面数据区 $0.1 \sim 0.3 \mu m$ 的高度,这样既不与盘面接触造成磨损,又能可靠地读取数据。

2) 磁头驱动结构

它由电磁线圈电机和磁头电动小车组成,同时还有高效的防振动机构。高精度的轻型磁头驱动机构能够对磁头进行精确的定位,并在很短的时间内精确定位到系统指令指定的磁道上,以保证数据读写的可靠性。

电磁线圈电机由中间插有与磁头相连的磁棒的线圈和其外部永磁机构组成,当电流通过线圈时,在外磁场的作用下磁棒就会产生位移,进而驱动装载磁头的小车,并根据控制器在盘面上磁头位置的信息编码来得到磁头移动的距离,达到准确定位的目的。

3) 盘片和主轴组件

硬盘的盘片是硬盘的核心的组件之一,不同的硬盘可能有不同的盘片数量;所有的数据都是存储在盘片上的,盘片是在铝合金或玻璃基底上涂敷很薄的磁性材料、保护材料和润滑材料等多种不同功能的材料层加工而成的,其中磁性材料的物理性能和磁层结构直接影响着数据的存储密度和所存储数据的稳定性;为了提高存储密度,防止超顺磁效应的发生,各相关机构进行了大量的研究工作,不断改进磁层的物理性能和磁层结构;磁记录层的记录方式也由以前的纵向磁记录发展到现在的垂直磁记录。

主轴组件包括主轴部件如轴瓦和驱动电动机等。随着硬盘容量的扩大,主轴电动机的速度也在不断提升。传统滚珠轴承电动机随着速度的增加开始出现磨损加剧、温度升高、噪声增大的弊病，为速度的提高带来了负面影响。因而生产厂商开始采用精密机械工业的液态轴电动机技术，液态轴承电动机使用黏膜液油轴承，以油膜代替滚珠可以避免金属面的直接摩擦，使噪声和温度减小到最低。而油膜具有有效吸收振动的能力，可以提高主轴部件的抗振能力。目前硬盘转速从早期的 5400 转提升到了 7200 转，万转硬盘也已经出现。

4）前置控制电路

前置控制电路控制磁头感应的信号、主轴电动机调速、磁头驱动和伺服定位等，由于磁头读取的信号微弱，将放大电路密封在腔体内可减少外来信号的干扰，以提高信噪比。

2. 硬盘的工作原理

硬盘驱动器加电正常工作以后，利用控制电路中的初始化模块进行初始化工作，此时磁头置于盘片中心位置。初始化完成后，主轴电动机将启动，并已高速旋转，同时装载磁头的小车开始移动，将浮动磁头置于盘片表面的 00 道，处于等待指令的启动状态。当主机下达存取磁盘片上的数据的命令时，就通过前置放大控制电路，发出驱动电动机运动的信号，控制磁头定位机构将磁头移动，搜寻要存取数据的磁道扇区位置进行数据读写。

硬盘的工作原理可分为读（从硬盘读取数据）与写（将数据写入硬盘）两个方面。对硬盘而言，不管是读或写都需要下达存取数据的命令，所以，只要 CPU 接受到来自系统程序发出的读写指令，CPU 便开始向内存与硬盘发出命令。

在读的部分，CPU 会先下达写入数据的命令，此时内存会经由总线将数据送往硬盘，通过主板 I/O 芯片（负责传输数字数据的控制芯片，也就是南桥芯片）的居中协调后，数据便会循序送入硬盘的缓冲区中（也就是硬盘的高速缓存），最后再由硬盘控制电路将缓冲区内的数据记录至盘片上（这时在硬盘内的机械部分便会进行一连串的读写操作）。

在写的部分，同样也是由 CPU 先下达读取数据的命令，主板上的 I/O 芯片便又开始居中协调，然后硬盘控制芯片便会开始将数据读至缓冲区内，最后才通过主板上的总线将硬盘缓冲区内的数据送至内存，并完成读取硬盘数据的操作。

因此，数据的两个储存地点分别是硬盘与内存；其中，数据会经过缓冲区的暂存与总线的传输；当然，所有的操作除了 CPU 的下达命令外，也要经过主板上的 I/O 芯片与硬盘控制电路的命令才能达成。

3. 硬盘的性能指标

1）硬盘容量

硬盘作为存储微型机所安装的软件及各种计算机数据的主要外存储器，其容量的大小直接决定可以存储的数据总量，所以是一个非常重要的指标。硬盘的容量主要以 GB 为单位，目前主流硬盘的容量在 500GB 以上。影响硬盘容量大小的因素主要有单碟容量和盘片数量。

单碟容量即每张盘片的最大容量，是反映硬盘综合性能指标的一个重要因素。较大的单碟容量有着更大的数据存储密度，所以单碟容量越大，硬盘的容量也就越大。其次单碟容量还间接影响着硬盘数据的传输速度，在磁盘转速和磁头的操作速度不变的情况下，如果存储密度变大，在单位时间内磁头划过相同距离可以存取更多的数据。

盘片数量也就是单碟盘片的数量，硬盘总容量＝单碟容量×盘片数量。所以盘片数量越大，硬盘容量越大，但是盘片数量的增多也会影响读取时间。

2）平均寻道、潜伏、访问时间

硬盘的平均寻道时间是指磁头从初始位置移到目标磁道所需的时间。当硬盘接到存取指令后，经过一个寻道时间，磁头从初始位置移到目标磁道位置，然后等待所需数据扇区旋转到磁头下方（经过一个等待时间），开始读取数据。所以硬盘在读取数据时，要经过一个寻道时间和一个等待时间，所以硬盘的平均访问时间为平均寻道时间与平均等待时间之和。而平均潜伏时间是指相应数据所在的扇区转到磁头下的时间。很显然这3个数值越小，硬盘读取速度越快。

3）转速

硬盘的转速是指硬盘内，驱动电动机主轴的转动速度，单位为转/分，目前主流硬盘的转速为7200转/分。最高的硬盘主轴转速可达15 000转/分。这个数值越大越好，但是高转速的硬盘发热也相对高一点。

4）持续数据传输率

持续数据传输率也称为内部数据传输率，是指磁头到硬盘高速缓存之间的传输速度，单位是MB/s。目前主流电脑的CPU、内存和系统总线之间的数据传输速度要大大高于硬盘持续数据传输率，同时硬盘的突发数据传输率也远高于持续数据传输率，所以硬盘持续数据传输率的高低直接决定了计算机系统的整体性能，提高这项指标对计算机系统的整体性能有最直接最明显的提升。

5）突发数据传输率

突发数据传输率也称为外部数据传输率，是指从硬盘高速缓存和系统总线之间的数据传输率，单位是MB/s。突发数据传输率一般与硬盘接口类型和高速缓存大小有关。由于受内部数据传输率的限制，所以这个指标对计算机系统的影响不大。

6）高速缓存

硬盘的缓存主要起3种作用：一是预读取，当硬盘受到CPU指令控制开始读取数据时，硬盘上的控制芯片会把与正在读取的数据相邻的数据暂时存放到缓存中，由于硬盘上数据存储往往是连续的，所以相邻的数据很可能就是马上要读取的数据，以此达到改善系统性能的效果；二是将写入的数据存入缓存，当硬盘接到写入数据的指令后，并不会马上将数据写入到盘片上，而是先暂时存放在缓存里，并向系统发出已写入数据的信号，这时系统就会认为数据写入的过程已完成，并继续执行下面的工作，而硬盘则在空闲时再将缓存中的数据写入到盘片上；三是临时存储最近访问过的数据。有时候，某些数据是经常需要访问的，缓存就会将读取频繁的一些数据存在缓存中，再次读取时，就可以直接从缓存中传输。

7）硬盘接口

硬盘的接口主要分为IDE、SATA和SCSI接口。此外，还有IEEE-1394接口、USB接口和PC-AC接口等。目前主流硬盘大多是SATA接口，由于目前的接口数据传输速率都远高于硬盘的持续数据传输速率，所以对硬盘性能并不会造成太大影响。常用的IDE接口是不支持热插拔的，其余两种是支持热插拔的，更方便、易用。

8）连续无故障时间

连续无故障时间是指硬盘从开始运行到出现故障的最长时间，单位是小时，英文简写是MTBF。一般硬盘的MTBF至少在30 000或40 000小时。

7.2 磁盘阵列

随着数字视频技术的飞速发展,人们对视频的质量要求越来越高,对数据的即时传输速率和数据的安全性提出了更高的要求,在单一硬盘技术已经无法满足需求的情况下,1987年由加州大学伯克利分校的 David Patterson、Garth Gibson 提出的 RAID(Redundant Array of Independent Drives,磁盘阵列)技术进入了人们的视野。RAID 技术起初主要应用于服务器高端市场,但是随着个人用户市场的成熟和发展,它正不断向低端市场靠拢,从而为用户提供了一种既可以提升硬盘速度,又能够确保数据安全性的良好的解决方案,迅速成为研究与应用最广泛的技术之一。

从 RAID 的英文原意中可以知道这项技术就是使用多个低级硬盘组成一个新的硬盘系统,目的是超越单一高级硬盘性能和成本的技术。从目前的使用情况来看,由于硬盘的总体价格在不断下降,在节省成本方面 RAID 技术并未体现出很大的优势,但是 RAID 技术确实有效提高了硬盘数据读写的速率和存储的安全性,而这恰好解决了数字非线性编辑系统对数据传输率和系统安全性的要求。

根据对数据的处理、纠错的不同,RAID 可以分成不同的级(level),目前比较常用的是0~5,其余的技术也有它的优势,但是并不常用,下面就简要介绍各个 RAID Level 的技术。

1. RAID-0

RAID-0 是把几个硬盘连接起来形成一个更大的存储器,并没有硬盘容量上的损失。例如,连接前 2 块 500GB 的硬盘可以存储 1TB 的数据,连接以后依然可以存储 1TB 的数据。所以 RAID-0 可以说是一种最简单的连接方式,如图 7.2 所示。

如果仅仅是这样,那与安装了两块硬盘也没什么区别。RAID-0 的优势还在于改善了硬盘的数据传输性能。RAID-0 采用了数据分块技术,首先把组成 RAID-0 阵列

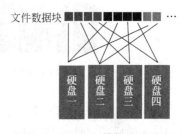

图 7.2 RAID-0 数据读写原理

的数个硬盘看作一个整体,在存储数据时,并不是把一个文件存储在一个硬盘上,而是把这个文件分成若干数据块存储在数个硬盘上。例如,某个 RAID-0 系统含有 4 块硬盘,现在有个 128MB 大小的文件,首先把文件分"块",假设每个"块"的大小是 512KB,那么很显然可以把这个文件分成 25 份。在存储这个文件时 RAID-0 系统是这样存储的:文件的第一块存到第一个硬盘,第二块存到第二个硬盘,第三块存到第三个硬盘,第四块存到第四个硬盘,第五块存到第一个硬盘,第六块存到第二个硬盘……以此类推,那么这样做的好处就是 4 个硬盘可以同时存储,在传送第一块的同时,第二、三、四块都可以同时进行传输。数据传输率提高了 4 倍。同理,在读取数据时也是同样的操作,数据传输率可以提高 4 倍。现在硬盘的平均传输速率在 30~40MB/s,4 个硬盘组成的 RAID-0 系统的数据传输率就是 120~140MB/s,这是一个非常可观的数据。

RAID-0 的缺点就是没有任何数据保护措施。前面所讲的例子中,如果有一个硬盘出了故障,意味着很多文件的一些块丢失了,再找回那些块是非常困难的事情,整个系统存储的文件都将无法读取。所以 RAID-0 系统是一个高性能、易组建但是脆弱的系统。那么有

没有什么技术可以填补 RAID-0 的劣势呢？这就是下面要提到的 RAID-1 系统。

2. RAID-1

RAID-1 和 RAID-0 不同，其技术重点全部放在如何能够在不影响性能的情况下最大限度地保证系统的可靠性和可修复性上。RAID-1 是所有 RAID 等级中实现成本最高的一种，尽管如此，人们还是选择 RAID-1 来保存那些关键性的重要数据。

RAID-1 又被称为磁盘镜像，每一个磁盘都具有一个对应的镜像（备份）盘。对任何一个磁盘的数据写入都会被复制到镜像盘中；系统可以从一组镜像盘中的任何一个磁盘读取数据。显然，增加镜像磁盘肯定会提高系统成本，因为人们所能使用的空间只是所有磁盘容量总和的一半。图 7.3 显示的是由 4 块硬盘组成的 RAID-1 系统，其中可以作为存储空间使用的仅为两块硬盘。

RAID-1 毫无疑问是最安全的存储方式，但是它最大的缺点就是硬盘空间利用率低，一般对于数据安全要求高的场合才使用这种方式，不用于非线性编辑系统。

3. RAID-3

RAID-3 是一种较为简单的校验实现方式，使用一个专用的磁盘来存储奇偶校验数据，奇偶校验是误码校正的一种方法，广泛用于数据传输中。例如，在一个由 4 块硬盘构成的 RAID-3 系统中，3 块硬盘将被用来保存数据，第四块硬盘则专门用于校验。这种配置方式可以用 3+1 的形式表示，如图 7.4 所示。

图 7.3　RAID-1 数据存储方式　　　　图 7.4　RAID-3 数据存储方式

第四块硬盘中的每一个校验块所包含的都是其他 3 块硬盘中对应数据块的校验信息。RAID-3 的成功之处就在于不仅可以像 RAID-1 那样提供容错功能，而且硬盘空间的存储空间利用率从 RAID-1 的 50% 上升为 75%（RAID 3+1）。随着所使用磁盘数量的增多，成本开销会越来越小。举例来说，如果使用 5 块硬盘，那么利用率可以达到 80%。

在不同情况下，RAID-3 读写操作的复杂程度不同。最简单的情况就是从一个完好的 RAID-3 系统中读取数据。这时，只需要在数据存储盘中找到相应的数据块进行读取操作即可，不会增加任何额外的系统开销。在上面的例子中如果使用 3 个硬盘作为数据盘，那么这 3 个硬盘共用一个 I/O 接口，即具有同时从 3 个数据盘上读写的能力，可以叫并联存取阵列。

当向 RAID-3 写入数据时，情况会变得复杂一些。即使只向一个硬盘写入一个数据块，也必须计算与该数据块同处一个存储分区的所有数据块的校验值，并将新值重新写入到校验硬盘相应的存储分区中。由此可以看出，一个写入操作事实上包含了数据读取（读取存储分区中的关联数据块）、校验值计算、数据块写入和校验块写入 4 个过程，系统开销大大增加。

RAID-3 虽然具有纠错能力，但是系统性能会受到影响。当一块磁盘失效时，该磁盘上的所有数据块必须使用校验信息重新建立。如果是从好盘中读取数据块，性能不会有任何下降。但是如果所要读取的数据块正好位于已经损坏的磁盘，则必须同时读取其余好盘中的所有其他数据块，并根据校验值重建丢失的数据。

如果要更换损坏的硬盘,那么系统可以一个数据块一个数据块地重建坏盘中的数据。整个过程包括读取相应的存储分区,计算丢失的数据块和向新盘写入新的数据块,都是在后台自动进行。在进行重建过程时,系统性能会受到极大的影响。

可以看出,RAID-3 兼具了 RAID-1 的优势,并且硬盘存储空间利用率可以随着使用硬盘数提高,所以应用比较广泛,适用于要求数据数据传输高,并对数据完整性有较高要求的场合。

RAID-4 和 RAID-3 存储的方式非常类似,也是若干个数据盘加一个奇偶校验盘,与 RAID-3 的区别在于 RAID-4 每个硬盘具有一个独立的 I/O 接口,因而 RAID-4 可以称为独立存取阵列,RAID-4 的特性使得它对于多任务操作具有较大的优势,但由于 RAID-5 是它的改进,所以 RAID-4 的用途并不广泛。

4. RAID-5

RAID-5 是在 RAID-4 的基础上做的改进,在运行机制上,RAID-5 和 RAID-3 完全相同,也分成数据块和奇偶校验块两大部分。

RAID-5 和 RAID-3 的最大区别在于 RAID-5 不是把所有的校验块集中保存在一个专门的校验盘中,而是分散保存到所有的数据盘中。如使用 4 个硬盘组建 RAID-5 系统,这 4 个硬盘都存放数据块,但是相应的校验块也分别存放在这个 4 个硬盘中,RAID-5 使用了一种特殊的算法,可以计算出任何一个校验块的存放位置。这样在进行奇偶校验时可以较快地提高效率。

5. RAID-6

RAID-6 采用分块交叉技术和双磁盘驱动器容错磁盘阵列,它有两个磁盘驱动器用于存放校验、纠错代码,可以认为是对数据安全进行了双保险,万一两个硬盘出现了问题,仍能恢复数据的完整性和有效性,当然硬盘存储空间利用率肯定会稍有下降,并且写性能要比 RAID-5 差。

6. RAID-10

RAID-10 实际上是 RAID-0 和 RAID-1 的组合,即数据分块读写技术和镜像备份技术的结合,也被称为 RAID-0＋1。采用分块读写技术,多个磁盘可以并行读写,读写速度很高;采用镜像技术使得存储更为安全可靠,可以说 RAID-10 的综合性能在所有 RAID 中是最好的,但由于每次写入数据要写两个互为镜像的盘,所以写代价很高。同时 RAID-10 的存储利用率和 RAID-1 一样低,只有 50%。

总体而言 RAID 系统的主要目的是组建高性能、高可靠性和大容量存储空间的存储系统,并且由于组建简单,受到广泛的应用。目前在低端用户比较常用的主要是 RAID-0,因为组建简单,读写性能出众,成本低廉,当然安全性最差;中端用户注重的是性价比,所以往往采用 RAID-5,兼顾速度和安全,写性能略逊色;而如果高端用户不计成本,RAID-10 是最佳选择。

7.3 网络存储技术

网络改变了世界,以网络存储为核心的存储技术也正在改变人们共享信息的方法。随着信息存储应用领域的扩展,用户对存储提出了多样化的迫切需求。为满足这种需求,存储技术正以前所未有的速度迅速发展,现有的技术在不断改进和发展的同时,新的技术也在不断涌现。

存储市场的发展与网络的发展可以说是息息相关。在 20 世纪,由于数据处理量没有那么大,人们对于数据的存储并不非常重视。但随着电脑和网络的日益普及,数据处理量逐渐增大起来,并且人们越来越多地把与工作相关和自己重视的数据存储到电脑上,而对于企业和商业用户来说更是直接建立了相应的数据库。许多用户开始意识到资料和数据本身的重要性,没有存储,数据库也就失去了意义。因此为了确保数据资料的存在并可恢复性,离线存储有了很大的发展,它可以在电脑故障时对以前的数据进行恢复,并把最新的数据值补写进去。但是随着网络安全的环境日益恶化,为了防止自己正在处理重要数据时突然中断或者受到意外的入侵,网络存储(也称在线存储)成为了企业的生命线,同时把数据交给可信任的网络存储公司管理,安全性更高。下面介绍几种典型的网络存储技术。

7.3.1 DAS

DAS(direct attached storage)即直连方式存储,或者称为直接附加存储。顾名思义,在

图 7.5 DAS 存储结构

这种方式中,存储设备是通过电缆(通常是 SCSI 接口电缆)直接连接到服务器的。I/O(输入/输出)请求直接发送到存储设备,是一种早期的存储应用模式。其特点是依赖主机,存储系统必须被直接连接到服务器上,每一台服务器主机管理它本身的文件系统,所以不能实现与其他主机的资源共享,如图 7.5 所示。一般当服务器分布比较分散,通过其他网络存储技术难以管理的时候才会使用。

DAS 的优势很明显,机器购置成本低,配置简单,操作方便,但是也存在着许多不足:

(1) 这种网络存储架构不能提供跨平台的文件共享功能,且受限于某个独立的操作系统。如果需要读取或传输的数据跨平台,则无法读取或传输。

(2) 分散的数据存储模式使得网络管理员需要耗费大量的精力和时间到不同的服务器下进行相应的系统维护,在增加维护成本的同时,也使得管理尤为复杂。由于各个主机之间的数据独立,使得数据需要逐一备份,使得数据备份工作较为困难。

(3) 服务器本身容易成为瓶颈,速度直接与服务器处理速度相关,同时如果发生故障,则无法访问。

7.3.2 NAS

NAS 实际是一种带有精简服务器(thin server)的存储设备。这个精简服务器实际是一台专用于网络文件服务的服务器。这种专用存储服务器不同于传统的通用服务器,它去掉了通用服务器原有的不适用的大多数计算功能,而仅仅提供文件系统功能用于存储服务,大大降低了存储设备的成本。为方便存储到网络之间以最有效的方式发送数据,专门优化了系统硬软件体系结构,多线程、多任务的网络操作系统内核特别适合于处理来自网络的 I/O 请求,不仅响应速度快,而且数据传输速率也很高,如图 7.6 所示。

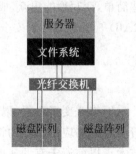

图 7.6 NAS 存储结构

NAS 存储架构是为解决直连存储架构中的一系列问题而产生的,与直连附加存储的最大不同是,在 NAS 中,存储系统是直接附

加到以太网上,存储与服务器是分离的,并加入了数据集中管理系统。这样做的好处是释放带宽、提高性能、降低总拥有成本。其成本远远低于使用服务器存储,而效率却远远高于后者。此外,NAS能支持多种协议,包括 NFS、CIFS、FTP、HTTP 等。这使得用户可以使用任何一台工作站(无论是 NT 工作站还是 UNIX 工作站),NAS 为跨平台使用统一存储系统提供了解决方案。由于 NAS 只需要在一个基本的磁盘阵列柜外增加一套精简服务器系统,对硬件要求很低,软件成本也不高,甚至可以使用免费的 Linux 解决方案,成本只比直接附加存储略高。

NAS 存在的主要问题是:

(1) 由于存储数据通过普通数据网络传输,因此易受网络上其他流量的影响。当网络上有其他大数据流量时会严重影响系统性能。

(2) 由于存储数据通过普通数据网络传输,因此容易产生数据泄露等安全问题。

(3) 存储只能以文件方式访问,而不能像普通文件系统一样直接访问物理数据块,因此会在某些情况下严重影响系统效率,如大型数据库就不能使用 NAS。

7.3.3 SAN

SAN(storage area network,存储区域网络)是一种类似于普通局域网的高速存储网络,SAN 提供了一种与现有 LAN(local area network,局域网)连接的简易方法,允许企业独立地增加它们的存储容量,并使网络性能不至于受到数据访问的影响。SAN 是一个专有的、集中管理的信息基础结构,它支持服务器和存储之间任意的点到点的连接,SAN 集中体现了功能分拆的思想,提高了系统的灵活性和数据的安全性。SAN 以数据存储为中心,采用可伸缩的网络拓扑结构,通过具有较高传输速率的光通道连接方式,提供 SAN 内部任意节点之间的多路可选择的数据交换,并且将数据存储管理集中在相对独立的存储区域网内。在多种光通道传输协议逐渐走向标准化并且跨平台群集文件系统投入使用后,SAN 最终将实现在多种操作系统下,最大限度的数据共享和数据优化管理,以及系统的无缝扩充,如图 7.7 所示。

图 7.7　SAN 存储结构

这种独立的专有网络存储方式使得 SAN 具有不少优势:

(1) 可实现大容量存储设备数据共享。

(2) 可实现高速计算机与高速存储设备的高速互联。

(3) 可实现灵活的存储设备配置要求。

(4) 可实现数据快速备份。

(5) 提高了数据的可靠性和安全性。

另外 SAN 一般采用高端的 RAID 阵列,使 SAN 的性能在几种专业网络存储技术中傲视群雄。SAN 由于其基础是一个专用网络,因此扩展性很强,不管是在一个 SAN 系统中增加一定的存储空间还是增加几台使用存储空间的服务器都非常方便。SAN 作为一种新兴的存储方式,是未来存储技术的发展方向,但是,它也存在一些缺点:

(1) 价格昂贵。不论是 SAN 阵列柜还是 SAN 必需的光纤通道交换机价格都是十分昂贵的,就连服务器上使用的光通道卡的价格也是不容易被小型商业企业所接受的。

第7章　视音频数据存储

（2）需要单独建立光纤网络，异地扩展比较困难。

7.3.4 集中式存储与分布式存储

传统存储的体系结构无非有两种：集中式和分布式。网络视频存储方案面临着集中式存储和分布式存储两种选择，两种结构各有优缺点。集中式存储就是所有的数据都存放在一个文件服务器上，如图7.8所示。

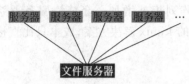

图7.8　集中式存储体系结构

集中式存储具有以下优点：

（1）集中存储可实现服务的负载均衡，由于流媒体服务间的数据都是共享且统一的，当发生热点繁忙时，所有流媒体服务器都可为其提供服务以分减压力，而不像分布式的存储会出现用户访问过多的内容（热点内容）非常繁忙，没有热点内容的存储出现空闲这种不均匀情况。

（2）集中存储提高了存储资源的利用率。

（3）集中的高RAID级别保护且成本较低，分布式存储都实现RAID保护成本高昂。

（4）集中的备份（快照）恢复，当异地发生重大事故可能会丢失数据时，能方便地进行备份和恢复。

（5）集中存储同时也是对流媒体服务器视频内容的集中管理。

集中式存储的缺点也是显而易见的：

（1）由于只有一个文件服务器，意味着对外的I/O接口只有一个，传输效率必然有瓶颈。

（2）性能不可扩展，直接由文件服务器的性能所决定。

（3）容量扩展有局限性，受文件服务器的空间限制。

分布式存储就是将数据分散存储在多台独立的设备上。对外提供统一的接口，包括文件上传、获取等一系列操作。对于上层用户，数据的分布是透明的，这样做的目的就是为了存储的可扩展性，以及提高数据存储和获取的速度。每台服务器既承担了流媒体服务器或者网络服务器的功能，也承担了存放文件的功能，如图7.9所示。

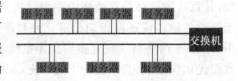

图7.9　分布式存储体系结构

分布式存储具有以下优点：

（1）具有优异的性能和吞吐率，系统各部分负载均衡，不存在明显的性能瓶颈。

（2）具有较高的稳定性，能够尽量减少系统关键点，避免"单点失败"，而且必须具有快速恢复的能力。

（3）具有良好的可扩展性，能够方便地进行存储和计算能力的扩容。

分布式存储具有以下缺点：

（1）分布式存储利用率相对较低，并且较为可能出现大量重复存储。

（2）无法实现集中的高RAID级别保护；如果每台服务器都实现RAID，成本较高。

（3）维护管理没有集中式存储那样方便，需要较高的成本。

两种存储方式各有优缺点，随着大视频文件的不断出现，容量瓶颈往往成为优先考虑的因素，并且对于非线性编辑系统在线编辑存储来说，对于网络实时的传输速度要求比较高，所以分布式存储相对用得更多。

7.3.5　服务器群集技术和云存储

网络的飞速发展使得网络用户越来越多,对于服务器的性能要求也越来越高,当对服务器的访问用户超出负载时,就会出现无法读取网页的状况,同时服务器由于负荷过重很可能会死机甚至产生硬件的损坏。

服务器群集技术就是为了减轻服务器工作压力而生的,它可以有效地保证服务器不会因访问量过大而出现速度缓慢、死机等现象,同时亦可以确保浏览者能够快速、稳定地访问服务器。简单来说,服务器群集技术就是把多个服务器连接到一起,使这多个服务器像一个服务器那样工作。如两个服务器群集,当有一个用户访问时,这两个服务器都可以响应,看起来就像一个服务器,这就是服务器群集技术的原理。

在具体应用中,服务器群集技术可以衍生出很多非常实用的技术,能够更好地提高服务器的性能和可靠性,下面就简单介绍一下。

1. 服务器镜像技术

服务器镜像技术是将建立在同一个局域网之上的两台服务器通过软件或其他特殊的网络设备(如镜像卡)将两台服务器的硬盘做镜像。其中,一台服务器被指定为主服务器,另一台为从服务器。客户只能对主服务器上的镜像的卷进行读写,即只有主服务器通过网络向用户提供服务,从服务器上相应的卷被锁定以防对数据的存取;主/从服务器分别通过定时的传送数据互相监测对方的运行状态,当主服务器因故障停机时,从服务器将在很短的时间内接管主服务器的应用。

服务器镜像技术的特点是成本较低,提高了系统的可用性,保证了在一台服务器停机的情况下系统仍然可用,但是这种技术仅限于两台服务器的群集,系统不具有可扩展性。

2. 应用程序错误接管群集技术

错误接管群集技术是将建立在同一个网络里的两台或多台服务器通过群集技术连接起来,群集节点中的每台服务器各自运行不同的应用,具有自己的广播地址,对前端用户提供服务,同时每台服务器又监测其他服务器的运行状态,为指定服务器提供热备份作用。当某一节点因故障停机时,群集系统中指定的服务器会在很短的时间内接管故障机的数据和应用,继续为前端用户提供服务。

错误接管群集技术经常用在数据库服务器、文件服务器等的群集中。这种群集技术由于采用共享存储设备,所以增加了外设费用。它最多可以实现 32 台机器的群集,极大地提高了系统的可用性及可扩展性。

3. 并行运行和分布式处理技术

这种技术与其他群集技术有点不同,它是用来提高系统的计算能力和处理能力的,在这种群集系统中,向系统提交应用被分配到不同的节点上分别运行,如果提交系统的是一个比较大的任务,系统将把它分成许多小块,然后交与不同的节点去处理,这与多处理器协调工作有点像。

典型的应用就是云存储,云存储是在云计算(cloud computing)概念上延伸和发展出来的一个新的概念。云计算是分布式处理(distributed computing)、并行处理(parallel computing)和网格计算(grid computing)的发展,是透过网络将庞大的计算处理程序自动分拆成无数个较小的子程序,再交由多部服务器所组成的庞大系统经计算分析之后将处理结果回传给用户。通过云计算技术,网络服务提供者可以在数秒之内,处理数以千万计甚至亿计的信息,达到和"超级计算机"同样强大的网络服务。云存储的概念与云计算类似,它是指通过集群应用、网格技术或分布式文件系统等功能,将网络中大量各种不同类型的存储设备通过应用软件集合起来协同工作,共同对外提供数据存储和业务访问功能的一个系统。

服务器群集技术最主要的应用即在于网络负载平衡的功能,同时可以看到随着更多技术的发展,服务器群集技术也为系统的安全性和可靠性提供着重要的支持。

本章要点提示

(1) 硬盘的性能指标。

(2) 常见的磁盘阵列的数据存储方式。

(3) 网络存储结构 SAN 和 NAS 的概念。

(4) 分布式存储的概念和结构特点。

(5) 服务器群集技术的原理。

(6) 关注云计算和云存储技术。

第8章 非线性编辑网络

非线性编辑系统采用数字化的技术,克服了素材不能随机存取、编辑修改困难、复制录像带图像质量下降等缺点,大大提高了编辑效率,成为当前电视节目编辑制作的主流平台。但对于节目制作量较大的电视台,仅靠单机工作模式的非线性编辑工作站已远远不能满足电视发展的需要。随着计算机网络技术、存储技术、压缩技术的发展,网络化、数字化的制播一体网应运而生,它将传统的、个别的、孤立的资源有机地结合起来,实现资源共享、媒体资产管理和信息高速传输,大大提高了电视节目制作质量和效率,迅速成为电视节目制作系统的主流发展方向。

8.1 计算机网络基础知识

8.1.1 计算机网络的定义

计算机网络是指将分散在不同地点的计算机和计算机系统,通过通信设备和线路连接起来,按照一定的通信规则相互通信,以实现资源共享的计算机系统。它是计算机与通信这两个现代信息技术密切结合的产物,代表着当前计算机体系结构发展的一个主要方面。

8.1.2 计算机网络的分类

计算机网络的分类有几种,按其信息传输范围可分为局域网(LAN)、城域网(MAN)和广域网(WAN);按其信息传输方式可分为因特网(Internet)和企业内部网(Intranet);按其信息传输内容可分为文字网和视频网;按其信息传输协议可分为以太网、异步传输模式网(ATM)和光纤通道网(FC)等。在介绍非线性编辑网络之前,首先了解以下几种网络类型。

1. 按信息传输范围分

局域网:是指在局部地区范围内将一组计算机连接在一起共享信息资源的小型网络。它是目前最常见、应用最为广泛的网络类型之一。局域网在计算机数量配置上没有太多的限制,少的可以只有两台,多的可达几百台。在网络所涉及的地理范围上可以是几米至10千米以内,一般位于一个建筑物或一个单位内。特点是覆盖范围小、用户数少、配置容易、连接速率高。目前局域网最快的速率要算现今的10G以太网了。IEEE的802标准委员会定义了多种主要的LAN网,包括以太网(Ethernet)、令牌环网(Token Ring)、光纤分布式接口网络(FDDI)、异步传输模式网(ATM)以及最新的无线局域网(WLAN)等。

城域网:在一个城市内进行数据交换、通信的网络,或者在物理上使用城市基础电信设施的网络,相对而言,它是一个中等网络,与广域网并无严格的界线,所以有时常把它划在广域网之内。一般来说,是在一个城市,但不在同一地理区域范围内的计算机互联。城域网的连接距离可以在 10~100km,采用 IEEE802.6 标准。MAN 与 LAN 相比扩展的距离更长,连接的计算机数量更多,在地理范围上可以说是 LAN 网络的延伸,一个 MAN 网络通常连接着多个 LAN 网。

广域网:称为远程网,所覆盖的范围比城域网(MAN)更广,一般用于不同城市之间的 LAN 或 MAN 网络互联,地理范围可从几百千米到几千千米。因为距离较远,信息衰减比较严重,所以广域网一般租用专线,通过 IMP(接口信息处理)协议和线路连接起来,构成网状结构。但城域网连接用户众多,总出口带宽有限,用户终端连接速率较低。广域网的典型速率是从 56Kb/s 到 155Mb/s,现在已有 622Mb/s、2.4Gb/s 甚至更高速率的广域网。常见的广域网有中国宽带互联网(CHINANET)、中国公用分组交换网(CHINAPAC)和中国公用数字数据网(CHINADDN)等。

2. 按信息传输协议分类

1) 以太网

以太网是一种发展较早、应用广泛、技术成熟的局域网,具有结构灵活、配置简单方便、价格便宜等特点,现已广泛应用于企业内部管理等场合,主要包括标准以太网和高速以太网。

(1) 标准以太网。早期以太网的吞吐量为 10Mb/s,采用的是带有冲突检测的载波侦听多路访问(CSMA/CD)控制方法,采用同轴电缆作为传输介质,支持 10Base-T、10Base-5、10Base-2,传输距离可长达 2 千米。

(2) 百兆以太网,也称快速以太网。随着网络的发展,标准以太网技术已难以满足日益增长的网络数据流量速度需要。在 1993 年 10 月以前,对于要求 10Mb/s 以上数据流量的 LAN 应用,只有光纤分布式数据接口(FDDI)可供选择,但它是一种价格非常昂贵的、基于 100Mb/s 光缆的 LAN。1993 年 10 月,Grand Junction 公司推出了世界上第一台快速以太网集线器 Fastch10/100 和网络接口卡 FastNIC100,快速以太网技术正式得以应用。它的速率为 100Mb/s,支持 100Base-TX、100Base-FX、100Base-T4 3 种传输介质类型。

(3) 千兆以太网。千兆以太网速率为 1000Mb/s,也称为吉比以太网。它支持单模和多模光纤上的长波激光(1000BaseLX)、多模光纤上的短波激光(1000BaseSX)、均衡屏蔽的 150 欧姆同缆(1000BaseCX)3 种形式的存储介质。

(4) 万兆以太网也称为高速以太网,或 10G 以太网。它采用 IEEE802.3 以太网媒体访问控制(MAC)协议、帧格式和帧长度。万兆以太网同快速以太网和吉比以太网一样,是全双工的,因此,它本身没有距离限制。

以太网技术因具有灵活性高、网络构建实现简单、易于管理和维护等优点,已经成为最基本、最常用的网络技术之一。

2) 异步传输模式网

异步传输模式 ATM 是 Asynchronous Transfer Mode 的缩写,又称信息元中继。它采用超大规模集成电路(VLSI)技术,对需要传送的各种数据高速地进行分段处理,将它们分成一个个的信元,每个信元长 53 个字节,其中报头占 5 个字节,包含着重要的路由信息,即送至何方,另外包含数字信息 48 个字节,用来传送要发送的信息,图 8.1 所示为 ATM 信元结构图。当发送端想

图 8.1 ATM 信元结构

要和接收端通信时，通过 UNI 发送一个要求建立连接的控制信号，接收端通过网络收到该控制信号并同意建立连接后，一个虚拟线路就会被建立。

ATM 是为支持宽带综合业务网而专门开发的网络新技术，它采用基于信元的异步传输模式和虚电路结构，从根本上解决了多媒体的实时性及带宽问题，实现了面向虚链路的点到点传输，它通常提供 155Mb/s 的带宽。既汲取了话务通信中电路交换的"有连接"服务和服务质量保证(QoS)，又保持了以太网、FDDI 网等传统网络中带宽可变、适于突发性传输的灵活性，从而成为迄今为止适用范围最广、技术最先进、传输效果最理想的网络互联手段。

3) 光纤通道

光纤通道(fibre channel，FC)是美国国家标准委员会(ANSI)1988 年为网络和通道接口建立的一个利用光纤(或铜缆)作为物理链路的高性能串行数据接口标准。光纤通道是为了满足高端工作站、服务器、海量存储网络系统等多硬盘系统环境的高数据传输率的要求，而将高速的通道和灵活的网络结合在一起的，传输率高达 1Gb/s 的高速传输技术。它支持 IP、ATM、HIPPI、SCSI 等多种高级协议，其最大的特点是将网络和设备的通信协议与传输物理介质隔离，允许多种协议在同一个物理连接上同时传送，以实现大容量、高速度信息传输，因此，它既是一种高速的 I/O 技术，又是一种局域网技术。

FC 遵从 ISO 标准和开发性标准，支持点对点、仲裁环和交换式 3 种网络结构。点对点结构类似于 SCSI 连接方式，计算机直接与存储设备连接；仲裁环结构为环路共享结构，环路上的节点之间存在通道竞争，类似于 HUB 连接应用；交换式网络结构使用 FC Switch，采用交换式数据流向，各网络节点之间独享端口带宽，具有较好的实用性。

由于 FC 采用较大的数据包进行传输，用于海量视音频的存储与传输极为理想，因此被许多计算机厂家推荐为电视节目制作设备的数字存储连接标准，从而在电视台全台网、媒体资产管理系统、制播系统等系统中得到了广泛应用。

8.2 非线性编辑网络概述

8.2.1 非线性编辑网络的概念

非线性编辑网络是指利用计算机网络将各自孤立的非线性编辑工作站连接起来，实现资源共享、协同节目制作、数据传输、素材管理以及媒体资产管理等功能的网络。

非线性编辑网络的工作原理是：首先将来自磁带放像机信号、卫星信号或其他视音频信号的节目素材通过采集上载将各种视音频信号转换为数字信号存储在网络存储器(如磁盘阵列)中，非线性编辑工作站可搜索、下载或调用存储器上的视音频数据，再进行剪辑、串联、添加字幕、添加特技等编辑操作，最后将完成制作的节目送到下载端录制成播出带或直接通过数字化的播出系统实时播出。

8.2.2 非线性编辑网络系统的构成

在非线性编辑网络中，根据节目制作的实际需求，网络的系统配置有所区分，可以将不同档次的非线性编辑工作站合理分布，同时对周边辅助设备进行集中管理，从而缩减设备投入、降低成本、优化整个系统。一般非线性编辑网络系统由存储器、服务器、网络集成器、专用网卡、传输媒体和非线性编辑工作站等基本元素构成。

1. 存储器

大容量存储器一般指磁盘阵列、数据流磁带库、光盘库存储设备,如图 8.2 所示,主要负责数据基本的存储与输入/输出,能够提供高速的随机数据访问。为了提供比通常的磁盘存储更高的性能指标、数据完整性和可用性,通常采用冗余技术将多个磁盘组成磁盘阵列(RAID)。在实际应用中,可以根据系统业务需要,设置不同数量的磁盘阵列、数据流磁带库等硬件设备。在非线性编辑网络中,根据应用需求,存储方式通常分为离线、在线、近线 3 种。

磁盘阵列　　　　数据流磁带库　　　　光盘库

图 8.2　大容量存储器

2. 服务器

服务器是非线性编辑网络系统的核心组成部分,负责整个系统的管理,它的作用是通过网络按需要为用户提供各种服务,包括共享文件系统、共享数据库系统、共享硬件设备、应用程序分布、通信服务等,也可对整个网络环境进行集中管理。如 MDC(meta data controller,元数据控制)服务器是非线性编辑网络中的核心服务器,其作用是 SAN 共享存储管理服务器,其他站点通过 MDC 服务器获得 SAN 存储上的共享素材的文件名称、文件大小、访问控制表等数据,通过 FC 通道直接进行读写访问。对提供重要业务的核心服务器,通常采用热备或冗余的方式,避免网络出现单点故障。除了 MDC 服务器之外,非线性编辑网络系统中一般还包含数据库服务器、应用服务器、归档服务器、收录服务器等。

3. 网络集成器

网络集成器是连接存储器和各个非线性编辑工作站的纽带,通常分为集线器(hub)和交换机(switch)两种。

集线器属于纯硬件网络底层设备,基本上不具有类似于交换机的"智能记忆"能力和"学习"能力,也不具备交换机所具有的 MAC 地址表。所以当它要向某节点发送数据时,不是直接把数据发送到目的节点,而是把数据包发送到与集线器相连的所有节点,采用广播方式发送。这种广播发送数据方式具有以下几点不足:①用户数据包向所有节点发送,很可能带来数据通信的不安全因素,一些别有用心的人很容易就能非法截取他人的数据包;②由于所有数据包都是向所有节点同时发送,可能造成网络塞车现象,降低了网络执行效率;③非双工传输网络通信效率低。集线器的同一时刻每一个端口只能进行一个方向的数据通信,而不能像交换机那样进行双向双工传输,网络执行效率低,不能满足较大型网络通信需求。其缆线长度不能超过 30m,传输速度较慢。

交换机是一种基于 MAC(网卡的硬件地址)地址识别,能完成封装转发数据包功能的网络设备。它拥有一条很高带宽的背部总线和内部交换矩阵。交换机的所有端口都挂接在这条背部总线上,控制电路收到数据包以后,处理端口会查找内存中的地址对照表以确定目的 MAC 的 NIC(网卡)挂接在哪个端口上,通过内部交换矩阵迅速将数据包传送到目的端口,目的 MAC 若不存在才广播到所有的端口,接收端口回应后交换机会"学习"新的地址,并把它添加入内部 MAC 地址表中。交换机采用光缆与非线性编辑工作站相连接,具备光发射功能,距离可达 10km,安全性、稳定性较强,广泛应用于非线性编辑网络系统中。在非编系统中,通常采用 FC 交换机和以太网交换机两种。

4. 专用网卡

专用网卡是插在各非线性编辑工作站内部,与网络集成器相连接的网卡。如用于连接光纤设备的主机总线适配器(host bus adapter,HBA)是一个在服务器和存储装置间提供输入/输出处理和物理连接的电路板或集成电路适配器。可以实现内部通信协议 PCI 或 Sbus 和光纤通道协议之间的转换。

5. 传输媒体

数据在网络中传输,通常采用双绞线、同轴电缆和光纤等传输介质。在非线性编辑网络中,通常使用的是双绞线和光纤。双绞线用于 10/100Mb/s 以太网的连接,用于传输控制指令或低码率数据。光纤用于 1000Mb/s 以太网和 FC 网络中站点与系统的连接,用于传输高码率数据。

6. 非线性编辑工作站

非线性编辑工作站具有所有非线性编辑系统的功能,是节目制作的主要设备,通常包括有卡工作站和无卡工作站。有卡工作站负责上载素材、高质量素材精编和下载工作。无卡工作站可实时共享服务器中的视音频资源,用于粗编。图 8.3 所示为中科大洋非线性编辑工作站。

图 8.3　非线性编辑工作站

8.2.3　非线性编辑网络的功能特点

为了满足电视节目时效性、深度性、广度性、多样性、可看性的需求,电视业务分类越来越细,业务管理和运行越来越复杂。与此同时,虚拟存储技术、面向内容的编目与检索技术、媒体资产管理等 IT 技术在电视领域中的应用,大规模网络存储共享技术、视音频压缩技术、流媒体技术、计算机视音频处理技术以及传统模拟视音频数字化等相关技术也有了很大发展,为节目制作和业务管理提供了许多灵活、高效的方法。

非线性编辑网络建成后,节目素材采集、编辑、归档、播出、存储等都实现了数字化、网络化和流程化,大大提高了节目的质量和制作效率。其具体功能如下。

1. 实现了资源共享

非线性编辑网络实现了素材、资源、计算机操作等共享功能。压缩或无压缩的广播级视音频素材、字幕、图片等资料可以利用动态存储和高带宽共享等方式实时存储、传输、共享,避免了素材的重复采集,也便于管理和维护。用户可以在多个工作站对同一存储区域、同一项目的同一素材文件进行同时读写、编辑。非线性编辑网络还可以轻松实现与节目存储系统、素材节目上下载系统以及硬盘播出系统等的连接,形成较为完整的节目数字化制播网,达到资源充分共享。

2. 实现了协同工作,提高工作效率

在节目制作中,非线性编辑网络提供了一个理想的采、编、审环境,可以将录入的素材和节目任意组合、修改、插入、删除、叠加,在一个网络视频服务器中共享数字化的节目素材,查询资料十分方便。网络中可实现多人分块编辑、协同工作;实现多人的并行工作,即将传统的串行编辑变为并行编辑;可以共同编辑一个项目文件,或分别建立一个项目文件,各部分任务编辑完成,再将各部分对象合并成一个完整的故事板文件,并根据稿本可以灵活地组合、删减、调整内容,最后合成编辑并输出节目文件,大大提高了工作效率。

3. 实现了制播分离

随着计算机技术和各项技术的发展,节目的实时制作、播出成为可能。通过非线性编辑网络,可以将非线性编辑工作站中实时制作的电视节目通过高速的网络传输,直接传到节目播出系统,实现制作与播出分离,互不干扰,保证节目播出的独立性、安全性。

8.3 典型非线性编辑网络架构

近些年来,随着广电行业的数字化、高清化、网络化的发展,国内广电行业的 IT 水平不断提高,制播分离、二网融合等新媒体业务及业务需求呈现出多元化发展趋势。非线性编辑网络架构也随着应用需求的变化不断地优化。从网络的存储结构上来看,主要包括原始的 DAS 架构、廉价的 NAS 架构、高性能的 SAN 架构、综合形式的 SAN+NAS 架构以及分布式架构。从网络物理通道上看,主要包括采用 FC+以太网的双网结构和采用单以太网的单网结构。

8.3.1 基于 FC+以太网双网结构的非线性编辑网络架构

对于非线性编辑网络来说,由于需要实时编辑广播级视音频素材,其数据量庞大。目前,比较成熟和实用的视音频网络是 Fibre Channel,即光纤通道网络(FC)。FC 在传输速度、存储体容量及网络带宽上有明显的优势,但其价格昂贵。传统的以太网访问共享数据需要通过媒体服务器,其网络结构不是面向通道连接的,在连接和协议方面开销很大,其实际数据传输率仅为整个带宽的 40% 左右,但以太网在系统管理方面具有优势,成本较低,还可胜任一些视频粗编及素材的浏览工作,同时能做到资源共享及文件的传输等功能。所以,用 FC 进行视频数据的传输,以太网用于控制和少量数据的传输,以及视频素材的粗编与浏览,是目前国内非线性编辑网络的主流组合,也称为双网结构。一旦采用 FC 作为非线性编辑网络的传输通道,就意味着该网络系统的主体必然是一个存储区域网 SAN(storage area network)或 SAN 的模型。常见的 FC+以太网双网结构如图 8.4 所示。

1. 双网结构系统的构成

双网结构的中心思想是综合 FC 和以太网的优点,主要包括由广播级非编组成的 FC-SAN 和基于以太网技术的局域网 LAN 构成。其中,FC-SAN 在各广播级非编工作站与共享存储器间建立了高速的连接,无需通过中间的媒体服务器,既可实现视频素材在网络中的最直接的同时共享,又保证了工作站与服务器之间广播级视频数据稳定高速地传输,还可以进行广播级视频数据的上/下载和编辑,但在系统管理方面在用户权限控制和工作站之间管理数据交换方面存在不足。以太网有服务器支持,可以支持各节点之间的通信和提供数据

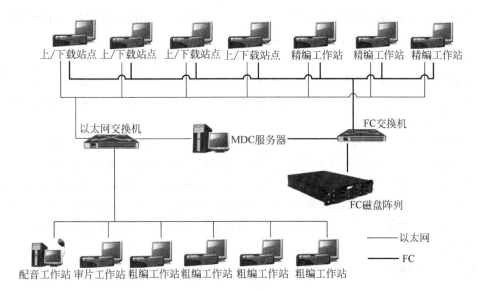

图 8.4　FC＋以太网双网结构

库服务,主要负责系统管理信息,低质量的视音频数据流的传送、存储和共享。双网结构主要由以下部件组成。

（1）FC 交换机。从网络拓扑结构上来看,FC 交换机是双网结构的核心,所有的精编工作站、上/下载工作站、中央存储体、服务器都直接与其连接,保障了广播级视音频数据的高速传输。目前常见的 FC 交换机速度为 2Gb/s 和 4Gb/s。

（2）中央存储体。一般由磁盘阵列组成,包含数量众多的单体硬盘。通常利用冗余磁盘阵列 RAID 技术将单体硬盘组合成能够满足视音频素材海量存储和满足大量非线性编辑工作站读写请求的高可靠性存储体。常见的 RAID 技术有 RAID-0、RAID-1、RAID-3、RAID-5、RAID-6 等,人们可以从容量需求、安全需求、性能需求多方面进行权衡,选择最合适的 RAID 技术。

（3）MDC(meta data controller)服务器。MDC 服务器也称为元数据控制器,是基于每个卷(文件系统)的机器,负责硬安装及控制安全性和分配信息。MDC 服务器记录着中央存储体中所有数据的描述信息及存放位置。当非编工作站需要访问数据时,首先向 MDC 服务器提出申请,MDC 服务器将数据的存放位置反馈给非编工作站,非编工作站自行访问数据时不再通过 MDC 服务器,消除了网络传输瓶颈。

（4）SAN 文件共享系统。在非线性编辑网络中,MDC 服务器可以通过 Mercury 公司的 SANergy 等管理软件对系统进行管理。其主要功能是保证共享硬盘阵列的文件和目录信息对网络中所有工作站保持一致,即某个工作站对共享硬盘阵列的文字写入和删除,必须在其他工作站得到及时反映。即在同一时刻,多个工作站可以往同一个逻辑卷中进行写操作,但同一个文件在同一时刻只能被一个工作站修改,其他工作站对该文件只读。当一个工作站向某个卷中写入或删除文件时,其他工作站会自动同步整个卷的文件和目录信息。使用 SANergy 的优点是,工作站不用切换卷的写权限,不用进行刷新操作便可同步所有共享硬盘的文件和目录信息。但使用 SANergy 管理软件要求系统必须是双网结构。

（5）非编工作站。非编工作站按照其在系统中的性能和功能上的差异,主要分为上/下

109

载工作站、精编工作站、粗编工作站等。非线性编辑网络系统中的非编工作站不再使用本地存储,统一使用中央存储体存储视音频数据。

(6) 以太网交换机。从网络拓扑结构上来看,以太网交换机主要连接了粗编工作站、配音工作站、审片工作站等对视频码流要求较低的设备和对码流要求较高的精编工作站。主要负责系统的管理信息、低质量的视音频数据流、文稿数据等的传送、存储、共享和管理。

2. 双网结构工作流程

双网结构网络支持双路径高低两种码流视频素材数据的采集和上载。其中低码流视频素材数据和音频数据存储到以太网媒体服务器的硬盘中,供粗编、配音、审片等使用;高码流视频素材数据存储到 FC 共享硬盘阵列(中央存储体)中,供精编、串编和下载播出时调用。随时调用编辑(包括粗编、精编等)所形成的故事板文件以及存放在以太网媒体服务器中或 FC 共享硬盘阵列中的素材文件,进行特技制作、加字幕、配音、配乐等编辑工作,精编后下载供播出。

3. 双网结构的优缺点

1) 优点

(1) 高性能。基于 FC+以太网的双网结构系统,其最大的优点在于高性能,可以在大数据量并发访问的情况下保证稳定的主机读写带宽。目前,常见的 2GB 的光纤通道已经可以提供 200MB/s 的读写带宽。4GB 和 8GB 的产品也已经投入使用。另外,数据传输在 FC 链路中所经历的传输延时要小于以太链路,这点对实时性要求很高的视音频数据传输尤为重要。

(2) FC-SAN 技术成熟。经过 10 多年的发展,各品牌以 FC-SAN 为基本架构的非线性编辑网络已逐渐趋于成熟,如今在各中小电视台都得到了实际节目制作的检验。

(3) 良好的平台。双网结构是我国视频行业的一个创举,不但有利于后期制作,还有利于开展从设备管理到媒体资产管理等综合媒体业务的管理,是未来电视台理想的媒体管理平台。

2) 缺点

(1) 部署和维护成本高。在双网结构中,需要配备 FC 交换机、为各精编工作站安装 FC HBA 卡、为服务器铺设光纤、安装 SAN 文件共享系统软件等,其造价比以太网高出数倍甚至十几倍,大规模部署的成本较高。

(2) 互联互通存在难度。虽然光纤通道技术有统一的标准,但各家厂商却有不同的解释。各品牌 FC-SAN 非线性编辑网络互操作性差,用户在实际使用中,经常被一些不兼容性问题困扰,给互联互通制造了许多阻碍。

(3) 传输距离有限。FC-SAN 的传输距离通常不超过 50km。因此,FC-SAN 还不能有效地整合更多的主机与存储的需求。

(4) 光纤通道网络管理较复杂。由于引入了很多新概念、新技术,网络管理人员在学习和掌握时会遇到很多困难。

尽管如此,由于电视台视音频数据的大数据量需求,制作网络对存储容量和带宽的要求较其他行业较高,因此,FC+以太网双网结构仍然是应用广泛、技术成熟度较高的实现方式。

8.3.2 基于以太网的单网结构非线性编辑网络架构

随着计算机技术和网络技术的发展,特别是千兆/万兆以太网技术的成熟、芯片处理能力的提升、iSCSI等相关标准的制定,一种面向视音频应用的基于纯以太网的单网架构解决方案应运而生,并在国内外众多项目中得到了广泛应用。

基于以太网的单网结构、所有的服务器和客户端工作站均通过千兆或万兆以太网访问共享存储池,在存储服务器端根据采用技术的不同,可能会保留一个小规模的 SAN 环境用于核心设备之间的高速连接。单网架构大量引入了成熟的以太网技术,消除或减少了系统对 FC 接入点的需求,并通过一定的技术手段保证客户端访问带宽和效率,简化了管理和维护成本,从而大大降低了系统造价,逐渐得到了各中小企业的青睐。

从部署形式上看,基于以太网的非线性编辑网络可以部署成 NAS、iSCSI 等形式,而 FC 只能部署成 FC-SAN 一种形式。

1. NAS

NAS(network attached storage,网络附加存储)即将存储设备连接到现有的网络上,提供数据和文件服务。它的典型组成是使用 TCP/IP 协议的以太网文件服务器,由工作站或服务器通过网络协议(如 TCP/IP)和应用程序(如网络文件系统 NFS 或者通用 Internet 文件系统 CIFS)进行文件访问。NAS 可以直接安装到已经存在的以太网中。

NAS 服务器一般由存储硬件、操作系统以及其上的文件系统等几个部分组成。简单地说,NAS 是通过与网络直接连接的磁盘阵列,它具备了磁盘阵列的所有主要特征:高容量、高效能、高可靠。NAS 将存储设备通过标准的网络拓扑结构连接,可以无需服务器直接上网,不依赖通用的操作系统,而是采用一个面向用户设计的、专门用于数据存储的简化操作系统,内置了与网络连接所需的协议,因此使整个系统的管理和设置较为简单。与基于通用服务器的文件服务器不同,NAS 系统是不允许安装和运行其他任何应用程序的。其次,NAS 是真正即插即用的产品,并且物理位置灵活,可放置在工作组内,也可放在其他地点与网络连接。再次,NAS 本身支持 SMB、CIFS、NFS、FTP 等多种协议,数据或资料存储在 NAS 上,只需要做简单的设置,网络中的各种操作平台(如 Windows、Linux、Sun Solaris、HP UX、IBM AIX)都可以直接使用 NAS 上的数据或磁盘空间,实现多平台的文件共享,提高了多平台环境对同一数据的互操作性,同时多种平台的数据实现整合,便于集中管理和备份维护。总之,NAS 解决方案,价格合理、便于管理、灵活且能实现文件共享。

基于 NAS 的网络存储技术出现的比 FC-SAN 早,但其最大的问题在于 NAS 头通过 NFS 或 CIFS 协议进行网络文件共享时效率较低,且难以保证稳定的带宽,最初的 NAS 根本无法满足视音频系统对带宽的要求。随着千兆以太网技术的发展和 TOE(tcp offload Engine)网卡的出现,现在的 NAS 设备已经可以满足小规模制作系统的业务需求了。TOE 网卡可以将传统上维持网络连接时由 CPU 负责的 TCP/IP 协议的封包拆包、检验运算等工作转移到网卡上由专用处理芯片完成,这样可以大幅降低系统资源占用,提高了网络带宽利用率。图 8.5 所示为非线性编辑网络中的 NAS 解决方案。

NAS 解决方案的优点包括系统的易用性和可管理性;数据共享颗粒度细;共享用户之间可以共享文件级数据;适用于数据长距离传送环境。缺点是系统的可扩展性差,特别是整个系统的瓶颈局限于提供文件共享的 NAS 头处理能力。此外,目前支持 TOE 功能的网

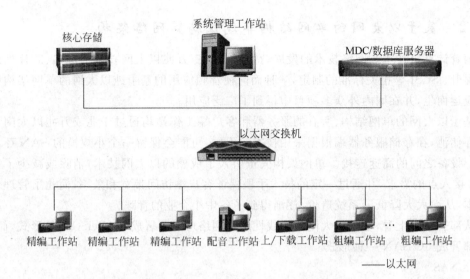

图 8.5　非线性编辑网络中 NAS 解决方案

卡价格不菲。

NAS 和 SAN(存储区域网络)既存在区别,也是互补的存储技术。SAN 将数据以块为单位进行管理,采用具有更高传输速率的光纤通道(fibre channel)连接方式和相关基础结构。它的设计和实现途径为它带来了更高的处理速度,而且 SAN 还是基于自身的独立的网络。它允许数据流直接从主网络上卸载,并降低了请求响应的时间。企业可以从将 SAN 应用于关键任务应用、存储集中、备份恢复和高可用性计算等方面。与 SAN 相比,NAS 支持多台对等客户机之间的文件共享,NAS 客户机可以在企业中任何地点访问共享的文件。因为在 NAS 环境中文件访问的逻辑卷较少,对于响应时间要求也不是很高,所以其性能和距离要求也相对较低。

基于 NAS 架构的非线性编辑网络中,所带的非线性编辑工作站点数量有限,只适用于几台编辑站点的小规模非线性编辑网络。目前,针对 NAS 系统架构不能满足大规模非线性编辑网络的实时编辑读写带宽、系统扩展性和存储容量的需求,产生了 NAS+FC SAN 的架构。NAS+FC SAN 的架构与双网结构有着本质的区别,在 NAS+FC SAN 架构中,以太网是基本架构,承载了大数据量的视音频文件的实时读写传输和网络的管理,而 FC-SAN 只是在 NAS 设备的后端为网络提供高速的存储通道,这种网络架构综合了 NAS 和 SAN 的优点,同时与双网架构相比其成本也得到了降低。

2. iSCSI

2003 年 2 月,IETF(Internet Engineering Task Force,互联网工程任务组)通过了由 IBM 和 Cisco 共同发起的 iSCSI(Internet Small Computer System Interface)标准,使这项历经 3 年、修改了 20 个版本的技术标准终于尘埃落定。该技术将存储设备、服务器同采用普通的互联网协议(IP)的网络连接起来,以取代快速、昂贵的光纤技术。并且由于 iSCSI 技术所具有的优势,其未来的发展已经被许多厂商看好,并先后推出了相关的产品,以表明对 iSCSI 标准的支持。

iSCSI 就是将 SCSI 命令打在 IP 包(IP storage)中传送给存储设备,以进行数据块的存取。其实质是实现了基于 TCP/IP 网络传输 SCSI 指令,也就是说 SCSI over IP。iSCSI 协议定义了在 TCP/IP 网络发送、接收 block(数据块)级的存储数据的规则和方法。图 8.6 所示为 iSCSI 协议的帧格式。

IP header	TCP header	iSCSI header	SCSI commands and data

图 8.6　iSCSI 帧格式

在一个 iSCSI 网络中,iSCSI 的工作流程是 initiator(发送端)将 SCSI 命令(TCP/IP 头、iSCSI 识别包)和数据封装到 TCP/IP 包中再通过网络转发,target(接收端)收到 TCP/IP 包之后,将其还原为 SCSI 命令和数据并执行,完成之后将返回的 SCSI 命令和数据再封装到 TCP/IP 包中返送回发送端。客户端对于存储的访问完全基于 SCSI 指令集,访问远程的存储设备就像访问本地的 SCSI 设备一样简单。这样,通过以太网而不是昂贵的 FC 网突破了 SCSI 设备对规模和距离的限制。

随着 CPU+GPU+I/O 板卡技术的发展,非线性编辑也突破了进口板卡时代,进入了 CPU+GPU+I/O 技术的编辑系统,所有的特技和字幕都利用 GPU 渲染,最后合成的单层视频送到 I/O 板卡输出。脱离了板卡的限制,纯软件的工作站除了可以实现更多的编辑制作功能以外,还大大降低了对网络带宽稳定的要求,使得在纯千兆以太网上进行在线节目编辑制作和下载成为可能。

简单地说,IP 存储就是基于 IP 网络来实现数据块级存储的方式。由运行 iSCSI 协议的 IP 网络构架起来的 SAN,简称 IP-SAN。支持 iSCSI 技术的服务器和存储设备,可以穿越标准的以太网和互联网在任何地方创建实际的存储网络,能够直接连接到现有的 IP 交换机和路由器上,实现 IP 存储。目前多数 iSCSI 的网络传输带宽为 1GB,第二代产品能够达到 2GB,在未来第三代通用 iSCSI 标准中,带宽将达到 10GB。

IP-SAN 是基于 IP 网络的存储解决方案,它通过一组 IP 存储协议(iSCSI、FCIP、iFCP 等)提供了在 IP 网络上封装块级请求的方法,使用户可以使用标准的 TCP 协议在 IP 网络上传输 SCSI 命令和块数据。用 IP 网络取代 FC 网络连接存储设备和主机,解决 FC-SAN 在成本、标准性、可扩展性方面的缺陷。IP-SAN 技术是一种封装串行 SCSI 实现在 IP 网络中传输数据的存储区域网络技术,是当前 SAN 技术的一个发展热点。

iSCSI 存储网络系统主要包含 iSCSI 磁盘阵列、千兆交换机、SATA 硬盘、双绞线、工作站等。图 8.7 所示为典型的 iSCSI 存储网络系统架构。

随着千兆以太网的成熟以及万兆以太网的开发,IP 存储必然会以其性价比高、通用性强、无地理限制等优势飞速发展。随着 iSCSI 技术的完善,数据块级的存储应用将变得更普遍,存储资源的通用性、数据共享能力都将大大增强,并且更加易于管理。下面谈谈 iSCSI 系统架构的优缺点。

1) 优点

(1) 成本投入小。iSCSI 所使用的适配卡、交换机和缆线等产品的价格比 FC-SAN 所选用的硬件产品价格低,并且 iSCSI 可以在现有的成熟普及的 IP 网络上直接安装,不需要更改企业的网络体系,可降低系统成本,保护现有投资。

(2) 无物理距离限制。由于 iSCSI 是一种基于 IP 网络的存储技术,它将随着 IP 网络的

114

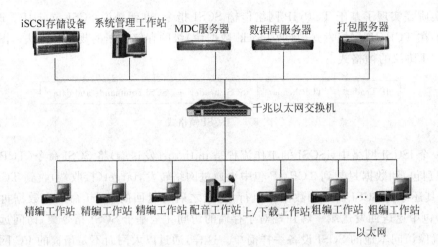

图 8.7　iSCSI 存储网络系统架构

延伸而将存储距离不断扩大,因此,iSCSI 克服了物理距离的限制。

(3) 组建方式灵活,可扩展性高。由于 iSCSI 存储系统可以直接在现有的网络系统中进行组建并不需要改变网络体系,加上运用交换机来连接存储设备,对于需要增加存储空间的企业来说,只需要增加存储设备就可,因此,iSCSI 存储系统的可扩展性高。

(4) 传输速度快。理论上 iSCSI 的速度可达 1GB,虽然速度仍比不上 FC-SAN 的 2GB,但效能上已超越大部分的 NAS。更重要的是,一旦 10GB 以太网络普及,iSCSI 就可能以 10GB 的高速狂飙,比 FC-SAN 的 8GB 还要快。

(5) 管理门槛及维护成本更低,人才较多。iSCSI 基于人们较熟悉的 IP 网络的存储技术,网络人才较多。在管理上只要使用网络现有的管理功能即可,节约了大量管理人才的培训成本。

2) 缺点

(1) 扰人的噪声碰撞。由于 iSCSI 走的是 IP 网络,其中充斥着来自全球各地的庞大的数据及噪声,所以碰撞情形也就在所难免了,在数据传输的过程中很容易发生延迟的情形,影响传输的效能,甚至数据的正确性。

(2) 有待改进的效能瓶颈。iSCSI 在流控制量方面不及 FC;在 initiator(发送端)和 target(接收端)两处的 I/O 端的速度限制影响传输效能;目前 iSCSI 的 1GB 频宽尚不及 FC 的 2GB;软件 iSCSI Initiator 透过软件仿真来执行 SCSI 指令,所以会耗费大量的 CPU 资源。

(3) 硬件 iSCSI 适配卡较贵。如果想要让系统整体效能有好的表现,那么就必须添置较贵的 iSCSI HBA 卡或稍贵的 TOE HBA 卡,整体成本会因此大幅攀升。

(4) 支援的平台及软硬件较少。虽然目前 Windows、Linux、UNIX、NetWare 都已陆续推出软硬件的 Initiator,但数量及完备性仍不足。目前只有微软 Windows 平台具备最完备的支持性,但是目前业界及政府机构的数据中心,有相当数量是采用非 Windows 平台系统,再加上不少公司内部系统也有多种作业平台环境,所以各平台解决方案的提出,仍是 iSCSI 亟待解决的重要课题。

(5) 无法兼顾效能及跨平台性。iSCSI Initiator 可分为 3 种,即软件 Initiator 驱动程序、硬件的 TOE HBA 卡和 iSCSI HBA 卡。就效能而言，Initiator 驱动程序最差，TOE HBA 卡居中，iSCSI HBA 卡最佳。但是 iSCSI HBA 只能走 iSCSI 协议，而无法透过 NFS（network file system，SUN 制定）或 CIFS（common internet file system，微软制定）等档案系统协议与应用服务器沟通。但 Initiator 驱动程序及 TOE 则同时支持 iSCSI、NFS 及 CIFS 三种协议。

总之，iSCSI 是目前网络存储领域最活跃的研究方向之一，具有易于安装、成本低廉、不受地理限制、良好的互操作性、管理方便等优势。虽然尚存在一些问题，但随着 IT 技术的发展，这些问题将逐步得到解决，iSCSI 必将会有广阔的发展前景。

iSCSI 与 FC-SAN 各有优缺点，至少在短期内两者无法相互替代。表 8.1 是 iSCSI 与 FC-SAN 性能对比的情况。

表 8.1 iSCSI 与 FC-SAN 性能的对比

类 型	iSCSI	FC-SAN
接口卡技术	IP	FC
接口卡成本	分为软件版本 Initiator、TOE HBA、iSCSI HBA，价格从低到高	专用 FCHBA，价格相对较高
软件支持	主要有备份、快照、镜像等，但存储管理软件相对缺乏	发展已久，各方面的软件支持都很丰富
数据传输方式	数据块（block）	数据块（block）
通道构建成本	低	高
传输介质	双绞线	光纤
传输距离	理论上没有传输限制，且衰减率低	对于本地 FC-SNA 来说，100km 是极限
传输质量	通过局域网封包传输，表现较难保持稳定	专用光纤通道，数据传输速度与稳定性较有保证
电磁影响	有	无
适用性	数据量成长非常快的企事业，借助以太网络节省成本	广播电视、金融、电信等产业关键性业务

8.4 存储容量及带宽计算

非线性编辑网络的核心是大容量的中央存储体，集中保存所有的视音频数据，其他设备都需要直接或间接地与中央存储体连接，因此中央存储体在实现数据共享的同时必须保证充分的安全性，在性能上还要满足存储容量、带宽、容错的要求。

目前，国内 25 帧/秒的标清数字电视信号、720×576 像素的电视画面相应的数据量非常巨大，需要以这一数据流进行实时和稳定的传输对通道带宽的容量和稳定性提出了很高的要求。采用 MPEG-2 的压缩方式，采样比为 $4 : 2 : 2$，8 位量化的存储数据，数据率为 50Mb/s，1 小时这样的电视数据所需的存储空间为：

每小时耗费的存储空间 = 格式码率(Mb/s) × 时间(s)

$$= 50\text{Mb/s} \times 60 \times 60\text{s} = 180\,000\text{Mb} = 22\,500\text{MB} \approx 22.5\text{GB}$$

若某电视台在线存储设备需要满足一个频道每天 24 小时的标清电视节目存储，一周所需的存储空间为：

$$基本容量需求 = 每小时耗费的空间 \times 存储时间需求$$
$$= 22.5GB \times 24 \text{ 小时} \times 7 \text{ 天} = 3780GB \approx 3.78TB$$

为充分保障网络核心存储设备的容量安全考虑，需要有 10% 左右的富余空间，故实际容量需求为：

$$实际容量需求 = 基本容量需求 \times 110\%$$
$$= 3.78TB \times 110\% = 4.158TB$$

网络带宽的瓶颈会使整个网络系统的工作效率下降，网络带宽的设计在非线性编辑网络系统中尤为重要。网络需要的总访问带宽为各个工作站点峰值带宽之和。

计算公式：

$$(视频格式码率 + 音频格式码率) \div 8 = 峰值带宽/台(MB)$$

从读写带宽的角度来看，假设该电视台的网络中有 10 台非编工作站同时访问磁盘阵列，每台工作站在编辑中同时对两轨素材进行编辑，所需要的读写带宽为：

$$50Mb/s \times 10 \times 2 = 1000Mb/s = 125MB/s$$

8.5 高清节目制作对编辑网络的要求

在广播电视数字化高速发展的同时，数字高清晰度电视已成为发展的必然趋势。2008年的北京奥运会是奥运史上第一次全国高清转播的夏季奥运会，也被看做是中国高清技术发展的重要标志。根据国家广电总局提出的高清发展规划，2008 年北京奥运会全部采用高清电视技术转播，我国也全面推广数字高清电视的地面传输。

在当今广播电视领域，高清是主导光电技术产品的主要概念，高清节目的制作技术已经成为人们关注的对象。目前，高清摄像机、蓝光盘、HD DVD 等电视节目制作前期设备和高清非线性编辑工作站、高清字幕机等电视节目制作后期设备已趋于成熟。作为支撑高清电视节目制作的非线性编辑网络平台的相关技术研究显得尤为重要。高清节目制作给非线性编辑网络提出了更高的要求。

1. 非线性编辑网络必须支持更大的存储容量和更高的网络带宽

常见的高清帧内压缩算法，如 MPEG-2(I 帧)，码率一般须保持在 $100 \sim 200Mb/s$ 才能还原出广播级的图像质量。这样的码率是标清 50Mb/s 的 $2 \sim 4$ 倍。目前比较成熟的 FC 网络的基本实测带宽在 800Mb/s 左右，如果每个高清非编工作站实时双轨编辑，则整个网络只能连接 $4 \sim 5$ 台工作站。因此，选择合适的码率对高清非线性编辑网络的设计非常重要。根据现有的存储技术和网络技术发展状况来看，高清节目编辑制作时码流应尽可能根据节目成片的需要灵活选择。

对于时效性要求较高的高清非线性新闻节目制作网络，一般采用较低码率的单一原始高清视频格式，如 XDCAM HD18Mb/s、25Mb/s、35Mb/s 码流。可采用双码流高清制作，也就是说使用高压缩比、低质量的码流快速进行成品加工，最后按照编辑记录统一使用高码流素材生产高质量的节目。

对于节目图像质量要求较高的高清后期节目非线性编辑网，可根据输出成品质量的需要选择 MPEG-2(I 帧)压缩的码率，甚至无压缩的码率，保证满足各种节目制作的实际需求。

2. 网络系统架构必须合理

在高清非线性编辑网络高存储高带宽的要求下,网络架构的选择必须从成本、性能和可扩展性三方面综合考虑。一般包括高清单码流组网方式和高清双码流组网方式。高清单码流网络可采用 FC-SAN 网络,网络中配置 1～2 台上/下载工作站,其他为高清非编工作站,高清非编工作站的实时轨数根据后端磁盘阵列总带宽来规定,一般为 2 轨高清视频加 1 轨图文。高清双码流网络包含高码流和低码流两部分素材提供编辑制作。在低码流情况下进行非线性编辑,然后通过高码流精编工作站合成下载。

高清非线性编辑网络的组网方式也可以像标清非编网一样灵活,大型高清非线性编辑网络一般采用比较成熟的 FC＋以太网双网结构,中小型高清非线性编辑网络可采用以太架构、分布式架构或两者结合的架构。

3. 非线性编辑网络系统应支持异构工作站

异构包括两层含义,一是不同品牌间的异构,如大洋非线性编辑网络系统支持 Avid、索贝、新奥特、苹果等品牌工作站的接入。另一层含义是指操作系统的异构,理想状态下是支持使用 Windows、MAC、UNIX、Linux 及 SGI 等操作系统的工作站的接入。一旦非线性编辑网络系统支持异构,即可弥补其自身品牌产品线不足,或功能不足的缺点。

4. 非线性编辑网络系统间应实现互联互通

系统间互联互通的起点应做到素材级的互联互通,即依靠转码封装的技术,相互约定一种编码格式(如 MXF),以该文件进行交换。更高级的互通是指依靠 AAF 等技术实现带时间线多层结构及特技的成片交换。

5. 应支持全流程的非线性制作,与演播室进行文件级的互通

现在的高清非线性编辑系统应该能够在文件级上兼容前期拍摄设备的记录介质,如 P2卡、SONY 专业光盘等,还可依靠视频服务器、受控媒体网关等设备,将系统扩展进演播室内部,直接对接播出服务器,以节省转码、打包等工序耗时。

本章要点提示

(1) 非线性编辑网络的概念、系统构成及功能特点。

(2) 典型非线性编辑网络架构中 FC＋以太网结构。

(3) iSCSI 技术解释与存储网络结构。

(4) 网络存储容量计算及带宽计算方法。

(5) 高清晰度电视节目制作对非线性编辑网络的要求。

第9章 典型网络非线性编辑软件的应用

本章介绍典型的影视编辑软件——北京中科大洋公司的 D-Cube-Edit 的使用方法,主要包括软件的工作界面、视音频素材的采集方法、故事板编辑操作、视音频特技的添加和调整等。

D-Cube-Edit 软件可以输入和输出各种类型的视频、音频、图形和动画文件,向用户提供了一个编辑视频、混合音频和合成图形的全新概念的数字化专业环境,完成从采集、剪辑到包装合成,从视频特技到配音缩混的电视节目制作需求。

9.1 故事板和项目的概念

D-Cube-Edit 的关键组件是素材、故事板和项目。

素材:是指单个的视频、音频、图形和动画文件。输入 D-Cube-Edit 的所有视频、音频和图形文件都以素材的形式表现出来。视音频素材中可以只包含一个镜头,也可以包含多个镜头,可在采集时控制。

故事板:是一系列经过编辑并制作为节目的素材的统称。故事板可以包含故事情节所需的任意数量的素材。在 D-Cube-Edit 中可以灵活地编辑整理节目,可以同时处理任意数量的故事板文件。

项目:项目可以看成一个集合,它包含与特定节目相关的所有素材、故事板、特技和字幕模板等文件。

9.2 D-Cube-Edit 工作界面

D-Cube-Edit 的工作界面主要包括菜单栏、大洋资源管理器、素材调整窗、故事板播放窗、故事板编辑窗、特技编辑窗、字幕编辑界面等调板。

1. 菜单栏

工作界面的最上方为 D-Cube-Edit 的菜单栏,主要包括文件、编辑、采集、输出、字幕、系统、工具、窗口、帮助菜单,如图 9.1 所示。

文件(F) 编辑 采集 输出 字幕 系统 工具 窗口 帮助(H)

图 9.1 D-Cube-Edit 的菜单栏

2. 大洋资源管理器

大洋资源管理器是一个基于数据库的,管理视频、音频、图文、特技、故事板等一系列资源的强大平台。主界面从结构上可划分为两个部分:功能按钮区和标签页。可以通过功能按钮区提供的功能按钮对资源进行剪辑、复制等操作,也可以更改资源的显示方式,方便浏览、查找资源。标签页区域由素材、故事板、特技模板、字幕模板、项目 5 个标签页组成,每个标签页由树型结构区和内容显示区构成，与 Windows 资源管理器十分相似，树型结构区列出了素材库的整体架构，可以直观、方便地在不同文件夹之间进行切换，而内容显示区则与树型结构相关联，实时显示选定的树状分支文件夹中的内容。图 9.2 所示为大洋资源管理器。

图 9.2　大洋资源管理器

3．素材调整窗

在素材调整窗中可以对素材进行精细调整、剪辑、播放浏览以及对赋予的特技效果进行预览等操作。图 9.3 所示为素材调整窗。

4．故事板播放窗

故事板播放窗主要用于对故事板编辑的内容即编辑出来的结果进行预览，如图 9.4 所示。

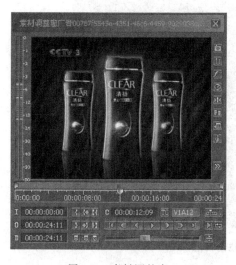

图 9.3　素材调整窗

图 9.4　故事板播放窗

5．故事板编辑窗

故事板编辑窗是进行视音频编辑的主要场所，如图 9.5 所示，故事板编辑窗主要由故事板工具栏、轨道首、故事板标签页和时码轨编辑区组成。

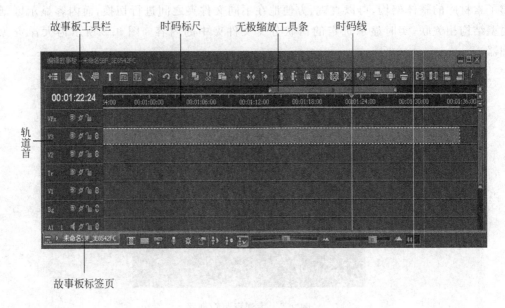

图 9.5　故事板编辑窗

6. 特技编辑窗

特技编辑窗是添加和设置各种特技效果的窗口。从结构上可划分功能按钮区、特技列表区和特技调整区 3 个部分。其中特技列表区又可以分为当前使用列表区和系统支持列表区；特技调整区又可分为特技参数调整区和时码轨操作区。图 9.6 所示为特技编辑窗。

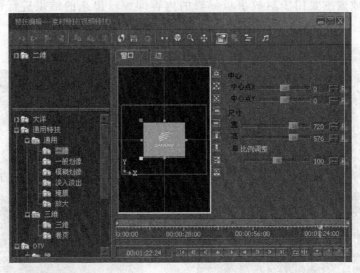

图 9.6　特技编辑窗

7. 字幕编辑界面

D-Cube-CG 是 D-Cube-Edit 内嵌的功能模块，专门用于字幕制作，如图 9.7 所示。可以完成标题字幕、各类图元、滚屏字幕、唱词字幕、字幕动画等各种字幕的制作。

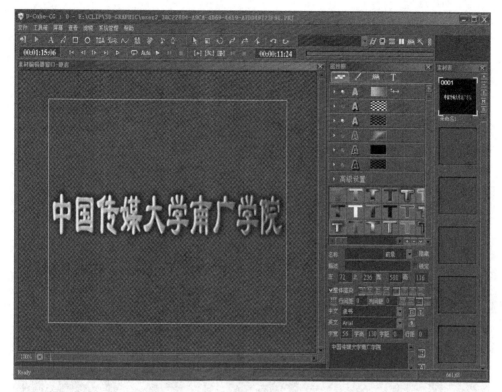

图 9.7　字幕编辑界面

9.3　创 建 项 目

双击桌面上的 D-Cube-Edit 非编软件快捷图标,或者执行"开始"|"所有程序"|DaYang |"后期制作"|"D-Cube-Edit 非编软件"命令启动软件,弹出如图 9.8 所示的登录对话框。

输入正确的用户名和密码,单击"确定"按钮进入编辑系统中。具体的用户名、密码及相关权限由系统管理员设定和分配。系统出厂的默认用户名为"user3",无需密码。经过短暂的初始化和载入过程后,进入软件界面,默认情况下只看到大洋资源管理器。

编辑视音频之前,首先要做的是新建故事板,执行"文件"|"新建"|"故事板"命令,弹出"新建"对话框,在"名称"文本框中输入故事板名称,选择

图 9.8　登录对话框

合适的路径,单击"确定"按钮即可完成故事板的创建。同时,界面中自动打开相应的故事板编辑窗和故事板播放窗。执行"窗口"|"布局 1"命令,可进入标准工作界面,如图 9.9 所示。

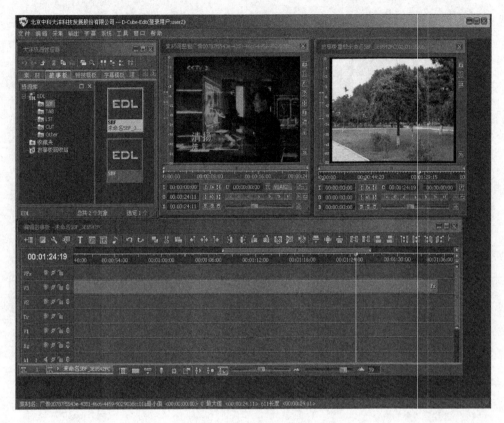

图 9.9　标准工作界面

9.4　获 取 素 材

素材是后期编辑制作中的基本单元,在实际编辑中,大部分原始素材都是记录在磁带上的,无论是模拟的还是数字的格式,都需要通过采集或捕获的方式,将其变为媒体文件才能够在非线性编辑系统中进一步编辑。采集是非线性编辑中获取视音频素材最常用的方法。所谓采集,就是从摄像机或录像机等视频源获取视音频数据,通过视音频采集卡或 IEEE 1394 接口接收和转换,将视音频信号保存到计算机硬盘中,再通过数据库对媒体资源进行统一管理,以便编辑使用。

D-Cube-Edit 不仅具有支持硬采集、打点采集和码单批采集功能,还提供了对视频源设备的帧精度遥控采集、快编采集、定时采集等功能,同时,采集过程还提供了按场景内容自动检测、设置标记点、设置切点等辅助功能。

1. 视音频采集

1) 采集工作界面

执行"采集"|"视音频采集"命令,弹出如图 9.10 所示的"视音频采集"对话框。采集工作界面主要由预览窗、VTR 控制、素材属性、参数设置、采集方式选择、辅助功能等几部分构成。

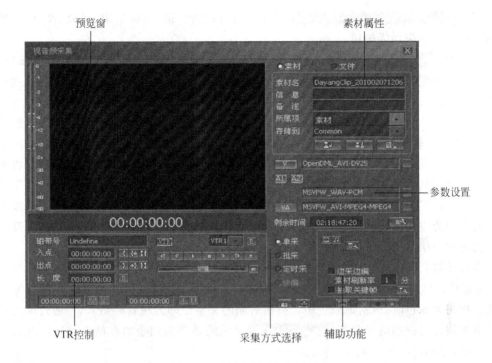

图 9.10 "视音频采集"对话框

预览窗：主要用于对磁带上视音频的浏览和搜索定位。左侧是动态 VU 表，显示素材的音量信息，窗口正下方是 VTR 时间码，在采集过程中，VTR 时间码右侧还会弹出已经采集的长度信息。

VTR 控制：主要用于对外部信号源进行遥控。在连接了处于遥控状态的 VTR 设备后，在 VTR 状态下，可以模拟 VTR 的控制面板和功能键，遥控外部录像机进行快进、快退、变速播放和搜索等操作，还可以输入磁带号信息，记录磁带的入、出点，设置采集长度等，如图 9.11 所示。

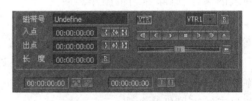

图 9.11 VTR 控制区

（1）磁带号：记录磁带编号，便于管理查询。

（2）入点：记录入点的时码信息。后面的 3 个按钮分别为设置入点、到入点和清除入点信息的功能。也可以双击直接输入时码。

（3）出点：记录出点的时码信息。后面的 3 个按钮分别为设置出点、到出点和清除出点信息的功能。也可以双击直接输入时码。

（4）长度：设置采集长度，即入点到出点之间的长度。单击后面的"复位"按钮可清除长度设置。

（5）**VTR**："VTR 切换"按钮。系统会根据 VTR 状态来判断采取打点采集还是硬采集方式。此按钮呈绿色有效状态时系统将实现打点采集；当 VTR 按钮呈灰色无效状态时，系统将实现硬采集。系统默认为 VTR 控制状态。

（6）：从左往右分别为快退、逐帧后退、播放、停止、逐帧前进、快进、弹出磁带功能按钮。

（7）：飞梭/慢寻。右侧按钮为模式切换按钮，默认为飞梭模式，单击后切换为慢寻模式。鼠标拖动滑轨中间的滑杆，可实现快进或快退的倍速浏览，向左为快退，向右为快进，滑杆越靠近边侧，浏览速度越快。

素材属性：定义采集素材的名称和存储路径等信息。系统会为素材提供一个默认名称，也可以自己输入新名称，便于查询管理。"信息"和"备注"不是必填项。"所属项"用于指定采集的素材在素材库的存储路径，默认为"素材"根目录下，也可通过下拉菜单指定将素材保存到素材库的其他文件夹中。如果选择了"文件"页签，采集生成的素材将以文件形式保存在硬盘的指定路径下，而不会在素材库中生成非编直接调用的素材。下方的 3 个按钮从左向右分别为设置素材的拥有者，设置该素材的读取、修改、删除、管理等使用权限，设置素材的高级编目信息功能按钮。

参数设置：用于采集的信道选择和视音频格式设定。通过对视频 V、音频 A 和视音频 VA 的选择，可以实现单独采集视频素材、单独采集音频素材、采集视音频组合素材等多种形式。按钮为绿色时，该信道被选中。按钮后面的文本框即为视音频格式，可通过单击后面的扩展按钮进行详细的设置。显示的是当前剩余的存储空间还可以采集的时间长度，以小时：分：秒：帧的方式显示。

采集方式选择：系统提供了多种采集方式满足用户在不同应用环境下的需求。

（1）单采：每次采集一段素材。通过遥控录机实现入出点间的精确采集，此模式为系统默认采集模式。在单采模式下可实现硬采集和打点采集。

（2）批采集：每次可选择、定义多段素材，批量完成全部采集工作。系统支持对批采集列表的保存、删除等编辑操作。

（3）定时采集：对已制定完成的不同日期、不同时间段的采集列表进行自动定时采集，支持批量采集和按日、周、月、年的循环设置。

（4）边采边编：采集的同时，其他非编设备可以编辑当前正在采集的素材。素材刷新率用于设置动态更新数据库文件的间隔时间。边采边编功能只有在网络环境中才能实现，单机系统不提供此功能。

（5）快编采集：可以将采集的素材准确地添加到故事板轨道，形成放机和故事板之间的一对一编辑，采集完成，节目粗编也完成，适合于新闻类时效性强的节目类型。

放弃、开始、停止采集：按钮处于采集界面右下角，从左向右分别为放弃采集、开始采集、停止采集功能按钮。

2）采集基本操作

采集视音频的基本流程如下。

（1）采集前的准备工作：检查连线，确认录/摄像机处于正常状态，插入要采集的素材录像带，然后选择主菜单中的"工具/视音频采集"命令行进入采集界面。

（2）预演播放并确认各线路工作正常：播放信号源，通过回放窗、音频表或外围监看监听设备检查视音频信号接入正确。

（3）设置素材属性信息和存储路径：在"素材名"文本框中输入具有代表性的名称，便于查找管理。在所属项中选择已创建好的素材路径。

（4）选择采集的视音频信道，并设置采集格式：通常单路采集只需选中 V、A1、A2，如果用于网络的双路采集，可同时勾选 VA 项。系统默认采集格式已在网管中设置，当以 DV 用户登录后，默认的采集格式为 DVSD，也可在采集前根据需要进行更改设置。

（5）选择所需的采集方式。

（6）单击"开始采集"按钮，开始采集进程。

（7）采集过程中可以打标记点、手动设置切点，或是开始采集前勾选"自动抽取关键帧"选项。

（8）单击"停止采集"按钮，采集结束，生成的新素材自动导入资源管理器指定路径下。

（9）根据不同的采集方式可以选择将采集获得的素材直接插入到故事板时码轨上，或是保存为一个故事板文件。

下面分别介绍系统提供的几种常用的采集方式的具体实现方法。

（1）硬采集：又称手动采集，是在任何情况下都可以使用的最简单的采集方法。在不具备遥控信号的 VCD、DVD 机作为信号源时，或者时码不连续时，只能采用硬采集。它的特点是操作简捷，但精度不易控制。

实现步骤：

① 连接好外部设备，确认录/摄像机处于正常状态，并且正确设置了 I/O 端口，插入要采集的素材录像带，选择主菜单中的"工具/视音频采集"命令行进入采集界面。

② 在采集界面中将"VTR 切换"按钮点灭成灰色"遥控无效状态"，遥控状态下硬采集无效。

③ 保持系统默认的"单采"方式。

④ 播放信号源，通过回放窗、音频表或外围监看监听设备检查视音频信号接入是否正确。

下面的步骤与视音频基本流程类似。

（2）打点采集：又称自动采集或者遥控采集，是非编中最为精确的采集方式。通过打点采集，可以对欲采集片段的入出点进行精确到帧的定位，系统根据打好的入出点时码自动完成采集过程。打点采集要求磁带的时码是连续的，否则就会在采集过程中出现错误。打点采集与硬采集的实现方法类似，不同点在于：

① 如果走带设备或摄像机有本地/远程（LOCAL/REMOTE）开关，需确定将开关设为"远程"（REMOTE）。

② 采集界面中务必使 VTR 处于绿色"有效状态"。

③ 在开始采集前，遥控录像机到选定的画面处分别打上入点和出点，也可以只设置入点，同时给出采集长度，系统会自动计算出出点时码。

④ 单击"开始采集"按钮，在进行短暂磁带预卷后，开始入出点间的素材采集。

⑤ 采集完毕，新素材将自动导入素材库中，可根据需要单击"添加到故事板"按钮，将新素材添加到正在编辑的故事板轨道上。

（3）批采集：批采集是在遥控采集的基础上增加了码单列表的记录和编辑功能，可实现从全部录像带一次自动采集所有的片段，并导入素材库。批采集可以导入系统自识别的 *.TCF 或 *.txt 码单文件进行再编辑，通过码单列表中的单选、多选或跳选，可实现部分条目的批采集。采集过程中可实时查看各条目的状态和采集进度。

实现步骤：

① 在采集界面中首先勾选"批采集"方式。

② 如同打点采集，在设置了素材入出点信息和视音频格式后，单击码单列表上部的"添加"按钮，将条目添加到列表中。

③ 重复上一步操作，建立批采列表。

④ 单击"开始采集"按钮，弹出进度提示框，系统按条目依次完成素材采集。

⑤ 采集期间可随时单击信息提示框下部的 3 个命令按钮，实现"忽略本条素材"、"忽略本盘磁带"和"中止采集"操作。

⑥ 采集结束，弹出是否保存故事板文件的对话框，如果单击"是"按钮，系统会自动生成以新素材段交错铺于 V1、V2 轨的故事板文件。

2. DV1394 采集

DV1394 采集可以实现通过 1394 接口将 DV 设备中的素材上载到非编的功能，它的操作界面与视音频采集界面完全相同，采集方法也可分为硬采集、打点采集、批采集，只是采集时信号的通路不一样，关于 DV1394 采集的界面和具体采集方法可参考视音频采集。

3. 导入素材

除了采集的视音频素材之外，编辑制作中还需要一些静态的图片或第三方软件生成的视音频片段，这些素材以文件的形式存储在硬盘、光盘等存储介质中，通过系统提供的导入功能可以导入各种格式的文件，包括视频、音频、图片、动画等。导入素材的方法是：在大洋资源管理器的"素材"页签中，在右侧空白处右击，选择"导入"|"导入素材"命令，弹出"素材导入"对话框，如图 9.12 所示。

图 9.12 "素材导入"对话框

单击"添加"按钮，弹出"文件打开"对话框，在"查找范围"下拉列表中选择需要导入的文件，单击"确定"按钮即可将素材添加到导入列表中。可以一次选择一个，也可以选择多个文件一起导入资源管理器。素材在资源管理器中统一管理，便于后期编辑随时调用。大洋 D-Cube-Edit 在导入素材的同时还提供了转码功能，在"素材信息"页签中，单击"转码设置"

按钮 （此处省略，见下文），可选择对源文件进行多种格式转码处理。

9.5 故事板编辑

采集或者导入素材后，在形成电视节目的过程中，需要对素材进行入出点调整、静态图像持续时间设置、快速浏览等编辑操作，只有将其添加到故事板中才能进行相关编辑操作。对素材的编辑可以在素材调整窗中完成，也可以在故事板编辑轨上直接完成。

1. 添加素材到故事板

故事板编辑的最初环节是将素材添加到故事板，主要有两种方式：一种是将资源管理器中的素材或素材调整窗中的素材直接拖放到故事板中；另一种是利用素材调整窗的控制按钮或快捷键，将素材放置到故事板的指定位置。

1）将素材直接拖拽到故事板

在素材不需要准确对位的情况下，可以直接从资源管理器中拖拽素材到故事板编辑轨上，这种方法将整段素材从头到尾地添加到故事板。在拖拽素材之前先通过时间线来确定一个目标位置，然后再将素材拖拽到时间线附近，利用时间线和素材节点的引力功能，可以轻松地控制素材的"落点"位置。确定需要将素材的某个片段添加到故事板中，可以通过双击资源管理器中的素材，将其调入素材调整窗中，拖动时码线浏览素材，在所需的片段上分别通过 █ 和 █ 按钮完成入出点设置，如图 9.13 所示。将鼠标放置到素材调整窗的监视画面上，按住鼠标左键不放，直接将其拖拽到故事板相应的轨道上后松开鼠标，此时素材的入点到出点部分的片段就被添加到故事板中。

2）从素材调整窗添加到故事板

首先，单击素材调整窗中的 V1A12 按钮，在弹出的"设置 V/A 轨道"对话框中设置添加素材的视音频轨道，如图 9.14 所示，将素材的视频放置到故事板的 V1 轨，音频放置在 A1、A2 轨。还可以通过下拉菜单更改目标轨道。若只想将视频部分添加到故事板，则取消选中 A1、A2 复选框即可。

图 9.13　设置了入出点后的素材调整窗

图 9.14　"设置 V/A 轨道"对话框

素材添加到故事板有两种基本的技巧,分别为三点编辑和四点编辑。"三点"和"四点"指的是素材调整窗和故事板的入出点数目。

三点编辑是指为源素材和故事板节目设置两个入点和一个出点,或者一个入点和两个出点,以实现素材按照某种要求精确添加到故事板的功能。具体方法如下:

(1)在素材库中选中需要添加的素材,双击或直接拖拽到素材调整窗口中。

(2)浏览素材,设置素材的入点和出点。

(3)在故事板编辑轨上设置素材放置的入点,有两种途径:

① 将故事板编辑窗或故事板回放窗中的时间线移动到需要的位置。

② 直接在故事板需要的时码位置处单击"设置入点"按钮或按快捷键 I。

(4)单击素材调整窗中的"素材到故事板"按钮 [图标] 旁的向下箭头,如果以时间线位置为目标位置,需要选择"当前时间线"选项,如果以设置的入点位置作为目标位置,则需要选择"入/出点对齐"选项。

(5)单击"设置 V/A 轨道"按钮 [图标],选择目标轨道。

(6)在编辑窗下排确定插入或覆盖模式。(故事板编辑窗下方的 [图标] 按钮可以切换插入或覆盖编辑)

(7)单击素材调整窗中的"素材到故事板"按钮 [图标],或按快捷键 Enter,实现素材的添加。

四点编辑是指为源素材和故事板同时设置入点和出点,以实现用源素材中的设定区域替换故事板中的指定区域的内容,具体方法如下:

(1)在素材库中选中需要添加的素材,双击或直接拖拽到素材调整窗口中。

(2)浏览素材,设置素材的入点和出点。

(3)在故事板编辑窗中需要的位置处设置素材放置的入点和出点。

(4)在素材调整窗中选择对齐方式。

(5)单击"设置 V/A 轨道"按钮,选择目标轨道。

(6)在编辑窗下排确定插入或覆盖模式。

(7)单击素材调整窗中的"素材到故事板"按钮,系统将选定的素材段添加到指定轨道的设置区域内。若素材的入出点长度与故事板入出点设置区域长度不符,填充的素材由选择的对齐方式决定,当选择"入/出点对齐"选项时,素材将在入点位置处插入,在出点位置处多余部分被截掉;当选择"入出点对齐"选项时,系统对素材进行变速处理以适应编辑轨入出点间的长度。

2. 在故事板中编辑素材

1)素材的选择

故事板编辑中首先要做的是选中需要编辑的素材对象,然后再进行剪辑等操作,选择素材的方法有以下几种。

(1)单选:单击故事板轨道上所需的视音频素材即可。

(2)全选:按组合键 Ctrl+A,选中当前故事板上所有素材。

(3)同轨选中:按住 Shift 键,同时单击轨道上的某一段素材,则会选中该素材以及其后同一轨道的所有素材。

(4)跳选:按住 Ctrl 键的同时单击欲选素材,可以实现在故事板上有选择性地跳选素材。

（5）框选：在轨道编辑区空白处单击，拖拽鼠标框选所需的素材。可以执行"系统"|"系统参数设置"命令，在框选模式中设置全部或沾边模式。

2）素材的移动

（1）横向移动：是指素材在同一轨道上水平方向上的位置变化。选中素材后，向左或向右拖拽素材，可以实现素材的横向移动；还可以通过故事板工具系列按钮 （从左向右分别为前和时码线靠齐、后和时码线靠齐、所有前移、所有后移）实现素材的横向移动；使用快捷组合键也可以实现素材的横向移动。

① 使用组合键 Ctrl＋Home，将选中的素材左对齐到时间线。

② 使用组合键 Ctrl＋End，将选中的素材右对齐到时间线。

③ 使用组合键 Shift＋Ctrl＋Home，将选中的素材及其后同一轨的所有素材前移到时间线。

④ 使用组合键 Shift＋Ctrl＋End，将选中的素材及其后同一轨的所有素材后移到时间线。

⑤ 使用组合键 Ctrl＋PgUp，将选中的素材和前面的素材尾靠齐。

⑥ 使用组合键 Ctrl＋PgDn，将选中的素材和后面的素材头靠齐。

⑦ 使用组合键 Ctrl＋Up，将选中的素材左移 5 帧。

⑧ 使用组合键 Ctrl＋Down，将选中的素材右移 5 帧。

⑨ 使用组合键 Ctrl＋Left，将选中的素材左移 1 帧。

⑩ 使用组合键 Ctrl＋Right，将选中的素材右移 1 帧。

（2）纵向移动：是指素材在不通轨道间的垂直方向上的位置变化。选中素材后直接将其拖拽到其他轨道上，即可实现素材的纵向移动；还可以通过故事板工具系列按钮 （从左向右分别为下移一轨、到某轨、上移一轨）实现素材的纵向移动；使用快捷组合键也可以实现素材的纵向移动。

① 使用组合键 Shift＋ PgDn，将选中的素材下移一轨。

② 使用组合键 Shift＋PgUp，将选中的素材上移一轨。

③ 按快捷键 F4，使选中的视音频素材编组。

④ 按快捷键 F3，使选中的视音频素材解组。

3）素材的剪切、复制和粘贴

在故事板中选中需要复制或剪切的素材，在被选中的素材上右击，在菜单中选择"复制素材"或"剪切素材"命令，或者单击工具栏上的"复制"或者"剪切"按钮（快捷方式为 Ctrl＋C 或 Ctrl＋X），然后将时间线移动到需要粘贴素材的位置，单击"粘贴"按钮或者按快捷键 Ctrl＋V，即可粘贴素材到指定位置。

4）素材的删除和抽取

（1）删除轨道上的素材：选中轨道上需要删除的素材，单击故事板编辑窗工具栏上的"删除选中素材"按钮（或按 Del 键），则选中的素材被删除，后面的素材位置不变，原素材所在位置出现空隙。

（2）抽取轨道上的素材：选中轨道上需要删除的素材，单击故事板编辑窗工具栏上的"删除并移动"按钮（快捷键为 Ctrl＋Del），选中的素材被删除，后面的素材位置前移，填补到被删除的素材的入点位置。

（3）删除轨道上入出点之间的素材：在轨道上设置入出点，在轨道空白处右击，选择"入出点之间的素材删除"命令，则设置区域内的素材被删除。如果素材有一部分内容在设置区域内，则该素材会被截断后删除。

5）设置轨道上素材的有效与无效

在素材编辑过程中，为了便于编辑和预览，有时需要将素材暂时设为无效状态，待完成编辑后再恢复素材有效状态。具体实现的方法是：在故事板上选中需要设置的素材，在素材上右击，选择"设置素材有效/无效"命令，素材被设置为无效后，播放时该素材将无显示，再次选择此命令可恢复素材有效。

6）调整素材的播放长度

在轨道上选中需要调整长度的素材并右击，选择"设置素材的播放长度"命令，在弹出的设置播放长度的对话框中可填入时码长度或帧数，执行以上操作后，素材起点位置不变，终点将改变为起点到设置长度的时码位置。

7）素材倒放

在轨道上选中需要倒放的素材并右击，选择"素材倒放"命令，执行该操作后，素材上会有一个向左的标志箭头，播放时从原素材的终点开始播出。

8）素材的静帧

在轨道上选中需要变为静帧的素材并右击，选择"设置素材静帧"命令，执行该操作后，播放素材从素材的入点开始静帧，长度不变。

9）素材的速度调整

在轨道上选中需要调整速度的素材并右击，选择"设置素材的播放速度"命令，在弹出的对话框中设置需要的数值，其中"1"为正常速度，输入大于 1 的数值，素材变为"快放"，输入小于 1 的数值，素材变为"慢放"。

3. 故事板的控制

1）时间线移动

单击故事板回放窗或编辑窗中的播放控制按钮，或者通过下面的一组快捷键，移动时间线快速或逐帧浏览故事板。

（1）Up 方向键：时间线向左移动 5 帧。

（2）Down 方向键：时间线向右移动 5 帧。

（3）Left 方向键：时间线向左移动 1 帧。

（4）Right 方向键：时间线向右移动 1 帧。

（5）PgUp：轨道的时间线移动到上一个节点。

（6）PgDn：轨道的时间线移动到下一个节点。

（7）G：时间线到指定位置。

（8）Shift+Left：故事板的时间线移动到上一标记点。

（9）Shift+Right：故事板的时间线移动到下一标记点。

2）默认轨道数

在大洋 D-Cube-Edit 系统中执行"系统"|"系统参数设置"命令，将会弹出"系统默认设置"对话框。将"轨道设置"一栏轨道数值修改为如图 9.15 所示，则在故事板中将显示 10 个

轨道：1 个背景轨道 Bg，3 个视频轨道 V1、V2、V3，1 个转场轨道 Tr，4 个音频轨道 A1、A2、A3、A4 以及 1 个总特技轨 VFx，如图 9.16 所示。

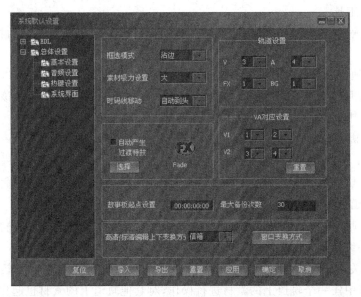

图 9.15 "系统默认设置"对话框

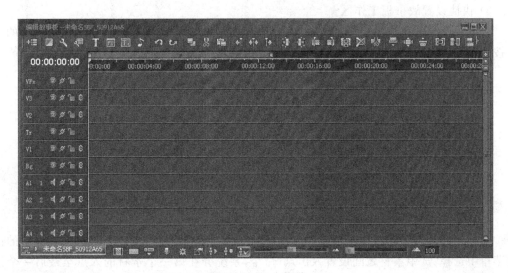

图 9.16 10 个轨道

3) 添加、删除、重命名轨道

在实际编辑过程中，还可以根据需要添加或删除视音频轨道。单击故事板工具栏的第一个按钮 或按 Shift＋A 键，在弹出的"添加轨道"对话框中输入须添加的轨道数目，单击"确定"按钮即可。D-Cube-Edit 的故事板最多可以支持 100 个视频轨道和 100 个音频轨道。

在轨道名称后的空白处右击，在弹出的菜单中选择"删除轨道"命令，可删除当前轨道。但 Bg 轨、V1 轨、V2 轨、V3 轨以及 Tr 轨、VFx 轨是不可以删除的。在轨道名称后的空白处右击,在弹出的菜单中选择"轨道名自定义"命令,在弹出的对话框中输入轨道的新名称,单击"确定"按钮即可重命名轨道。

4) 轨道首工具

在故事板编辑窗口中,轨道名称后面有一系列按钮,主要实现对轨道的控制,称之为轨道首工具。

⊙:视频轨道有效开关。睁开眼睛的图标表示当前视频轨道可见,可以对其应用各种效果。单击该图标,则变为眼睛闭合的图标,表示当前视频轨道不可见,对该轨道进行任何操作,会弹出"相关轨道被锁定"对话框提示。

🔊:音频轨道有效开关。🔊表示有效,🔇表示无效。

⬦:轨道显示开关。单击该按钮变为◇(隐藏状态),此时并非真正将轨道隐藏起来,单击故事板工具栏中的▨按钮,所有被标识为隐藏的轨道才会真正被隐藏起来。再次单击▨按钮,轨道恢复显示。

🔒:轨道锁定开关。单击该按钮变为🔒,表明当前轨道被锁定,不能进行任何移动、修改、添加特效等编辑操作。再次单击该按钮可解锁。

🔗:轨道关联开关,其作用是将不同的轨道关联在一起。默认情况下轨道之间为关联状态,此时对其中任一个轨道上的素材进行操作,对其他轨道上的素材也起作用。单击该图标,该轨道解除关联,此时该轨道的操作对其他轨道将不起作用。

5) 快捷设置故事板工作区

故事板工作区是指故事板的入点和出点之间的区域。除了可以用故事板编辑窗中的工具按钮设置故事板工作区外,还可以利用快捷键来实现。

打入点:快捷键 I。

打出点:快捷键 O。

到入点:快捷键 Ctrl+I。

到出点:快捷键 Ctrl+O。

删除入点:快捷键 Alt+I。

删除出点:快捷键 Alt+O。

不实时区域间打入出点:快捷键 R。

选择素材之间打入出点:快捷键 S。

还可以同时选中时码块中的第一个和最后一个素材,在故事板空白处右击,在弹出的快捷菜单中选择"选中素材之间设置入出点"命令,系统会在第一个素材的入点至最后一个素材的出点间自动设置故事板工作区。

6) 故事板的实时性和合成并轨操作

故事板剪辑的过程中,为了实现镜头的流畅转换,通常需要在某些镜头之间制作各种转场效果,或者利用多层视频制造新颖的视觉效果,或者叠加字幕,或者做多轨混音。这些操作可能会导致故事板在浏览播放时不流畅,即不实时。图 9.17 中,绿色为实时区域,黄色为不实时区域。在浏览和输出不实时的故事板节目时,需要先把不实时区域变为实时区域后再进行输出,通常采用快

图 9.17　实时与非实时区域

速合成或打包替换的处理方法。

设置打包区域的方法有两种：一种是根据黄色标记手动寻找并设置入出点；另一种是将时间线移到需要打包的黄色区域的中间位置,按快捷键 R,系统会自动为此段落设置入出点。

注：若未将时间线移至不实时区内,快捷键 R 无效。

快速合成：设置了打包区域后,在空白处右击,选择"快速合成"命令,系统对打包区域进行叠加合成处理,合成进度完成,打包区域由黄色变为蓝色实时区域,对打包后的区域进行浏览不会破坏该部分的实时性,但如果在此区域内进行编辑操作,如添加、删除素材或调整素材特技等,合成效果将会消失,恢复为黄色不实时区域。

入出点打包并替换：设置打包区域后,在空白处右击,选择"入出点打包并替换"命令,系统会自动将入出点之间的区域合成为一段新素材置于 Bg 轨上,并替换掉原来入出点之间的所有素材。

有时字幕的合成占用系统资源较多,为了加快合成速度,还可以选择"所有非实时区域快速合成不含字幕"命令来实现视音频合成。

9.6 视 频 转 场

视频转场特技能使素材之间形成特定的过渡效果。添加转场特技的方法有两种：一种是通过 V1 和 V2 视频轨之间的 Tr 过渡特技轨来实现；另一种是通过视频轨的附加 FX 轨来实现。

1. 通过 Tr 过渡轨添加

在故事板时码轨的 V1 和 V2 轨道上分别放置两段素材,且两段素材有部分重叠,此时在 Tr 过渡特技轨上自动生成一段特技素材,若在此段特技素材上添加了效果,则会出现一个 FX 图标,如图 9.18 所示。

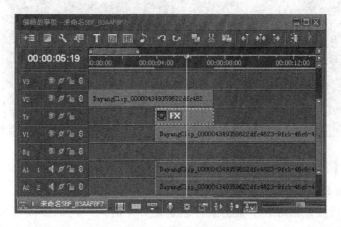

图 9.18 在 Tr 轨上形成了特技素材

默认的转场特技为"淡入淡出",可以执行菜单栏中的"系统"|"系统参数设置"命令,在弹出的"系统默认设置"对话框中的 EDL|"故事板设置"|"通用"里设置是否需要自动添加转场过渡特技以及自定义特技的类型,如图 9.19 所示。

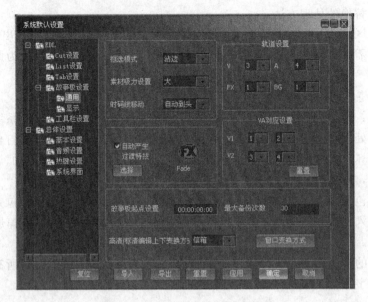

图 9.19 "系统默认设置"对话框

也可以选中特技素材后,按 Enter 键在弹出的如图 9.20 所示的"特技编辑"窗口中添加、修改、删除特技。

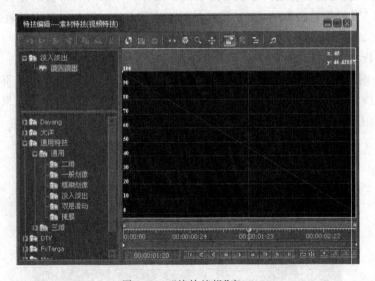

图 9.20 "特技编辑"窗口

2. 通过附加 FX 轨添加

附加 FX 轨特技是指对故事板上某一轨道上一个时间段内的多段素材添加统一特技。利用此功能,可以将同一轨道上的多段素材看作一段虚拟素材,添加同样的特技,进行统一调整。对任意的视频轨道,可以在故事板轨道头的空白区域右击,在弹出的下拉菜单中选择"显示 FX 轨"命令,则视频轨道上出现了 FX 轨,如图 9.21 所示。

在 FX 轨上添加特技的方法如下。

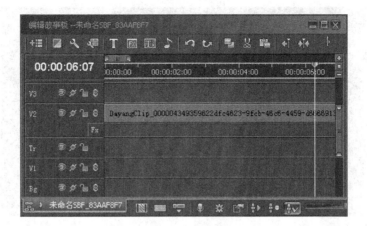

图 9.21　附加 FX 轨

（1）将两段视频分别放置在任意两个连续的视频轨道上（V1 和 V2 除外），如放置在 V2 和 V3 轨道上。

（2）展开 V3 轨的附加 FX 轨。

（3）调整两段素材的位置，使其部分重叠。

（4）在两段素材的重叠区域打上入出点，如图 9.22 所示。

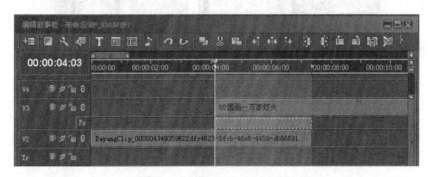

图 9.22　在素材重叠区域打上入出点

（5）在附加 FX 轨入出点区域右击，在弹出的菜单中选择"入出点之间添加特技素材"命令，此时在故事板入出点之间两段素材重叠的部分形成一段特技素材，如图 9.23 所示。

（6）选中特技素材，按 Enter 键，在弹出的"特技编辑"对话框中添加转场特技，如图 9.24 所示，添加"一般划像"中的"模式 1"特技。将时码线移到起始位置，在起始位置设置关键帧，调整划像进度为 0；再将时码线移至终止位置，设置关键帧，调整划像进度为 100。

（7）关闭"特技编辑"对话框，完成特技的添加和调整。

大洋资源管理器的特技模板拥有众多默认的转场方式，如图 9.25 所示。单击选中其中一个特技，直接将其拖拽到过渡素材上，鼠标右下角出现一个＋号图标时松开鼠标，即可完成转场效果的替换。

图 9.23　在素材重叠区域形成了特技素材

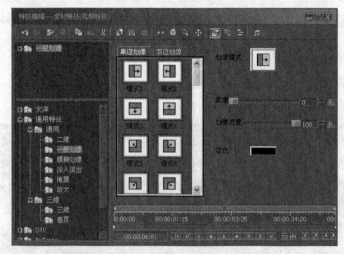

图 9.24　添加"一般划像"特技

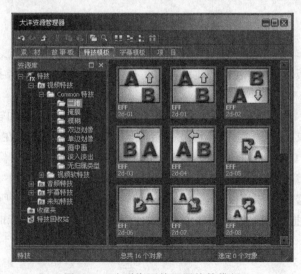

图 9.25　大洋资源管理器特技模板

如果需要删除添加的二维特技,则在过渡素材上右击,在弹出的菜单中选择"删除特技"|"二维"子命令即可。也可以一次删除所有特技,如图9.26所示。

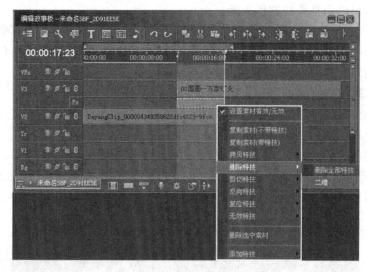

图9.26 删除特技

9.7 视频特技

与视频文件有关的特技分为转场特技和视频特技,转场特技用于设置视频之间的过渡效果,视频特技是指对视频画面本身做处理,只针对单个素材,常见的有颜色调整、画面模糊、二维 DVE 等。

1. 素材特技的添加

在故事板上选中需要添加特技的素材,单击故事板上的"特技编辑"按钮 [图],或者按 Enter 键,启动特技编辑窗。在特技编辑窗左下方"特技"列表中找到所需添加的特技名称,在特技名称上双击,即可将特技添加到所选素材。特技名称将显示在特技编辑窗的左上方,右侧窗口为对应的特技调整区域。图9.27所示为在素材上添加了"三维"特效。

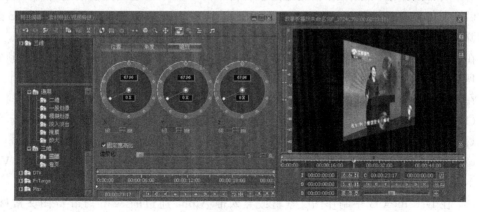

图9.27 "三维"特技

在特技编辑窗中可以对同一段素材添加多种特技。特技的名称按添加的先后顺序从上往下排列在特技编辑窗的左上方,位置越靠上的特技优先级越高。通过拖拽的方法更改特技的排列顺序,可以调整特技的优先级。

在特技窗口左上方的特技名称上右击,在弹出的菜单中选择"删除特技"命令,或按组合键 Ctrl+D,即可删除特技效果。也可在故事板轨道上添加了特技的素材上右击,在弹出的菜单中选择"删除特技"命令删除特技。

2. 总特技轨特技的添加

总特技轨是指在故事板上对一个时间段之内所有轨道上的素材添加统一特技,如加遮罩、整体调色、三维变换等。具体方法是:

(1) 在故事板时码轨上对需要添加总体特技的时码区域打入和出点。

(2) 在总特技轨入出点时码区上右击,在弹出的菜单中选择"入出点之间添加特技素材"命令,在总特技轨 VFx 轨上入出点之间将自动形成一段特技素材,如图 9.28 所示。

图 9.28 总特技轨 VFx 轨上添加了特技素材

(3) 在 VFx 总特技轨上添加和调整特技的方法与素材特技的添加和调整方法类似。

3. 附加 Key 轨特技的添加

附加 Key 轨的主要作用是给视频轨上的素材添加一个遮罩(MASK),称为键特技。Key 轨上可以添加图文素材或视频素材,也可以对素材修改入出点及添加特技等。但 Key 轨上的素材不以正常状态播出,而是通过素材自带的 Alpha 通道或亮度通道对视频轨上的素材做键。如果视频轨道上是图文素材(如图片、字幕等),则通过 Alpha 通道或 RGB 通道做键源;如果视频轨道上是视频素材,则通过亮度信号(Y)或色度信号(UV)做键源。

在故事板轨道头的空白处右击,在弹出的菜单中选择"显示 Key 轨"命令,则视频轨道上出现了 Key 轨,如图 9.29 所示。

在 Key 轨上添加特技的方法是:

(1) 分别在 V2 轨放置如图 9.30 所示的视频素材段,在 V3 轨放置如图 9.31 所示的视频素材段。

(2) 在 V3 轨道头空白处右击,在弹出的菜单中选择"显示 Key 轨"命令,从而在 V3 上显示 Key 轨。

(3) 在 D-Cube-CG 中制作图文素材或导入带 Alpha 通道的 32 位 Targa 图文素材,如图 9.32 所示,并将其放在 V3 轨的 Key 轨上,如图 9.33 所示。

图 9.29 添加 Key 轨

图 9.30 V2 轨视频素材

图 9.31 V3 轨视频素材

图 9.32 Key 轨上的图文素材

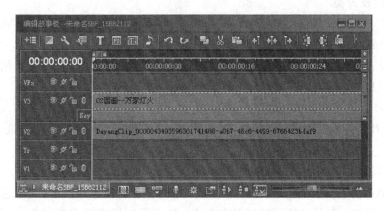

图 9.33 在 V3 的 Key 轨上添加图文素材

（4）在 Key 轨素材上右击,在弹出的菜单中选择"键属性"|A 命令,如图 9.34 所示,即可在故事板播放窗得到如图 9.35 所示的效果,V3 视频轨素材显示在图文素材的白色区域,V2 视频轨素材显示在图文素材的黑色区域。

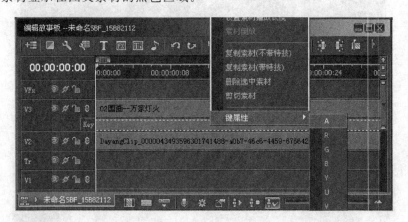

图 9.34　在 Key 轨素材上选择键属性 A

图 9.35　键特技效果

4. 大洋特技分类

大洋 D-Cube-Edit 提供的特技可以分为五大类:大洋特技、DTV 特技、MAX 特技、通用特技、Fxtarga 特技。

大洋特技:共分为 14 类,分别是柔化、键、RGB 控制、图像控制、几何变化、划像、褶曲效果、浮雕、风格化、马赛克、其他、掩膜、光、老电影。

DTV 特技:包括键、二维、划像、画面。

MAX 特技:包括柔化、褶曲、边框与阴影、卷页、瓷片、模糊划像、基本三维。

通用特技:包括通用和三维。

Fxtarga 特技:包括键、颜色调整、二维 DVE、屏幕、划像、Blue。

其中大洋特技属于软件特技,不依赖于硬件板卡,通过软件算法来实现,它的实时性决定于工作站的性能;其他的特技属于硬件特技,与不同的硬件板卡相对应。当系统平台中配置有相应板卡时,硬件特技可实现实时输出效果。

9.8 节目输出

电视节目编辑的最终目的是为了有效地输出,D-Cube-Edit 系统工具栏中的"输出"菜单中提供了多种故事板输出方式,如图 9.36 所示。

1. 故事板输出至 1394

"故事板输出至 1394"命令,可实现通过 IEEE 1394 接口将编辑好的节目直接回录到 DV 磁带的功能。实现方法是:首先,将 DV 摄像机或录像机与非编工作站正确连接起来。执行"输出"|"故事板输出至 1394"命令,打开回录界面,如图 9.37所示。在素材库中选中需要输出的素材,并将其拖拽至功能窗左侧的故事板回放窗中,可通过播放控制按钮浏览源素材。通过右侧输出回放窗的 DV 遥控控制按钮,可以浏览磁带画面,并

图 9.36 故事板输出方式

在需要插入素材的位置设置入点。单击"录制"按钮 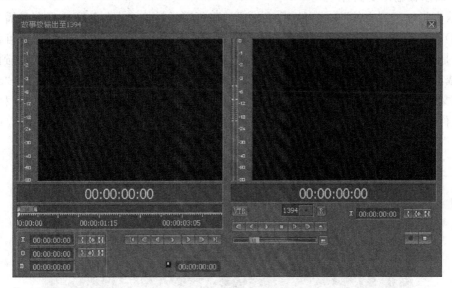 开始回录操作。回录完成后,系统自动停止操作,通过 DV 遥控控制按钮可以播放浏览回录的效果。

图 9.37 "故事板输出至 1394"界面

2. 故事板输出到素材

"故事板输出到素材"命令可以将故事板的局部或全部区域输出为可以在其他故事板或系统中直接引用的素材或文件。实现方法是:在故事板上打入出点设置输出区域,在故事板空白处右击,在弹出的菜单中选择"故事板输出到素材"命令,或执行"输出"|"故事板输出到素材"命令,弹出如图 9.38 所示的"故事板输出到素材"对话框。可以通过播放按钮对素材进行浏览。然后,设置素材名称、输出视音频格式等信息,参考剩余时间,确保存储空间充足后,单击"开始采集"按钮,将故事板输出到素材。输出后的素材将出现在大洋资源管理器中。

141

图 9.38 "故事板输出到素材"对话框

3. 故事板输出到文件

"故事板输出到文件"功能可以将素材或故事板区域转换为在计算机中保存和播放的文件,如 DV25、DV50、MPEG2I、MPEG2IBP、Real Media 等。在文件合成完成后,还可根据需要选择是否通过网络上传到 FTP 服务器。实现方法是:执行"输出"|"故事板输出到文件"命令,或在故事板空白处右击,在弹出的菜单中选择"故事板输出到文件"命令,打开"故事板输出到文件"对话框,如图 9.39 所示。在"输出类型"下拉列表中选择需要获得的素材格式,设置文件的保存路径及文件名,调整视频格式的参数,选择输出的范围,单击 ■ 按钮开始输出。

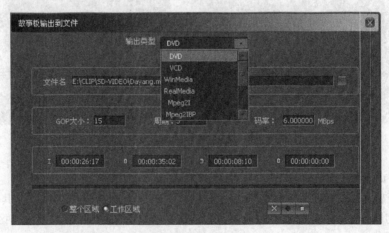

图 9.39 "故事板输出到文件"对话框

4. 故事板输出到 TGA

"故事板输出到 TGA"功能可将故事板的局部或全部区域输出为 TGA 序列、BMP 序列、FLC 序列等,以便在不同的平台中使用。具体实现方法是:执行"输出"|"故事板输出到

TGA"命令,打开"输出至 TGA 文件"对话框,如图 9.40 所示。选择输出范围,单击文件名右侧的  按钮,在弹出的如图 9.41 所示的"保存文件"对话框中设置文件名、保存路径及保存格式。设置完成后,单击 ■ 按钮开始输出。

图 9.40 "输出至 TGA 文件"对话框

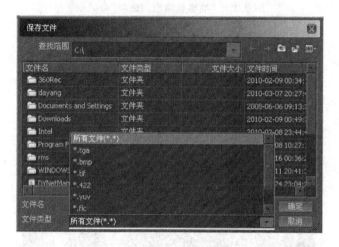

图 9.41 "保存文件"对话框

5. 故事板输出到磁带

"故事板输出到磁带"功能需要相关 I/O 板卡的支持,可以将故事板精确输出到 VTR 录机上。具体实现方法是:打开故事板文件播放,确认故事板输出区域。录机带舱中放入经过预编码的磁带,确保时码连续,将录机调至遥控状态,执行"输出"|"故事板输出到磁带"命令,打开如图 9.42 所示的"故事板输出到磁带"对话框。设置磁带的插入点,或磁带的插入区域,选择输出范围,选取"组合"或"插入"方式,"插入"方式下可以选取输出的视音频信道,根据需要选择是否"头加彩条"、"头加黑场"、"尾加黑场",是否添加"千周声类型",设置后,单击 ■ 按钮开始输出。

6. 故事板输出到 P2

"故事板输出到 P2"功能不仅可以实现 P2 卡上 MXF 文件的导入和卡上编辑,还可以实现将故事板直接输出到 P2 卡。具体实现方法是:打开故事板并播放,打入和出点设置故事板输出区域,执行"输出"|"故事板输出到 P2"命令,打开如图 9.43 所示的"故事板输出到磁带"对话框。系统默认输出到第一块尚有空间的 P2 卡,也可以选择手动添加路径,选择输出格式和音频通道数,单击 ■ 按钮开始输出。

图 9.42 "故事板输出到磁带"对话框

图 9.43 "故事板输出到 P2"对话框

本章要点提示

(1) 使用非线性编辑软件的步骤。

(2) 采集基本操作中,熟悉硬采集、打点采集、批采集的使用方法。

(3) 熟悉编辑素材的几种方法。

(4) 在 VFx 轨和 Key 轨上添加特技的方法。

(5) 了解转场特技和视频特技的区别。

10.1 电视形象包装概述

20世纪80年代,新奥特公司销售非线性编辑系统时,曾经以赠送一套"包装软件"作为促销方式,那时虽然电视节目包装意识还很淡薄,但是已经起步。随着电视节目和栏目、频道精品意识、品牌意识的加强和收视率竞争的加剧,电视人对节目包装越来越重视。

1. 电视形象包装的定义

电视形象包装就是根据现代传媒运行规律和美学的理念,把电视节目或栏目作为一个频道或电视台的信息化产品进行整体策划和设计,调动各种视听元素和电视技术技巧进行个性化表达,从而形成栏目、频道或电视台自身的品牌形象的电视业务。电视形象包装是电视节目与观众见面前的最后一道工序,是在电视业务中越来越被看重的程序。

2. 电视传媒业面临压力

电视传媒极大地扩展着宣传教育领域——政策法规教育、环保与科学技术普及、医疗健康、"三农"军事、民生购物等凡是关系人们社会生活的领域都会涉及,说它是人们社会生活的信息中心当之无愧。电视满足人们文化生活、艺术欣赏、信息消费等精神生活方面的种种需求。功能的强大带来领域重要性的提升,随之而来的是竞争的压力。压力还来自外来文化:MTV中文音乐频道、有线"星空卫视"以及好莱坞电影、日本动画、韩剧等外来文化落地中国,再加上与港澳台原有文化的交融,……这一切,从走向市场化到各电视台收视率的竞争,从实行制播分离、网络运营公司化的体制改革,到电视运营体制现代化,标志着商业运作规律来到了电视传媒事业的面前。所以说,重视电视形象包装是社会经济与文化发展的需求所决定的。

3. 电视包装的目标

电视包装的总的目标是要形成栏目、频道或电视台自身的品牌形象。完整意义上的包装制作,应该能对电视本身起到引导、识别、强化愉悦、宣传以及行销和广告的作用。频道的标志、名称、标准色等成为品牌的主视觉元素,成为整体包装的传播核心。

经过包装,电视节目应当出现以下效果:电视栏目或频道的个性和特色具有鲜明的识别体系,电视的内容和情节与结构形式之间高度和谐、完美统一。

包装还要充分挖掘各种视听觉因素潜在的能动性和张力,通过采用平面的、立体的或综合的艺术形态,使栏目和频道形成独有的风格特色,升华和提炼节目的主题思想,发挥电视作为传播媒体所具有的与人分享、交流的传播魅力和凝聚力。

10.2 电视形象包装的理念

电视形象包装的理念是进行包装的出发点和最终目标。要提升电视形象包装的境界,必须思考这些重要的理念。

1. 顺应电视运营市场化规律

创建品牌形象必须顺应电视运营现代化、市场化和商业化运作的规律。2009 年 7 月,颇具影响力的央视一套早间新闻"朝闻天下"主持形式和主持人形象、片头片花包装一夜之间改版。新的栏目形象给人的第一感觉是栏目内涵的提升,与一频道权威庄重、大气严谨和发展改革、舆论监督的主旋律、主形象更加协调。

"国外一些著名电视机构每年要用频道广告收益的 5%～20%投资于频道整体包装与品牌营销"。这一共识表明,电视包装是电视品牌经营的重要前提。

电视节目的整体包装是电视媒体对树立品牌形象的第一认识。经营理念影响包装理念,以节目、栏目为产品,以电视频道为品牌的包装模式已经成为目前倡导的整体包装理念。电视台具有直接营销力的内容主要是广告,为了加强营销力可以实行整合营销传播。电视营销力不足的原因之一是受众割裂:频道包装是给观众看的,而电视台广告的直接投资人是企业,企业投放广告最主要的参考因素是权威调查机构的收视率调查以及覆盖范围等,所以电视频道包装应该是媒介的整体动作行为和系统化工程,现在频道宣传片的制作明显体现这一理念。

2. 包装创新推动栏目创新

中华民族的文化大餐——中央电视台春节晚会是栏目创新的典范。这个栏目"开创中国电视传媒表达内容与方式的变革","央视最早几届春晚不仅开创了电视综艺节目的先河,而且引发了中国电视传媒在表达内容和表达方式上的重大变革。其后不仅央视衍生出类似的栏目如《综艺大观》、《曲苑杂谈》,以及国庆、五一、中秋、元旦等各种节日综艺晚会,而且全国大大小小的地方电视台也开始效仿央视春晚的模式制作综艺晚会。1991 年,央视最早几届春晚的导演黄一鹤的《黄一鹤电视艺术研讨会》在京召开,这是央视首次为一位编导召开研讨会"。春晚节目的策划和包装能使电视栏目形成统一鲜明的品牌特色,以求在激烈的市场竞争中赢得最高的收视率。央视历届春节晚会的舞台美术和电视包装,堪称一部电视栏目包装的编年史,所以说栏目的创新和竞争离不开包装的创新。

3. 创建品牌才能提高收视率

"对于许多中小电视台而言,20%左右的正在收看该频道的观众不能够准确地回答自己看的是什么频道、什么台,这种模糊的意识造成了收视人群的大量流失。……品牌概念的不清晰给电视媒体带来的直接经济损失可见一斑。所以寻找新的频道品牌形象载体是提升电视整体包装品牌传播力的有效途径。"

以湖南电视台创建品牌后收视率提高情况为例,根据央视市场研究公司和央视索福瑞的数据:2004 年 1 月至 9 月,湖南卫视全国平均收视率排名位列包括央视在内的国内所有卫星频道第六名、省级卫视第一名。当年,全国卫星电视频道自办栏目全国收视排名前 50 位中,湖南卫视占据了 14 个;全国收视排名前 30 位中,湖南卫视占据了 10 个;湖南卫视的观众满意度、渗透率、期待度、栏目竞争力、人气指数等各项评价指标全都继续保持省级卫视第一。国际传播方面,湖南卫视进入日本和澳大利亚普通家庭,也是唯一进入美国主流电视网的中国省级电视台。

4. 要注重内在化包装

外在化包装是追求形式上的感召力,它力求形式上的多样化和视听觉的生动感。外在化的电视节目包装主要有以下三方面的功能:一是导视、介绍,将"节目预告"、"频道宣传片"精心编排拉住观众;二是宣传、解读,对自己现有的栏目进行宣传解读,通过更多手法,选择精彩的片段和伏笔吸引观众;三是窗口、形象特色,主要是将包装理解为一种形象广告突出本台文化、本土特色。内在化包装是对节目的内容进行的精心设计,节目只有不断提高内容质量,才能从根本上保证自己在激烈的竞争中立于不败之地。内在化,重要的是电视节目内容画面的细节雕琢带给观众的视觉感受。如戏剧频道,消费群一般是消费面最窄最老龄化的人群,假如戏剧不能够从内容上解决国粹经典与现代人尤其是青年人的现代生活融合的问题,就难以深入人们的生活,难以获得较高的收视率,也就难以有更多的资金支持包装艺术人才创作出精品。就是说,内在化包装具有决定性的意义。

5. 关注新的美学观,追求视觉时尚

对视觉审美观点有各种解读,新潮的时尚的"同构说"美学理论,为电视领域内的形象包装提供了一种时尚。"艺术要善于通过物质材料造成形态,来唤起欣赏者心理上的类似反映,而不只是在于以题材、内容来使欣赏者了解它的意义"。美在于时宜,而魅力在于对心灵的打动和撞击。近些年来,不仅是阳春白雪的严肃文化,就连大众文化、流行文化,甚至市井文化,也都摒弃以往粗陋的原始制作,努力把作品美化得更合乎时宜、更追逐时尚、更迎合时代潮流、更具有魅力! 使之变得精致化、精品化。

10.3 电视节目包装的策划与制作

包装工作实施的过程是策划、制作和营销的过程。电视是具有重要属性的媒体,它具有公众性、导向性、即时性、纪实性、艺术性及数字电视的交互性等特性,使得电视对国内外公众社会生活产生着巨大的影响,因而包装的策划极其重要。

1. 明确电视频道的定位

湖南电视台"娱乐、资讯为主的个性化综合频道"品牌创建和定位的历史经验最有说服力。1997 年元旦,湖南电视台一套节目通过亚洲 2 号卫星推出了《快乐大本营》、《玫瑰之约》、《晚间新闻》、《新青年》、《音乐不断》、《今日谈》等一系列栏目,在全国产生了广泛影响,确立了频道的定位和品牌形象,快乐旋风,玫瑰花香一时间风靡大江南北,被誉为"湖南电视现象"。2003 年,打造"娱乐、资讯为主的个性化综合频道",追求"青春、靓丽、时尚"的电视品牌形象,"为观众奉送快乐、关爱、精彩",成为湖南卫视更加明晰的全新整体定位。2004年,以全国收视、全国覆盖、全国影响、全国市场为目标,打造"最具活力的中国电视娱乐品牌"成为湖南卫视新的标高。湖南卫视经验说明,市场定位决定包装定位,只有明确了电视频道、栏目在传播与文化市场中的运行理念,才能将电视频道包装得更完美突出。

明确电视栏目与频道的包装定位,要审时度势、关注消费和体现地域特点。电视频道面对的消费者是观众,频道包装会对该频道消费层的扩大起到积极的推动作用,消费层的特点也影响该频道的包装。央视 3 频道作为综合艺术频道,消费者是国内外的各种艺术形态的艺术工作者和艺术爱好者,还有青少年,它的片头片花的创意、艺术水平总是高人一等,新创作往往令人惊叹不已。

频道消费人群的审美情趣和消费特点是有阶段性的,电视频道的包装定位要以消费人群的需求来确定。

电视媒体的区域特点影响包装的定位。江苏电视台和南京电视台在选择包装基础色调方面都有大面积的湖蓝;浙江电视台在频道包装中,充满了浓浓的江南水乡的味道。江浙地处长江三角洲,水和天的蓝色展示给人的视觉心理是久远、宽广和向上,在区域特质中确定包装的特色和个性,成为一种标识。

2. 电视节目包装的基本要素

在频道、栏目的定位确定以后,要对主视觉元素——频道的标志、名称、标准色等进行策划,成为整体包装的传播核心。除了视觉元素,声音元素也要确定。

包装至少要包括形象标志、颜色和音乐这三个最基本的要素。

形象标志是构成包装最基本的要素。形象标志播出的频率最高,影响最大,最具有冲击力、影响力,能起到推广和强化频道的作用,能增强节目或栏目的段落感和节奏感。在电视包装中,应该把形象标志的设计和制作作为重点。它的基本要求是醒目、简洁、特点突出、有时代感。

其次是颜色。根据节目的定位,确定包装的主色调。主色调可能是单色,也可能是复合色。

声音包括语言、音乐、音响、音效等元素,声音在电视包装中起着非常突出的作用。在好的电视包装中,音乐应和形象设计、色彩搭配有机地成为一个整体,无须看到画面,观众就能判断出是什么节目。

3. 策划成败的主要判据

包装的统一协调、主视觉元素的传达力度,以及频道品牌形象的传播能力成为评判电视包装成败的最主要依据。

从以下几个方面进行设计能够使电视包装更为时尚:形象化——对频道定位及特色的确立与张扬,是频道个性化的表现,设计出一个电视频道的形象化的识别系统,策划与栏目相匹配的形象化组合;风格化——电视频道包装只有形成特定风格,才能使该电视频道以更新的形式,让观众去感知和认识,风格化又分为频道包装的整体化风格和个性化风格;人性化——消费心理趋势是以人为中心的导向,将人性化的理念用于频道包装,是频道包装的精微之处。

4. 电视节目主持人形象设计

依照新型的电视节目主持人的审美标准衡量,当今电视节目主持人的形象已不再是平面的,而应该是立体的。这种立体形象包括他们的屏幕形象和生活形象,而靓化外在形象是电视节目主持人立体形象塑造的前提和基础,放大生活形象则是电视节目主持人立体形象塑造的延伸与拓展。

5. 电视节目包装制作

包装制作一般采用绘画艺术与计算机图形、图像处理技术、视频特技相结合的方法。绘画形式如国画、油画、水粉画、剪纸、漫画、连环画、皮影等静态画面和转化为动画来完成包装任务。

计算机动画如 Flash 二维动画、三维动画和虚拟现实技术完成的动画,使包装的艺术特色更加神奇绚丽。虚拟演播室技术为电视开拓了更大的创作空间,一代又一代的电视传媒艺术创作者奉献给观众丰富的精神财富。

"电视包装已经进入了整合时代,电视包装的重心从以往的概念创新和技术研发转移到概念整合及技术整合上来"。技术整合实际上就是创作资源的整合。包装制作常用的后期合成软件有以下几类:

(1) 平面设计软件,如 Photoshop、Illustrator 等。

(2) 2/3D 动画软件,如 Flash、3ds Max、Maya、XSI 等。

(3) 后期合成软件,如 After Effects、Digital Fusion、Combustion、Shake 等。

(4) 虚拟仿真软件,如 VRP 10、Quest3D、Converse 3D 等。

合格的电视包装设计师必须要学会至少 5 个 CG 软件。一般情况下这些软件都是成套使用的,虽然没有严格的界定,但是一般来说 Maya 软件习惯于配合 After Effect 或 Digital Fustion,而 3DS Max 和 Combustion 配合更能发挥出来它的优势。

10.4　在　线　包　装

在线包装也称为在线编辑、高端包装,是在演播室、转播车、播出机房的节目转播、播出过程中,根据内容的需要实时地应用包装模板制作图形字幕、应用虚拟合成等即时技术方法,进行视觉效果强化的制作形式。

1. 在线包装适用的节目类型

在线包装多用于实况播出节目,如新闻、娱乐、体育、财经、气象及综合等栏目。在线包装是整体包装的组成部分,表达形式有全屏信息、脚座字幕条、开视窗、过肩题图、角标、扫画,虚实画面合成等,把场景、字幕、图像和视、音频融合为有机的整体,利用预先精心设计的模板来调度和解析变化的数据信息。

2. 在线包装系统

CPU＋GPU 构架和三维加速、三维特效等软件技术是在线包装系统的技术基础。在线包装需要人工智能和自动控制技术的引入,形成标准化的播出服务,强调数据处理的速度和信息传达的深度;系统要求提供丰富的接口,连接各种类型的数据库;支持各种类型的图形、图像格式;还要支持文稿系统和非线性编辑系统。在线软件的应用是基于创作工作站、播出控制工作站、图文模板服务器的。整个系统采用网络化的制作和自动播出流程。在线包装要经过模板质量检测。

3. 在线包装系统的功能

(1) 高标清实时三维渲染引擎进行实时渲染。系统可以快速完成三维物件、动画及场景的空间运动、光效、特技、动态材质的创建和添加,并通过动画、视频、Flash、音频等多种表现形式全面提升节目的视觉效果。

(2) 制作三维场景、字幕与视频纹理贴图相结合的多元场景。在全三维空间中处理三维物体,还可以以各种纹理贴图方式处理字幕、图像、动画序列、输入活动视频和视频文件回放,使它们作为三维场景中的纹理贴图无缝融入到其中。

(3) 多种格式视频、图像序列实时回放和打包输出为各种视频文件或图像序列,便于在线制作和播出,衔接其他系统。回放画面可作为材质纹理以多种混合方式贴加在任意物体的表面,可进行平面和三维特技变换,制作复杂的活动纹理和背景效果。

(4) 音频直通和音频文件回放。直通背景视频的嵌入式音频或者其他接口输入的音频直通。通过时间线支持音频文件与画面同步回放,产生音频效果。

(5) 视频开窗、多时间线组合、场景状态平滑切换;多场景分层叠加播出,不同的应用系统各自输出的视频播出时合成,多台控制设备分布式控制播出。

(6) 高效率的数据信息采集、加工和发布,支持各种格式外部数据源的连接,通过实时刷新外部滚动数据信息和模板,实现批量的自动化实时信息展现。

(7) 分布式控制的制播分离和网络化流程控制。系统远程受控;根据需求与新闻共享、非线性制作和播出网络系统互联,提供网络化图文制作和播出控制。

4. 在线包装的发展趋势

在线包装技术的发展趋势有：多路视频与图文包装更紧密结合、虚拟元素置入、超大屏和触摸屏的应用、自动控制频道包装。需要完善的地方包括实现模板设计应用的灵活性、加强制播流程中的质量控制、规范制作流程保证安全播出等。

10.5 After Effects CS4 软件应用

10.5.1 After Effects CS4 的项目预置

国内的电视制式为 PAL 制式，在使用 After Effects CS4 进行电视制作时需要进行相应的预置。选择 File|Project Settings 命令打开 Project Settings 对话框，在 Timecode Base 下拉列表中选择 25fps 选项，如图 10.1 所示。

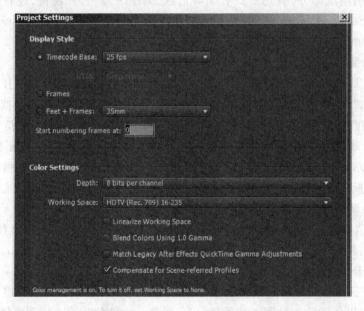

图 10.1 Project Settings 对话框

选择 Edit|Preferemces|Import 命令，打开 Preferences 对话框（见图 10.2），将 Sequence Footage 的值设为 25 frames per second，这样在导入序列动画时，帧速率为每秒 25 帧。

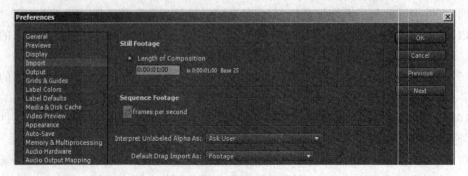

图 10.2 Preferences 对话框

10.5.2 素材的合成

1. Project(项目)设定

在 After Effects CS4 中对素材进行合成,首先要导入素材,再创建合成,也可以对素材进行替代、删除、更改注解等操作。

Project 面板的左上方是面板内所选中素材的缩略图预览以及尺寸、颜色等基本信息。Project 面板上方是素材的信息栏,分别有 Name(名称)、Type(类型)、Size(尺寸)、Duration(持续时间)、File Path(文件路径)、Date(日期)、Comment(注释)等素材信息,如图 10.3 所示。

(1) ▦(查找项目条目)按钮:单击可打开"查找文件"对话框,当 Project 面板中有较多的素材时,可用这个功能快速查找指定的素材。

(2) ▨(新建文件夹)按钮:单击可在 Project 面板中新建一个文件夹。

(3) ▦(新建合成)按钮:单击可在 Project 面板中新建一个合成。

(4) ▦(删除选择的项目条目)按钮:单击可删除 Project 面板中所选择的素材。

(5) ▦(查看流程图)按钮:单击可查看 Project 面板中所存在的各个合成流畅示意图。

(6) ▦ 位于 Project 面板的右上角,单击可打开 Project 面板的相关菜单,可对 Project 面板进行分离、最大化、设置及关闭操作,如图 10.4 所示。

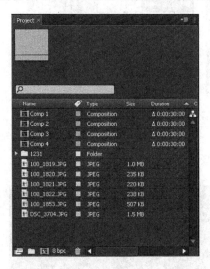

图 10.3　Project 面板

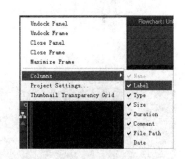

图 10.4　对项目面板进行相关操作

① Undock Panel(解除面板):解除面板的一体状态,使其变成浮动面板。

② Undock Frame(全部解除):将一组面板中的各个面板全部解除一体状态,使其变成浮动面板。

③ Close Panel(关闭面板):关闭当前显示的一个面板。

④ Close Frame(全部关闭):关闭当前显示的一组面板。

⑤ Maximize Frame(最大化面板):将当前的面板最大化显示。

⑥ Columns(队列):Project 面板中所显示的素材信息栏队列内容,其下级菜单中勾选上的内容均被显示在 Project 面板中。

⑦ Project Settings(项目设置):打开"项目设置"对话框,对项目进行设置。

⑧ Thumbnail Transparency Grid(缩略图透明网格)：当素材具有透明背景时勾选此项能以透明网格的方式显示缩略图的透明背景部分。

2. 素材导入

视音频合成所需要的常用素材文件都可以导入到 Project 面板中，其中包括视频、音频、静态图片、序列动画及其相关项目文件。

1) 素材导入的操作方式

执行 File|Import|File 命令，或在项目面板的空白处右击，或双击，打开 Import File 对话框。

选择 File Import Recent Footage 选项，从最近导入过的素材中选择素材导入。选择 File|Import|Multiple Files，也可按 Ctrl+Alt+I 键打开多个文件，如图 10.5、图 10.6 所示。

图 10.5　导入多个文件

图 10.6　建立合成

2）导入素材的像素比

高清晰度电视和计算机图像处理软件所制作的图像像素比通常为 1∶1，即常规的方形像素。而 NTSC DV 制式的纵横像素比为 1∶0.9，PAL D1/DV 制式的纵横像素比为 1∶1.07，PAL D1/DV Widescreen 制式的纵横像素比则达到 1∶1.42。

可以对像素比进行修改：在项目面板中选中素材，再选择 File|Interpret Footage|Main 命令，打开 Interpret Footage 对话框，如图 10.7 所示，在 Main Options 选项卡中的 Other Options 组中对 Pixel Aspect Ratio 进行设置。

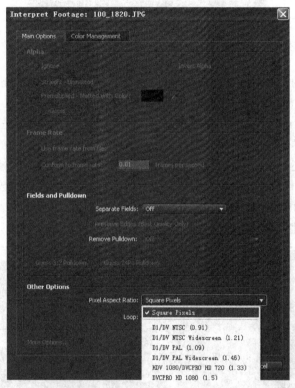

图 10.7　Interpret Footage 解释素材对话框

3）导入透明信息的素材

在导入 Alpha 通道的素材时，会弹出 Interpret Footage（解释素材）对话框，其中有 3 种类型的 Alpha 选择项：Ignore（忽略），忽略 Alpha 通道的存在；Straight-Unmatted（直接-无蒙版），直接以图像中的 Alpha 通道为准，图像不存在蒙版信息；Premultiplied-Matted With Color（合成通道-色彩蒙版），图像中存在合成的透明通道，以某种色彩为蒙版来对图像进行透明背景处理，如图 10.8 所示。大多情况下单击 Guess（自动设置）按钮，软件会自动判断和选择合适的 Alpha 选项。

4）导入序列图像素材

可以将序列图像文件以多个静态图像的方式导入，也能将其以一个完整动态视频的方式导入，而且序列图像文件与视频文件有相似的属性设置。当在 Import File（导入文件）对话框中准备导入序列图像时（这里以导入 tga 格式序列文件为例），需要在对话框下方勾选 Tgara Sequence 复选框，否则以单帧图像的方式将文件导入。

图 10.8　Interpret Footage

如果序列文件的序号中间有间断的文件,这时导入这个序列有以下两种情况。

(1) 取消勾选 Force alphabetical order 复选框时,可以用色彩来代替缺少的部分。

(2) 勾选 Force alphabetical order 复选框时,则是强制按字母的先后顺序,并且以中间不添加彩条的方式导入序列文件。

导入图像序列还会遇到帧速率的问题,可以对导入序列文件时帧速率的默认数值进行预先设置。选择 Edit|Preferences|Import 命令,打开 Preferences(参数设置)对话框,更改 Sequence Footage 的值为 25 frames per second,这样可以避免每次导入序列文件时对帧速率进行校正修改,如图 10.9 所示。

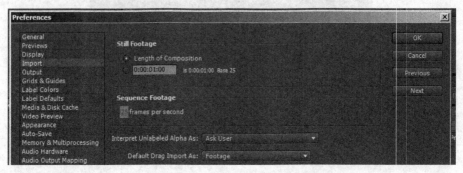

图 10.9　设定 Sequence Footage 的值为 25

5) 导入分层图像素材

对于分层图像素材,After Effects CS4 能在导入之后仍保持其分层状态,便于对其中的各个图层进行合成制作。如 Photoshop 格式的 psd 文件,如果包含多个图层,在导入 After Effects CS4 之后,可以合并为普通的单层图像方式存在,也能以多个图层的形式存在。如一个 PSD 分层图像,在 Photoshop 中的图层如图 10.10 所示。

在 After Effects CS4 中导入这个图像文件,在打开的对话框中将 Import Kind 选择为 Footage,Layer Options 选择为 Merged Layers,此时将导入一个普通的单层图像,如图 10.11 所示。

在 After Effects CS4 中导入这个图像文件,在打开的对话框中将 Import Kind 选择为 Footage,Layer Options 选择为 Choose Layer,并选择其列表中的“背景”图层,Footage Dimensions 选择为 Layer Size,此时会将“背景”作为一个普通的单层图像导入,并且以“背景”的实际大小为图像的尺寸,如图 10.12 所示。

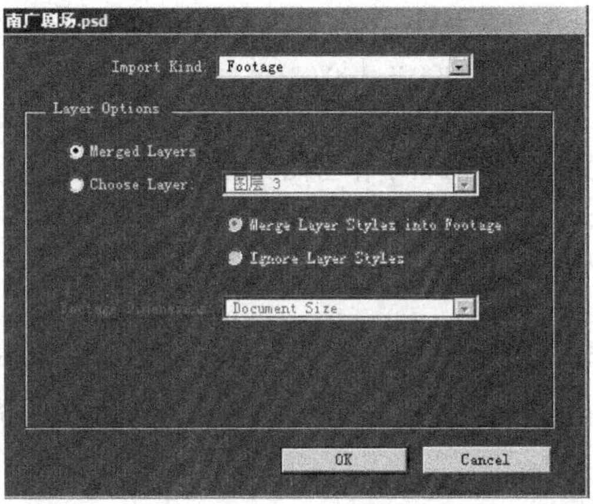

图 10.10　导入分层图像素材

图 10.11　导入一个普通的单层图像

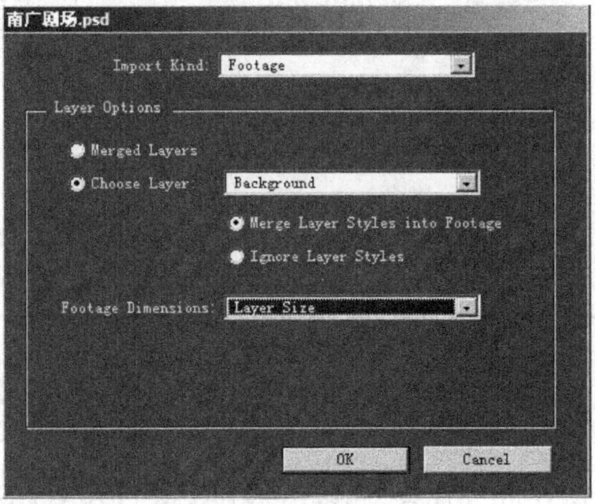

图 10.12　设置导入属性

在 After Effects CS4 中导入这个图像文件,在打开的对话框中将 Import Kind 选择为 Footage,Layer Options 选择为 Choose Layer,并选择其列表中的"图层 1"图层,Footage Dimensions 选择为 Document Size,此时会将"图层 1"作为一个普通的单层图像导入,并且以当前分层图像统一的文档尺寸的大小作为图像的尺寸。

在 After Effects CS4 导入这个图像文件,在打开的对话框中将 Import Kind 选择为 Composition,此时会导入图像中的所有图层,并且以当前分层图像统一的文档尺寸的大小作为图像的尺寸。

在 After Effects CS4 中导入这个图像文件,在打开的对话框中将 Import Kind 选择为 Composition-Cropped Layer,此时会导入图像中的所有图层,并且分层图像中各个图层的大小均为各层的原始尺寸。

6) 导入素材的其他格式

与导入 Photoshop 图层文件相似,After Effects CS4 在 Project 面板中也可以导入其他的 After Effects 项目文件,还可以调用 Premiere 项目文件,可以将 Premiere 中剪辑好的素材导入到 After Effects CS4 中进行合成制作。

After Effects CS4 还可以导入多种常用的多媒体文件,After Effects CS4 可以导入的文件格式列表如图 10.13 所示。

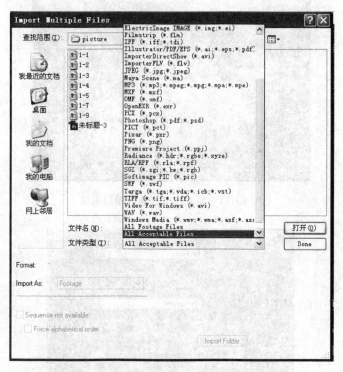

图 10.13　导入多种常用的多媒体文件

3. 新建项目

要对新创建的项目设置进行查看或修改,选择 File|Project Settings,命令,或者单击 Project 面板右上角的 ▣ 按钮,在弹出的下拉菜单中选择 Project Settings 命令,也可以打

开 Project Settings 对话框。在对话框中主要查看或修改 Timecode Base(时基)和 Color Settings(颜色设置)组下的 Depth(色彩深度)。国内的电视制作中 Timecode Base 一般选择 PAL 制式,使用 25 帧。Color Settings 选择默认的每通道 8 比特,也可以选择 16 比特或 32 比特,如图 10.14 所示。

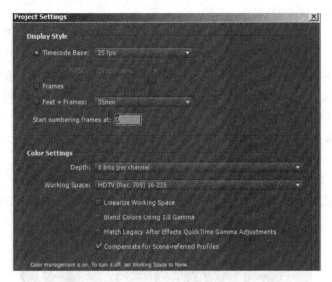

图 10.14　项目设置

4. 新建合成

项目的合成是在 Project 面板中建立起来的,它不可以保存为一个文件,只是属于项目的一部分,保存项目文件的同时也将其一同进行了保存。

(1) Basic 基本设置:选择一些固定的合成参数,也就是限定画面尺寸,如图 10.15 所示。

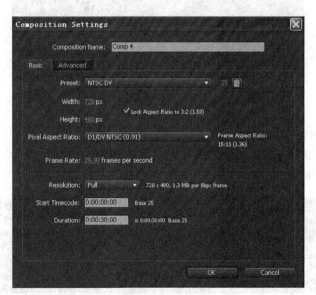

图 10.15　合成参数设定 1

（2）像素长宽比：由输出格式决定，计算机屏幕使用的是正方形像素，而对于 ITU-R601 的 D1 格式规定的 PAL 制式使用的是 1∶1.067 的矩形像素，这样在电视屏幕上观看时物体才不会变形。

（3）帧频：由输出格式决定，电影为 24 帧/秒，PAL 为 25 帧/秒，NTSC 制式电视为29.97 帧/秒，NTSC 制式 DVD 为 30 帧/秒。

（4）分辨率：影响 Composition 面板显示的最终渲染质量，低分辨率能提高Composition 面板的刷新速度和最终渲染速度，有利于进行交互式工作和预览结果，不必担心因此影响影片最终的质量，因为无论是在 Composition 面板中还是渲染设置中心都可以随时改变这个参数。设置包括 Full(原始分辨率)、Half(1/2 原始分辨率)、Third(1/3 原始分辨率)、Quarter(1/4 原始分辨率)和 Custom(用户设置)。

（5）起始时间：大多数是从 0∶00∶00∶00 开始的，也许要配合 Premiere 等其他软件中的剪辑，而从特定的时间码开始。

（6）合成持续时间：时间长度，最终影片输出不能大于这个数值。

（7）Anchor 定位点：导入素材时的定位点，默认位于素材的中心，如图 10.16 所示。

图 10.16　合成参数设定 2

5. Timeline(时间线)面板

Timeline 面板是 After Effects CS4 对素材进行叠加合成、创建图层元素和添加滤镜等操作的场所，如图 10.17 所示。

图 10.17　Timeline 面板

（1）按钮：为弹出菜单按钮，在 Timeline 面板的右上角，单击可以打开 Timeline 面板的相关菜单，在此处可以对 Timeline 面板进行分离、最大化、设置及关闭等操作。

（2）Undock Panel(解除面板)：解除面板的一体状态，使其变成浮动面板。

（3）Undock Frame(全部解除)：将一组面板中的各个面板全部解除一体状态，使其变成浮动面板。

（4）Close Panel(关闭面板)：关闭当前显示的一个面板。

（5）Close Frame(全部关闭)：关闭当前显示的一组面板。

（6）Maximize Frame(最大化面板)：将当前的面板最大化显示。

（7）Composition Settings(合成设置)：打开"合成设置"对话框。

（8）Columns(专栏)，其子菜单如图 10.18 所示。其中，A/V Features：A/V 功能。Label：标签。♯：图层序号。Source Name：来源名称。Comment：注释。Switches：转化开关。Modes：模式。Parent：父子。Key：键。In：入点。Out：出点。Duration：长度。Stretch：伸缩。

图 10.18　Columns 子菜单

（9）0:00:00:00 Current Time(Click to edit)：当前时间(单击编辑)。

（10）Live Update：实时更新。

（11）Draft 3D：草稿 3D 场景画面的显示。

（12）Hides all layer for Which the 'shy' switch is set：用隐藏设置开关隐藏全部对应的图层。

（13）Enables Frame Blending for all layers with the Frame Blend switch set：用帧混合设置开关打开或关闭全部对应图层中的帧混合。

（14）Enables Motion Blur for all layers with the Motion Blur switch set：用运动模糊开关打开或关闭全部对应图层中的运动模糊。

（15）Graph Editor：图表编辑。

6. 在 Timeline 面板中合成素材

要在 Timeline 面板中合成素材,首先需要在 Project 面板中建立合成,然后打开这个合成的 Timeline 面板,再从 Project 面板中将素材拖至 Timeline 面板中,如图 10.19 和图 10.20 所示。

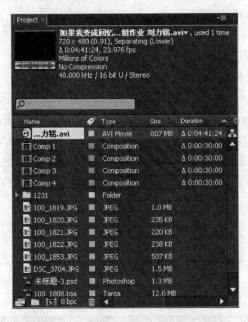

图 10.19　在 Project 面板中建立合成

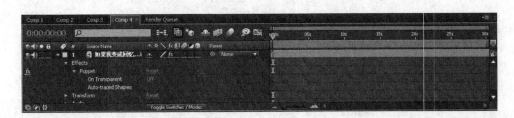

图 10.20　将素材拖至时间线

这样可以将 Timeline 面板中的多个层进行叠加合成,而合成效果可以在 Composition 面板中查看。

7. Composition 面板

在 Composition 面板中可以查看在 Timeline 面板中所有素材的合成效果,相当于监视器的作用,如图 10.21 所示。

在左上方的下拉菜单中可以选择当前 Composition 面板中所显示的是哪个合成画面。

1) Composition 面板下拉菜单

📑 按钮为弹出菜单按钮,在 Composition 面板的右上角,单击可以打开 Composition 面板的相关菜单,在此处可以对 Composition 面板进行分离、最大化、视图选项、设置及关闭等操作。

(1) Undock Panel(解除面板):解除面板的一体状态,变成浮动面板。

(2) Undock Frame(全部解除):将一组面板中的各个面板全部解除一体状态,变成浮

图 10.21　合成面板

动面板。

（3）Close Panel(关闭面板)：关闭当前显示的一个面板。

（4）Close Frame(全部关闭)：关闭当前显示的一组面板。

（5）Maximize Frame(最大化面板)：将当前的面板最大化显示。

（6）View Options(视图选项)：其对话框如图 10.22 所示。

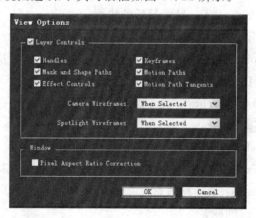

图 10.22　View Options 对话框

① Layer Controls：图层控制。

② Handles：手动。

③ Mask and Shape Paths：遮罩。

④ Effect Controls：滤镜控制。

⑤ Keyframes：关键帧。

⑥ Motion Paths：运动路径。

⑦ Motion Path Tangents：相对运动路径。

⑧ Camera Wireframes：摄像机线框图。

⑨ Spotlight Wireframes：聚光灯线框图。

⑩ Window：窗口。

⑪ Pixel Aspect Ratio Correction：修正像素纵横比。

(7) Composition Settings：（合成设置）：当前合成的设置，与选择 Composition | Composition Settings 命令所打开的对话框相同。

(8) Enable Frame Blending(打开帧融合)：打开合成中视频的帧融合开关。

(9) Enable Motion Blur(打开运动模糊)：打开合成中运动动画的运动模糊开关。

(10) Draft 3D(3D 草稿)：以草稿的形式显示 3D 图层，这样可以忽略灯光和阴影，从而加速合成预览时的渲染和显示。

(11) Transparency Grid(透明网格)：取消背景颜色的显示，以透明网格的方式来显示背景，有助于查看有透明背景的图像。

2）Composition 面板下方按钮

Composition 面板下方的按钮图标如下：

(1) ▣ Always Preview This View：始终预览当前视图。

(2) [100% ▼] Magnification Ratio Popup：放大倍率。

(3) ▣ Choose Grid and Guide Options：选择网格和辅助线选项。

(4) ▣ Toggle View Masks：遮罩选项。

(5) [0:00:27:18] Current Time(Click to edit)：当前时间（单击编辑）。

(6) ▣ Take Snapshot：捕捉快照。

(7) ▣ Show Last Snapshot：显示最后的快照。

(8) ▣ Show Channel：显示通道。

(9) [(Full) ▼] Resolution/Down Sample Factor Popup：解析度。

(10) ▣ Region of Interest：目标区域。

(11) ▣ Toggle Transparency Grid：透明网格。

(12) [Active Camera ▼] 3D View Popup：3D 视图。

(13) [1 View ▼] Select View Layout：选择视图布局。

(14) ▣ Toggle Pixel Aspect Ratio Correction：修正单元像素纵横比。

(15) ▣ Fast Previews：快速预演。

(16) ▣ Timeline：时间线。

(17) ▣ Comp Flowchart View：合成流程图。

8. 合成的嵌套

一个项目中的素材可以分别提供给其中不同的合成使用，而一个项目中的合成可以是独立的，也可以是相互之间存在"引用"关系的，如图 10.23 所示。在合成之间的关系中，并不可以相互"引用"，只存在一个合成使用另一个合成，即合成嵌套另一个合成的关系。

单击 Composition：Comp 面板下方的 ▣ 按钮，或者选择 Windows | Flowchart 命令，都可以打开 Flowchart：Comp 面板，使用流程图来查看它们的级别关系，如图 10.24 所示。

图 10.23　合成嵌套

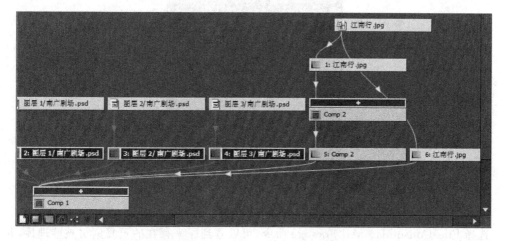

图 10.24　Flowchart:Comp 流程图

嵌套层的过程是先建立 Comp1,放置素材并完成制作,然后建立 Comp2,将 Comp1 和其他素材放置到 Comp2 中并完成制作,再建立 Comp3,将 Comp2 和其他素材放置的 Comp3 中进行制作,完成最终的嵌套制作。

还有一种方式可以使用相反的制作流程完成嵌套制作,如先建立合成“总合成”,将背景素材放置到合成中,并建立好文字效果。

选择这两个图层,选择 Layer|Pre-compose 命令打开 Pre-compose 对话框,并选中第二个选项,单击 OK 按钮,将原来的两个图层合成到一个合成中。

在“总合成”中继续添加素材进行制作。

完成阶段制作后,选中要合并的图层,选择 Layer|Pre-compose 命令,打开 Pre-compose 对话框,并选中第二个选项,单击 OK 按钮,将原来的多个图层合并到一个新的合成中。

在“总合成”中继续添加素材进行制作,直至完成最终的制作。

单击“Composition:总合成”面板下方的 ▦ 按钮,或者选择 Windows|Flowchart 命令,打开“Flowchart:总合成”面板,使用流程图来查看它们的级别关系,与前面从 Comp1 至 Comp 逐步建立合成和嵌套的方法相比,结果是一样的。

9. 项目文件的管理

当进行比较复杂的合成制作,Project 面板中的素材也较多较乱时,需要对项目文件进行有效的管理,建立良好的工作秩序,包括在 Project 面板中建立不同的文件夹来分类存放素材、合成多次重复导入的素材、清除无用的素材。对于重要的项目文件有必要对其进行打包备份。如在 Project 面板中存放重要和未用的素材,如图 10.25 所示,这里对其进行整理,并最终进行打包备份。

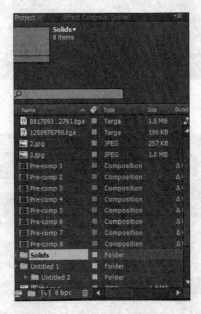

图 10.25　项目文件的管理

选择 File | Consolidate All Footage 命令，可以看到原来存在的重复素材被整理掉，并提示整理重复素材的数量，如图 10.26 所示。

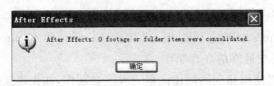

图 10.26　整理素材

选择 File | Remove Unused Footage 命令，可以看到在合成中未被使用的素材被移除，并提示移除素材的数量。

在使用 Reduce Project(精减项目)命令时，需要先选中要保留的合成，即保证所选中的合成及该合成中使用的素材不被精减掉。在 Project 面板中，先选中 Comp，然后选择 File | Reduce Project 命令，结果如图 10.27 所示。

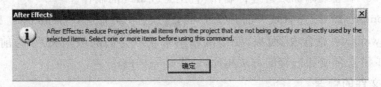

图 10.27　Reduce Project

使用 Collect Files 命令，可以将当前项目文件进行完整地备份，并且可以将原来可能存在不同路径的素材和项目文件集中存放到同一个文件夹内，保证以后顺序地打开项目文件和链接其中的所有素材文件。选择 File｜Collect Files（文件｜打包文件）命令，打开 Collect Files（打包文件）对话框，从中将 Collect Source Files 选择为 All，单击 Collect（打包）按钮，即可将项目文件及其所有素材文件进行打包，如图 10.28 所示。

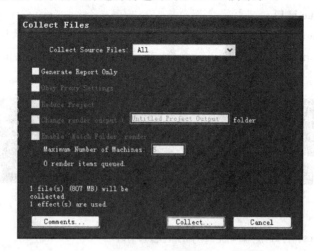

图 10.28　打包文件

10.5.3　预览和输出设置

1. 有关预览的设置操作

在进行合成制作的过程中或者是制作结束时，对制作的效果需要随时预览，及时掌控。合成制作图层的数量的不同，添加的遮罩、滤镜、动画等设置也不同，对结果的预览往往也会随着软件计算量的大小有快有慢。

预览操作常用的方式如下：

（1）按空格键进行简单的视频预览。

（2）按"."键进行音频预览。

（3）按 0 键进行视音频的同时回放。

（4）在 Time Controls 面板中用更多的方式进行预览控制。

2. 将合成添加到渲染队列窗口

After Effects 合成制作的最后一个步骤就是输出最终的结果。根据用途的不同，可以将最终的结果输出为不同格式的文件，如可以是用来再次进行制作的 AVI 或 MOV 文件，用来刻录光盘的 MPEG 文件，或者 Flash 动画及流媒体，等等，这就需要对输出进行相关设置。

要输出合成结果，首先要把合成添加到 Render Queue（渲染队列）窗口中，可以使用以下几种方法进行添加。

（1）在 Timeline 面板中确认要输出的合成处于激活状态，选择 Composition｜Make Movie 命令（快捷键 Ctrl＋M），将其添加到 Render Queue 窗口。

（2）在 Composition 面板视图中确认合成处于激活状态，选择 Composition｜Make Movie 命令（快捷键 Ctrl＋M），将其添加到 Render Queue 窗口。

（3）在 Project 面板视图中确认合成处于激活状态，选择 Composition｜Make Movie 命令(快捷键 Ctrl+M),将其添加到 Render Queue 窗口。

(4) 将合成从 Project 面板中直接拖至 Render Queue 窗口,也可以将其添加到 Render Queue 窗口。

3. Render Queue 窗口

选择 Composition|Make Movie 命令(快捷键 Ctrl+M),将合成添加到 Render Queue 窗口,或者选择 Window|Render Queue 命令,都可以打开 Render Queue 窗口,如图 10.29 所示。

图 10.29　Render Queue 窗口

(1) All Renders:全部渲染,渲染时的信息显示栏。

① Message:信息。

② RAM:RAM 渲染。

③ Render Started:渲染开始。

④ Total Time Elapsed:已用时间。

⑤ Log File:日志文件。

(2) Current Render:当前渲染,显示渲染进度。

① Elapsed:经过时间。

② Est. Remain:预计剩余时间。

(3) Current Render Details:当前渲染信息。

渲染队列中的栏目如图 10.30。

图 10.30　渲染队列中的栏目

① Render:渲染,是否进行渲染的选项栏。

② 　(Label):标签。

③ 　(♯):渲染队列的序号。

④ Comp Name:合成名称。

⑤ Status:状态。

⑥ Started:开始时间。

(4) Render Time:渲染时间。

在渲染队列中的设置项如图 10.31 所示。

图 10.31　渲染队列的设置

① Render Settings：渲染设置。

② Output Module：输出模块。

③ Log：日志。

④ Output To：输出到，输出文件的保存位置。

4. 自定义渲染设置

对于 Render Queue 窗口中经常设置的 Render Settings，可以将常用的选项进行预先设置，方便以后使用时调用，不需要每次都进行相同烦琐的设置。

选择 Edit|Templates|Render Settings 命令，打开 Render Settings Templates（渲染设置模板）对话框，如图 10.32 所示。

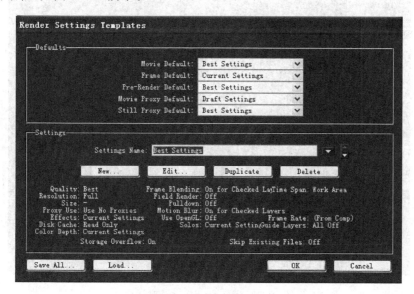

图 10.32　Render Settings Templates 对话框

（1）Defaults：默认设置。

① Movie Default：默认影片。

② Frame Default：默认帧，默认为合成中的 Current Settings（当前设置）。

③ Pre-Render Default：默认预渲染，默认为 Best Settings（最好质量设置）。

④ Movie Proxy Default：默认影片代理，默认为 Draft Settings（草稿质量设置）。

⑤ Still Proxy Default：默认图片代理，默认为 Best Settings（最好质量设置）。

（2）Settings：设置。

① Settings Name：设置名称。

② New：新建。

③ Edit：编辑。

④ Duplicate：复制。

⑤ Delete：删除。

⑥ Save All：全部保存。

⑦ Load：导入。

在 Settings Name 中选择或输入名称后，单击 Edit 按钮，会打开与名称对应的 Render Settings 对话框，如图 10.33 所示。

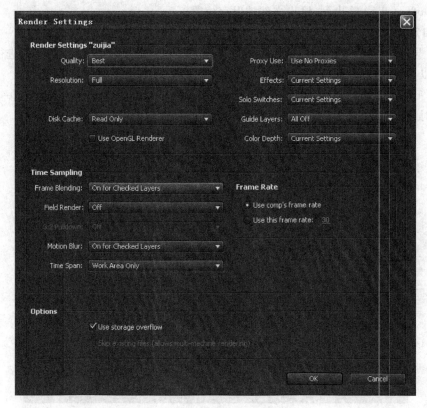

图 10.33　Render Settings 对话框

（3）Render Settings：渲染设置。

（4）Render Settings"zuijia"：基于名称为"zuijia"的渲染设置。

① Quality：品质，默认为 Best(最好)。

② Proxy Use：使用代理，默认为 Use No Proxies(不使用代理)。

③ Resolution：解析度，默认为 Full(最好品质)。

④ Effects：滤镜，默认为 Current Settings(当前设置)。

⑤ Solo Switches：独奏切换开关，默认为 Current Settings(当前设置)。

⑥ Disk Cache：磁盘缓存，默认为 Read Only(只读)。

⑦ Guide Layers：引导图层，默认为 All Off(全部关闭)。

⑧ Use OpenGL Renderer：此复选项设置是否使用 OpenGL 渲染。

⑨ Color Depth：色深度，默认为 Current Settings(当前设置)。

（5）Time Sampling：时间采样。

① Frame Blending：帧混合，默认为 On For Checked Layers(打开选择的图层)。

② Frame Rate：帧速率。

③ Use comp's frame rate：使用合成的帧速率设置。

④ Use this frame rate：使用自定义帧速率。

⑤ Field Render：场渲染，默认为 Off(关闭)。

⑥ 3：2Pulldown：3 比 2 折叠，默认为 Off(关闭)。

⑦ Motion Blur：运动模糊，默认为 On for Checked Layers(打开选择的图层)。

⑧ Time Span：时间，默认为 Work Area Only(仅工作区域)。

(6) Options：选项。

① Use storage overflow：是否使用存储溢出的复选项。

② Skip existing files(allows multi-machine rendering)：是否跳过现有文件(允许多机渲染)的复选项。

5．自定义渲染模块

与 Render Settings 相似，对于 Render Queue 窗口中经常设置的 Output Module(输出模板)对话框，也可以将常用的选项进行预先设置，方便以后使用时调用，而不需要每次都进行同样烦琐的设置。

选择 Edit|Templates|Output Module 命令打开 Output Module Templates 对话框，如图 10.34 所示。

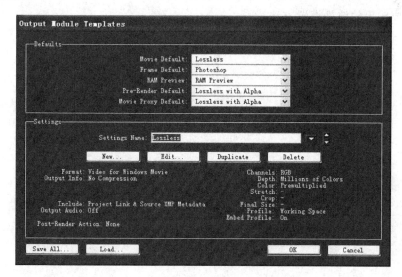

图 10.34　Output Module Templates 对话框

(1) Defaults：默认设置。

① Movie Default：默认影片。

② Frame Default：默认帧。

③ RAN Preview：RAN 内存预演。

④ Pre-Render Default：默认预渲染。

⑤ Movie Proxy Default：默认影片代理。

(2) Settings：设置。

① Settings Name：设置名称。

② New：新建。

③ Edit：编辑。

④ Duplicate：复制。

⑤ Delete：删除。

⑥ Save All：全部保存。

⑦ Load：导入。

在 Settings Name 中选择或输入名称后，单击 Edit 按钮，会打开与名称对应的 Output Module Settings 对话框。

本章要点提示

(1) 电视形象包装的定义和理念。

(2) 电视包装的策划与制作的方法。

(3) 合成软件 After Effects 的项目预置。

(4) 向 AE 中导入素材的方法。

(5) AE 中 Composition 面板下方图形按钮的含义。

(6) 合成输出的渲染设置方法。

第11章 非线性编辑网络系统管理

为了满足广播电视节目后期制作数字化、节目素材网络共享、非线性编辑工作站协同工作等需求,非线性编辑网络系统已被广泛应用。非线性编辑网络系统在提高节目编辑制作效率、优化系统业务流程的同时,也对网络系统的管理提出了更高的要求。本章在简单介绍非线性编辑网络资源管理的含义和作用的基础上,着重介绍非线性编辑网络系统中用户及权限管理、设备配置与管理、素材及其存储空间管理、业务流程管理、日志与统计管理、网络安全管理等内容。

11.1 非线性编辑网络系统管理概述

11.1.1 非线性编辑网络系统管理的含义

随着广播电视技术、计算机技术、网络技术的发展,非线性编辑系统进入了数字化、网络化、高清化的时代。在片头制作、栏目包装、节目编辑等广播电视节目制作领域得到了广泛应用。所谓非线性编辑网络系统,是指以多媒体计算机为主体、硬盘为存储媒介,通过一定的网络协议以实现网络资源共享,各工作站、服务器、存储体之间的视音频数据的传输的系统。

非线性编辑网络系统管理是指网络管理员通过网络管理程序对非线性编辑网络上的资源进行集中化管理的操作,包括系统配置管理、设备管理、用户管理、业务流程管理、操作管理、日志与统计管理等。

11.1.2 非线性编辑网络系统管理的作用

传统线性编辑中,素材是以磁带作为存储媒介,通过倒带、转录等方式将素材片段按照一定顺序记录到另一个磁带中,多次编辑将严重影响素材质量。非线性编辑网络系统中,大量视音频素材是通过上载工作站采集的方式上载到中央存储体,节目编辑时只需要调用或下载存储体中的素材,多次编辑对素材质量不产生影响。但多次编辑会在硬盘中生成不同版本的临时文件等垃圾文件,需要定期对磁盘进行删除垃圾文件和磁盘碎片整理等管理维护,从而提高系统利用率。非线性编辑网络系统管理的作用主要包括以下几个方面。

1. 提高系统工作效率

非线性编辑系统网管软件可以实现对系统内素材进行统一管理,对素材进行各种条件的检索,如按文件名、栏目名称、采集者、采集时间、素材长度等元数据进行检索,便于快速查找定位素材。存储管理功能可以管理在线存储体中的素材,通过设定存储策略定期转移或删除素材,以节约硬盘空间,保证硬盘的高效利用。用户管理功能可以为每个用户设置口令和定义角色,分配权限,还可为用户设置高低码流素材的工作路径,保证了系统合理的资源分配,大大提高制作效率。系统的软硬件维护、定期整理磁盘碎片、系统备份等工作也是避免死机、预防系统反应迟钝、提高工作效率的有效手段。

2. 保证系统的稳定性

计算机处理速度下降、数据服务器系统不稳定、磁盘阵列硬盘故障、数据库故障等都有可能造成系统的不稳定性。非线性编辑网络系统管理通过科学、规范的管理方法,通过用户权限设定超级管理员,对系统空间设置公共下载区域,对该区域素材只能读取,不能做任何修改,只有超级管理员才能定期对该区域进行素材的上载和维护,各工作站只能下载后对素材进行编辑修改。对每位用户设定访问时间和存储区域,用户只能使用权限内的功能。定期查看并清理错误日志,进行必要的磁盘维护,以确保系统的稳定工作。

3. 保证系统的安全性

电视节目编辑制作过程中,不仅需要来自摄像机录制的素材,还需要从互联网上下载如背景音乐、图片等素材,尤其是学校的非线性编辑实验室,学生上下载素材频繁,携带病毒的文件可能会通过优盘、光盘等载体传播到非线性编辑网络系统中,将会引起网络系统崩溃。这种情况就需要在服务器和客户端都安装杀毒软件,并定期对数据库做备份。利用 Ghost 软件对系统盘做镜像保护,当系统出现问题后,利用 Ghost 软件将系统还原至正常状态。及时升级杀毒软件,并对整个系统定期杀毒,以保证非线性编辑系统的安全性。

11.2　非线性编辑网络系统管理的内容

非线性编辑网络系统管理的内容主要包括用户及权限管理、设备管理与监控、素材及其存储空间管理、业务流程管理、日志与统计管理、网络安全管理等。本节主要以中科大洋网络管理系统为例介绍网络系统管理的主要内容。

11.2.1　用户及权限管理

用户及权限管理模块在非线性编辑网络系统管理中占据非常重要的位置,主要包括用户身份认证和用户权限设置。合理有效的用户权限设置可以提高系统的利用率,保障系统的安全性和稳定性。

系统管理员根据电视台实际的业务关系级别,通过管理系统为所有用户分配账号及用户权限,每个用户在系统中注册属于自己的口令,系统根据用户的口令来辨别该用户的角色以及在系统中所拥有的操作权限。图 11.1 所示为在大洋网络管理系统中设置电视台、部门、栏目 3 个业务关系级别。

图 11.1　设置业务关系级别

系统还为用户设置了登录界面,在启动系统中的任何一个应用模块之前,都必须进行登录,只有具备了相应的权限,才能使用该应用模块。当用户登录到工作站后,每个账号只能看到和使用属于自己的素材和所登录部门的公共素材,在此范围以外的素材均不可见。若账号同时属于不同部门,登录时,系统提示选择需要登录的部门。若用户需要修改系统设置,必须由系统管理员来完成。

用户权限的设定是为了防止可能出现用户随意删除文件、修改系统设置、更改应用程序等情况,从而造成系统无法使用。严格规定每个用户的使用权限,能够有效防止误操作等情况的发生。在对用户操作权限进行设置时,系统管理员将每个栏目中的用户划分成不同的角色,再通过特权级权限设置为每个角色设定赋予不同的权限。同类角色中的所有用户具有同样的默认权限,可以对某类角色中个别用户的部分权限单独进行添加和修改。一个不具有删除某个栏目素材权限的用户,只能删除属于自己的素材,不能删除其他用户所有的素材。只有系统管理员才有权限更改系统的网络工作路径,也只有系统管理员才有权限增加、更改、删除部门、栏目、角色、用户。普通用户只能运行权限内的非编应用软件,不能修改、删除操作系统文件及系统设置文件。图 11.2 所示为通过大洋网络管理系统设置用户操作权限。左侧列表框中显示的是非编系统中的各种软件及功能,右侧列表框中显示的是分配的权限。其中 D-Cube-Edit 具备使用 D-Cube-Edit 和 XNewsEdit 两个应用软件中的采集、编辑、文件、字幕、输出、系统、工具等权限。

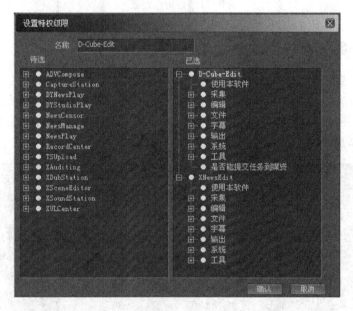

图 11.2　设置用户操作权限

在大洋网络管理系统中,角色是一个绑定了特权级权限、管理资源权限、特殊参数权限、资源拥有者权限组的组合。特权级权限设置定义了用户对整个网络系统中不同模块的访问权限,通过建立"特权级权限组"的方式将权限进行一定的组合,并将特权组赋给不同的用户,从而实现对最终用户访问不同模块权限的控制。管理资源权限设置是指拥有该权限的用户可以使用指定服务对象或用户的资源类型(素材、故事板等),并且对该资源类型拥有的操作权限。特殊参数权限设置主要用于设置各个业务系统特殊参数的设置,主要包括三部

第11章　非线性编辑网络系统管理

分：采集参数设置权限、双路采集设置权限和权限参数设置权限。图 11.3 所示为大洋网络管理系统中的"角色信息"窗口。

图 11.3 角色设置

11.2.2 设备管理与监控

设备管理与监控模块主要提供了对整个网络中设备的添加和管理等功能。系统管理员在对系统网络设备进行配置前，必须先手动将网络中的工作站点添加到系统中，再进行统一的规划和配置，并对设备使用情况进行监控。图 11.4 所示为大洋网络管理系统中设备管理模块所提供的添加和删除网络中的工作站点功能界面。

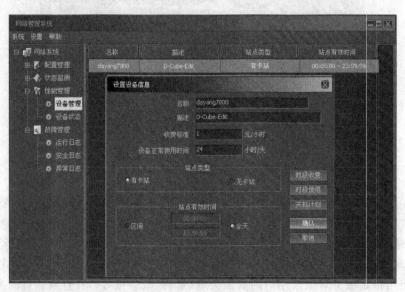

图 11.4 设备管理功能界面

设备管理模块除了提供对网络系统中设备的添加或删除等功能,还可设定网络中每台设备的工作时段,在划分的时段内指定用户,只有指定的用户在对应时段才可登录该设备使用软件。系统还提供对每一划分时段单独进行收费费用指定和定时关机功能。图 11.5 所示为在划分的时间段内指定用户界面。图 11.6 所示为设定非编工作站收费时段及收费标准界面。图 11.7 所示为设置关机计划界面。

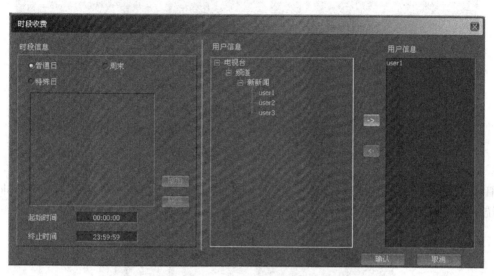

图 11.5 在划分的时间段内指定用户界面

图 11.6 设定收费时段及收费标准界面

设备监控模块提供了网络中所有设备的列表,显示了每台设备的当前状态,主要包括设备名称、在线状态、运行时间、占用用户、使用系统和设备状态等信息,便于台领导以及系统管理员了解整个网络系统的工作情况。其中在线状态主要包含 3 种情况:在线(ONLINE),表示网管检测到该设备正在使用非编系统相关软件;离线(OFFLINE),表示

176

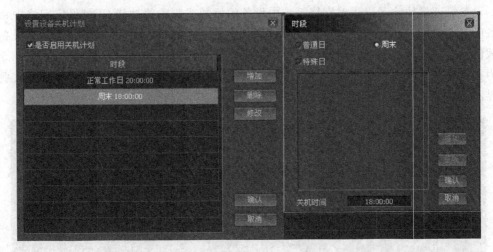

图 11.7　设置关机计划界面

网管未检测到该设备,该设备未开机;空闲(FREE),表示网管检测到该设备,但未使用非编
系统相关软件。图 11.8 为系统监测模块显示设备状态界面。

设备名称	在线状态	运行时间	占用用户	使用系统	设备状态
dayang7000	OFFLINE				
pd-8000d3	OFFLINE				

图 11.8　设备状态界面

11.2.3　素材及其存储空间管理

在非线性编辑网络系统中,为了便于对视音频素材进行维护、管理、查询、共享,保证数
据的一致性,一般对视音频素材采用集中共享存储方式,基于关系型数据库,采用个人素材
管理和集中素材管理两级管理机制进行管理。

1. 素材管理

用户可以根据用户名、上载时间、素材名称等属性以及素材相关的标题信息对素材进行
查询、检索和统计,可以方便地共享素材库中的内容,能制定素材共享使用的用户范围。个
人素材管理允许用户对自己的标题和素材进行管理,可以进行素材共享设置、素材删除、标
题删除等操作,个人素材管理只基于数据库,而非直接针对素材的物理文件。集中素材管理
由系统管理员根据系统运行状况,进行标题和素材的管理。为保证常用素材和重要素材的
安全,系统管理员可以对素材或标题进行加锁防删保护。

对素材的管理还包括对素材采集的管理。素材采集参数定义了用户在使用非线性编辑
系统过程中,其采集、合成、输出视音频素材时的视音频的格式。采集格式是指用户在业务
系统中素材的采集格式,合成格式是指用户在业务系统中对素材或故事板合成采用的格式,
输出格式是指用户在业务系统中输出素材或故事板时采用的格式。图 11.9 所示为大洋网
络管理系统采集参数设置界面。

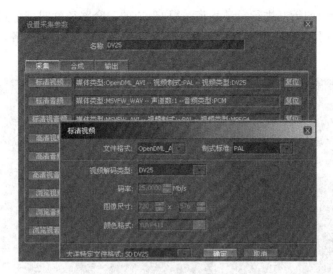

图 11.9　采集参数设置界面

在采集参数设置界面中设置类别分为标清、高清和浏览。标清主要用于标清信号的设置，高清主要用于高清信号的设置。其中视频和音频信号的设置分别都是指独立的视频和音频格式，视音频信号是指内嵌音频的视频信号，可以用于设置内嵌音频的高码率或低码率的视音频信号。如果网络中需要低码率的素材，可以将视音频信号设置为低码率的信号。

2. 存储空间管理

非线性编辑网络系统中存在多个部门、多个栏目、多个用户同时在该平台上进行不同的业务应用，为了保证系统网络安全有效地运行，必须制定存储空间科学分配机制，对共享磁盘阵列上的存储空间资源进行合理分配与管理。

大洋网络管理系统的路径设置模块定义了非线性编辑网络中所需要使用到的各种资源的保存路径。这些"资源"包括视频素材的数据文件、音频素材的数据文件、低画质视音频素材、字幕素材、故事板文件等各种文件，因此，为了能够对这些资源分门别类地进行管理，也需要相应地设置整组的路径信息，来分别指定每一类资源在网络环境中的保存位置。只有设置好了路径信息并指定给相应的用户之后，用户才能开始进行工作。图 11.10 所示为在大洋网络管理系统中为标清视频添加存储路径界面。通过"可使用硬盘空间"还可以为该路径指定可用空间限制。

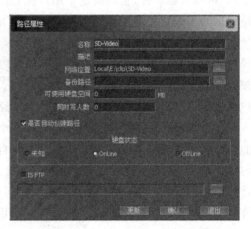

图 11.10　添加存储路径

系统管理员还可以通过设置路径策略的方式实现存储空间的动态负载均衡。路径策略是指用户在业务系统中用于存放视频、音频等文件的一套路径，且该一套路径内的视频或音频路径分别由多个路径设置组成，对这一套路径内的多个视频、音频路径做统一的存储策略,系统可根据所设的策略进行负载均衡,这样形成的一套路径就叫一个路径策略组。路径策略组主要在多人使用同一套路径时使用。图 11.11 所示为在大洋网络管理系统中设置路径策略的界面。

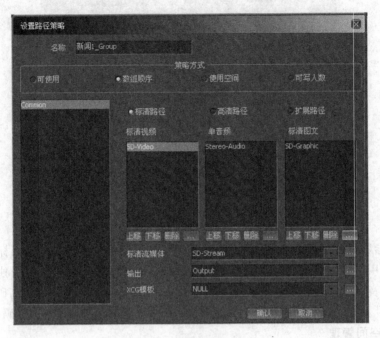

图 11.11 "设置路径策略"界面

界面中的"名称"表示设置的路径策略组名称。"策略方式"包括可使用、数组顺序、使用空间、可写人数 4 种,它们决定了用户优先使用该路径的哪一个路径组。可使用,按设置的路径内的多个路径组设置是否还可使用做策略,使用可使用的路径;数组顺序,按设置的路径内的多个路径组设置的先后顺序做策略,先使用排序在前的路径;使用空间,按设置的路径内的多个路径组设置的可使用空间做策略,先使用剩余可使用空间多的路径;可写人数,按设置的路径内的多个路径组设置的可写人数做策略,先使用剩余可写人数多的路径。用户可根据需求对标清路径、高清路径、扩展路径分别进行设置。

在一个包含后期制作、新闻、媒资等多个网络的全台统一的网络系统中,网络管理系统的存储区设置模块可以为每个网络设置各自的存储区,每个存储区都只包括了各业务系统的工作站点,从而达到对工作站点的分别管理的目的。图 11.12 所示为存储区的设置界面。首先,为该存储区设定一个名称,如"新闻",然后从左侧的"可被使用的设备"列表中选择允许在"新闻"存储区使用的设备。"可被使用的设备"列表中的设备是通过设备管理模块添加的。

在电视台实际应用中,经常有一些素材是需要多个栏目或者多个部门甚至是多个频道来进行资源共享的。为了能够方便地对这类素材进行统一管理,大洋网络管理系统提供了公共组设置选项。对于公共组,可以将它简单地理解为一个特殊的虚拟服务对象。因此在公共组的设置中也就包括了路径组信息、资源共享权限和采集参数权限的设置。图 11.13 所示为公共组配置界面。

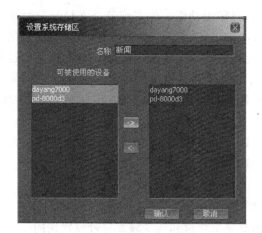

图 11.12　"设置系统存储区"界面　　　　图 11.13　"公共组配置"界面

11.2.4　业务流程管理

非线性编辑网络系统必须为本台电视节目编辑制作、审批、播出等业务流程中的各个环节的工作人员协同工作提供良好的操作平台,通过素材集中存储、共享和管理机制,将各个环节的软硬件功能有机地融合在一起,并加以统一协同和监管,以满足本台电视节目编辑制作业务的各种需求。

1. 素材上载

上载工作站视频输入通道板卡需要支持模拟/复合分量、1394、SDI、P2 卡、蓝光盘等多种方式采集上载素材,支持手动和定时定长自动上载,可控制多台录像机对素材打多个入出点进行批量采集上载,上载时可一次性将同一素材采集成质量不同的双路径高低两种压缩比的两套视频素材文件,高画质低压缩比视频素材存储到共享磁盘阵列中,用于精编、串编、下载和播出,低画质高压缩比视频素材和音频数据存储到以太网媒体服务器硬盘阵列中,用于粗编、配音和审查。素材上载时还可支持演播室口播条目上载,支持将素材直接上载到序列时间线上立即进行编辑等。

2. 节目编辑制作

非线性编辑工作站可实时地进行节目编辑、复杂片头制作、节目包装、节目合成等操作。非线性编辑系统采用 CPU＋GPU＋I/O 技术,其中 CPU 负责完成视频数据的编解码运算,GPU 负责实现视频特技和合成运算,I/O 卡负责将模拟的视音频信号转化为数字的视音频数据,或将计算机处理好的数字数据转化为模拟信号输出。采用 CPU＋GPU＋I/O 技术,完全摆脱了对硬件板卡的依赖,突破了对编辑格式的限制,可以灵活、开放地支持 DV、DVCPRO、DVCPRO50、MPEG2I 等多种压缩格式,支持多种视频格式、音频格式、字幕格式等多格式素材在同一环境下混编制作、输入和输出。非线性编辑工作站还可以调用高低码流素材进行节目编辑,编辑完成后生成的故事板 EDL 文件可存储在服务器上,供系统其他工作站调用。

3. 文稿处理

文稿处理模块负责对节目制作过程中需要的文稿进行创建、输入、编辑、修改、删除、审看,实现文稿在字幕、配音、演播室提词等环节的共享,该模块可提供文稿编辑、文稿多级审查、文稿内容及文稿版本管理、文稿查询、文稿打印等功能。为实现节目文稿与节目编辑制作流程的融合，必须保证节目制作过程中各环节节目文稿内容的一致，实现节目文稿的统一管理、使用、归档与检索，录入工作站编辑的文稿文件可存放在以太网媒体服务器上，也可与相关的视音频文件一起保存在素材库中，各工作站利用共享文稿来指引和帮助工作，实现文稿处理无纸化和网络化。该模块可按写稿日期、播出日期、作者、来源等多种属性，方便、快捷地查询、检索和操作文稿，可以直接在每条文稿中进行配音和导语等属性设置和显示，以便于后续串编工作。在编辑文稿的过程中可以浏览视频图像，便于记者对同期声文稿进行整理，在编辑视频图像的同时也可以编辑文稿。

4. 字幕编辑

字幕软件模块以插件形式内嵌，如在大洋 D-Cube-Edit 非编软件中嵌入 D-Cube-CG 字幕软件，使字幕编辑与视频编辑完美融合，所有字幕素材和视音频素材可放置在同一序列时间线轨道上混合编辑，多层字幕可与视频混合实时编辑与播放，可在时间线上直接编辑、修改任意字幕内容与特技效果。制作好的一个多层字幕文件可以直接拖放到序列时间线的任意轨道上，可以直接在故事板轨道上展开字幕文件或对白文件，对各层字幕素材包含的内容、特技、时间线位置等参数进行任意修改。所有字幕文件都被当作资源在资源管理器中实现统一管理。系统提供了大量的字幕模板，可将任意类型的字幕素材当作模板保存和操作，对于直接套用的模板只需快速对其中所有或部分信息进行修改、套换、拼接，就可以成为全新的字幕素材，也可以新建或组合各种字幕类型，如静帧字幕、特技字幕、多层字幕、滚屏字幕、唱词字幕等。在字幕创作窗口操作界面，可在监视器上直接输出预览所有字幕的编辑结果。图 11.14 所示为在大洋 D-Cube-CG 中创建滚屏字幕。

图 11.14　在 D-Cube-CG 中创建滚屏字幕

5. 节目配音

节目配音工作主要分为编辑前配音(直接采集配音人员的声音来配画面)和编辑后配音(配音人员在配音工作站直接调用、打开、监看故事板成片画面来配声音)。配音员可以直接在配音工作站上调用配音文稿,完成配音素材的插入、覆盖、修改以及配音电平的实时调整,可直接对声音进行打点、预听、逐帧编辑。配音能够与视频编辑紧密结合,可精确到帧直接打开、编辑、保存配音故事板,配音过程中视频、字幕可实时监看。配音软件模块内置调音台功能,支持单轨、多轨音频编辑、剪辑、打包和单声道、多声道合成,可对每轨音频、每个音频输入输出通道的音频电平进行调节。通过配音软件模块采集、生成的配音员配音素材必须关联保存到相关的节目标题下实现配音素材管理。

6. 节目串编

串联单的编排是节目制作和播出过程的核心和依据,串联单编辑软件界面具备文稿标题、字幕提示、节目名称、开播时间、始播点时间码、节目片长、播出时间累计等信息。可调用无卡或有卡工作站制作完成的各个节目标题和 EDL 文件,按照节目播出要求的顺序串编成一个完整的节目单,通过以太网传送到媒体服务器,经审查通过后,供节目下载或播出调用。在编单工作站上可以方便地实现节目顺序的调整,并有直观的各个单片和节目总时间显示、各档节目距离开播时间的倒计时显示等。

7. 节目审查

根据业务流程,对故事板的审查是节目制作是否合格的决策环节。节目审查要素包括采访计划审查、报题审查、条目审查、串编单审查等。领导可以在审片工作站中的节目审查模块通过网络调用编辑完成的待审节目的故事板对节目标题、相关的图像、配音、字幕、文稿等内容进行审查,审查预监通道技术质量应保证与播出通道一致。该模块支持审查意见的多种输入方式,领导可以直接将审查意见以文字或语音方式进行保存,编辑人员通过查看或播放审查意见文件,就可以了解审查意见,以便及时对节目内容进行修改。

8. 节目下载或播出

经过审查通过后的故事板节目数据文件,通过有卡工作站可以下载到传统磁带,也可以提交到存储网络中,供播出服务器直接调用。为了保证节目播出的可靠性,应采用热备份无缝切换双播出工作站进行播出,播出软件提供素材或节目是否就绪,硬件是否正常,在播节目倒计时,播出时间累计等播出提示信息。播出过程中,授权用户可对未播出节目进行调整,可以实时修改串联单,如调整播出顺序,增加、插入、删除播出内容。录播时,由播出工作站调用审查通过后的 EDL 文件和磁盘阵列中的素材实时合成并播出,也可以直接播出已生成好的节目。

11.2.5 日志与统计管理

日志管理功能可使非线性编辑网络系统中发生的任何事件有据可查,为系统运行管理工作提供有效的手段。任何用户登录系统后在系统中所做的每一项操作都将自动生成用户登录、素材上载、素材删除、节目播出等非编网运行日志,可以详细查看数据库中记录的所有操作日志,可以按所发生的事件、事件发生的时间或用户账号等来查询事件日志,可以用自定义方式查询在某个时间段内某个用户在某个工作站上所做的所有操作。当系统出现问题时,可以根据详细的日志记录信息来分析问题出现的原因,明确责任,并将所做的处理和所产生的结果也记录其中,为以后解决系统问题积累经验。系统管理员所进行的任何网络管理操作也会有日志记录,所有日志记录只能由顶级系统管理员进行删除。图 11.15 所示为大洋网络管理系统中运行日志界面。

类型	日期	时间	事件来源	事件名称	信息	描述	用户	计算机名
信息	2005-01-09	13:18:45	登录信息	登录			Administrator-DV	IBMTEST
信息	2005-01-09	13:50:43	登录信息	退出			Administrator-DV	IBMTEST
信息	2005-01-09	13:52:30	登录信息	登录			Administrator-DV	IBMTEST
信息	2005-01-09	14:13:53	登录信息	退出			Administrator-DV	IBMTEST

图 11.15 大洋网络管理系统运行日志界面

11.2.6 网络安全管理

网络安全管理是非线性编辑网络系统管理的重要内容之一,主要包括网络平台安全管理、病毒防范管理、服务器安全管理、文件系统安全管理、存储系统安全管理等。

1. 网络平台安全管理

非线性编辑网络系统中网络平台安全管理的措施如下。

(1) 网络平台的核心设备和关键节点必须组成冗余结构,并支持热倒换和热插拔,避免单点故障造成网络平台瘫痪,网络平台中所有硬件配置基本一致的非编工作站之间均应可相互备份。

(2) 对网络平台中数据存储路径状态以及交换机、磁盘阵列、服务器和工作站等核心设备的工作情况进行实时监控,对核心设备和关键节点故障进行自动报警。

(3) 对每个在线用户使用的编辑工作站及其非编应用软件的运行状况进行实时监控。

2. 病毒防范管理

非线性编辑网络系统是基于计算机为平台的信息处理系统,对计算机病毒的防范非常必要,可以采取以下措施。

(1) 在整个网络中安装网络版杀毒软件,定期更新病毒库,全面查杀病毒。

(2) 禁用非线性编辑工作站中的光驱、USB 口等数据输入接口,避免病毒通过移动存储设备传播到网络。素材的上载通过采集上载的方式录入磁盘阵列。特殊素材,必须经过杀毒后由专门为网络提供的计算机平台上传至网络。

(3) 非线性编辑网络系统作为节目编辑制作的专用网络平台,必须与企业内部其他网络系统物理隔离开。

3. 服务器安全管理

在非线性编辑网络系统中存在着两种重要的服务器:数据库服务器和 MDC 服务器。其中数据库服务器负责网络数据的传递与管理,MDC 服务器是指元数据控制服务器,是光纤网中设备访问光纤磁盘阵列文件的最为重要的核心服务器,各工作站向 FC 磁盘阵列存取素材、发送控制信息时,需要首先由 MDC 服务器设置磁盘阵列的分区信息,通过 MDC 访问 FC 磁盘阵列。考虑到广电领域对数据安全性和应急策略的特殊要求,以及在系统故障发生时的可瞬间替换要求,通常采用服务器群集技术实现服务器之间的备份。服务器群集技术可作如下定义:一组相互独立的服务器在网络中表现为单一的系统,并以单一系统的模式加以管理,主要包括服务器镜像技术、应用程序错误接管群集技术、容错群集技术、并行运行和分布式处理技术、可连续升级的群集技术。

在非线性编辑网络系统中,可采用服务器镜像技术将建立在同一个局域网中的两台数据库服务器通过软件或其他特殊的网络设备(如镜像卡)将两台服务器的硬盘做镜像。其中,一台服务器被指定为主服务器,另一台为从服务器。主/从服务器分别通过心跳检测线路监测对方的运行状态,当主服务器因故障宕机时,从服务器将在很短的时间内接管主服务器的应用。可采用错误接管群集技术将建立在同一个网络中的两台或多台服务器通过群集技术连接起来,群集节点中的每台服务器各自运行不同的应用,具有自己的广播地址,对前端用户提供服务,同时每台服务器又监测其他服务器的运行状态,为指定服务器提供热备份作用。当某一节点因故障宕机时,群集系统中指定的服务器会在很短的时间内接管故障机的数据和应用,继续为前端用户提供服务。

4. 文件系统安全管理

非线性编辑软件系统应具备故事板文件定时自动备份功能,在工作站突然死机而重新启动后,用户可通过自动备份文件恢复死机发生前的故事板文件。数据库系统采用 RAID 共享磁盘阵列统一存储数据库数据,并定时自动完成数据库备份,RAID 的级别根据实际情况进行选择。这种容错备份措施可保证数据库数据的存储安全。

为了保证系统中的文件不被误删除或恶意删除,网络管理软件不仅在软件内部为每位用户分配账号及操作权限,进行安全权限控制,而且还需要结合操作系统的安全策略,对系统资源进行多层保护,对文件系统的物理文件实施有效的安全保护,避免用户跨过应用软件系统的网络管理软件直接通过操作系统对文件系统的物理文件进行操作。

5. 存储系统安全管理

存储系统采用 RAID 冗余磁盘阵列技术,将若干硬磁盘驱动器按照一定要求组合成一个整体,整个磁盘阵列由阵列控制器管理。通过 RAID 技术提高了存储容量;多台磁盘驱动器可并行工作,提高了数据传输率;由于有了校验技术,提高了可靠性。当阵列中有一块硬磁盘损坏,利用其他盘可以重新恢复出损坏盘上原来的数据,而不影响系统的正常工作,并可以在带电状态下更换已损坏的硬盘,阵列控制器自动将重组数据写入新盘,或写入热备份盘而将新盘用做新的热备份盘。目前比较流行的冗余磁盘阵列技术主要有 RAID-5 和 RAID-6。

完善而有效地系统管理是确保非线性编辑网络系统高效稳定有序运行的关键因素之一,电视台必须结合本台电视节目编辑制作工作管理模式,采取完善而有效的网络运行管理手段,完成好非线性编辑网络系统的用户及其权限管理、设备管理、素材及其存储空间管理、业务流程管理、日志与统计管理、网络系统安全管理等方面工作,为本台电视节目编辑制作提供良好的平台,通过素材集中存储、共享和管理机制,将各个环节的软硬件功能有机地融合在一起,并加以统一协调和监管,以充分满足本台电视节目编辑制作业务的各种需求。

本章要点提示

(1) 非线性编辑网络系统管理的含义和作用。
(2) 非线性编辑网络系统管理中用户权限角色管理。

（3）非线性编辑网络系统配置的方法。

（4）非线性编辑网络的设备管理中有哪些模块。

（5）非线性编辑网络的存储路径策略。

（6）非线性编辑网络的业务流程管理内容。

（7）网络安全管理包括哪些方面。

随着电视台数字化、网络化的建设,数字电视整体转换顺利推进,目前,各大中型电视台基本完成了各子系统的数字化改造,极大地改变了广播电视的内容形态。但在系统的建设过程中,由于各子系统建设时间不同,承建各子系统的厂商有不同的实际情况,因此各子系统之间存在着孤岛应用,节目从一个阶段到另一个阶段还需要通过传统的方式串接,极大地降低了电视台整体的生产效率。为了实现全台业务整合、资源共享等功能,多系统互联互通,以及全台资源统一管理等更高层次的业务需求被提出。越来越多的电视台开始建设全台网系统,以实现节目生产"采、编、播、管、存"各业务环节全流程的数字化、网络化和信息化。

12.1 全台网系统互联平台

在传统的 IT 系统互联整合中,实际上要解决的就是系统之间的信息通信与数据交互。而对于拥有庞大媒体资源的广电行业来说,在各子系统的设计中,媒体资源的传输、处理、交换、访问都是独立的通道架构,因此,在广电行业互联互通的技术架构中不仅需要实现系统间的信息交互与通信,还需要实现系统间媒体资源的交互与传输。为实现高可用、灵活的业务模式,面向服务的体系结构(service-oriented architecture,SOA)在全台网规划设计中被广泛应用。

12.1.1 SOA 体系结构

面向服务的体系结构是一个组件模型,它将应用程序的不同功能单元(称为服务)通过这些服务之间定义良好的接口和契约联系起来。接口是采用中立的方式进行定义的,它独立于实现服务的硬件平台、操作系统和编程语言。这使得构建在各种这样的系统中的服务可以以一种统一和通用的方式进行交互。

SOA 体系结构的核心是将业务转换为一组相互连接的服务,可通过网络访问这些服务。此网络可能包含在企业内,也可能分散于各地且采用不同的技术。需要时,可以将这些服务组装为应用程序,即相互连接的服务提供者和使用者,彼此结合以完成特定业务,使业务能够适应不断变化的情况和需求。

SOA 体系结构具有以下特点:更高的业务一致性;松散耦合的系统;基于网络的基础设施,允许分散于各地且采用不同技术的系统协同工作;按需动态构建,随需应变的应用程序;更好的代码重用性;更好地标准化整个企业内的流程;更易于统一监控、集中管理。它非常适合在有复杂的业务流程、各个系统应用异构的情况下使用。

12.1.2 ESB+EMB 双总线架构

在广电总局 2006 年制定的中国电视台数字化网络建设白皮书(征求意见稿)里,对电视台网络化总体框架描述,明确提出了如图 12.1 所示的模型。

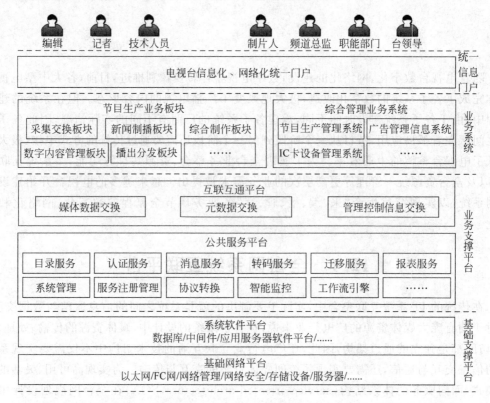

图 12.1　电视台网络化总体框架图

其中,业务支撑平台处于全台网框架中核心的位置,提供公共服务和各个业务系统能互联互通的服务。它是一个面向电视台业务互联互通设计的业务中间件,业务支撑平台的合理设计及引入,为电视台的全台网整体设计、整合、发展提供了一个坚固的基础。业务支撑平台有多种实现方式,目前,ESB+EMB 的双总线架构已经成为主流。这种架构采用了面向服务设计的理念,通过对各类业务流程进行统筹分析,将各业务板块对外的接口都提炼、抽象、封装为服务。

ESB+EMB 双总线包括企业服务总线(enterprise service bus,ESB)和企业媒体总线(enterprise media bus,EMB),其中 ESB 负责完成系统之间的元数据等控制信息的通信和交互,EMB 负责完成系统之间的媒体数据的传输和交互,是 SOA 思想在电视台全台网设计中的发展和具体实现。

企业服务总线 ESB 通常被描述为是由中间件技术实现并支持 SOA 的一组基础架构功能。ESB 支持异构环境中的服务、消息,以及基于事件的交互。为了达到此目的,需要将多种功能集中起来,主要采用中介模块虚拟化原有服务,利用路由实现连通性,以及异构服务的适配。在媒体信息交换平台中,ESB 的主要处理对象为媒体元数据和业务控制信息。其中主要的功能有：服务注册、服务查找与调用、协议适配、消息路由、服务流程定义、部署和管理工具。

企业媒体总线 EMB 是针对广电行业媒体数据交换而设计的解决方案，主要适配 ESB 系统，为 ESB 中业务系统互联中媒体数据传输提供服务，并且在文件传输过程中，根据传输的需要提供对媒体文件转码、整理、校验、合成、技审等服务。EMB 类似于一个媒体处理中心，本身也对外提供一组服务。它的主要功能和特点是：实现各业务系统的媒体资源交换和共享；支持多种网络接入方式和文件传输协议；丰富的视音频格式转换；MD 5 文件校验；实现对所有交换处理资源的集中管理、集中调度、集中监控；开放的体系架构，支持可持续发展。图 12.2 所示为 EMB 架构模型。

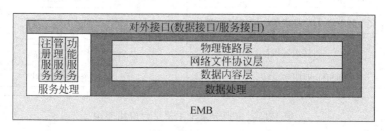

图 12.2　EMB 架构模型

EMB 由 Manager 和 Actor 两部分组成，EMB Manager 是整个 EMB 的管理中心，具有媒体存储资源注册和管理、交换任务管理、平台监控等功能。EMB Actor 是在 EMB Manager 控制下，实际完成媒体交换任务的工作单元，具有网络传输协议转换、网络文件传输协议转换、媒体数据内容处理等功能。

12.2　全台网系统互联实例

本节以全台网项目设计为例，对系统设计要点加以说明。

本项目采用了基于 SOA 的双总线（ESB＋EMB）应用集成架构，全台网由节目生产业务模块、综合业务管理平台和主干平台组成。节目生产业务模块主要包括后期制作网络子系统、新闻网络子系统、媒体资产管理子系统、高清制作网络子系统、演播室网络子系统、收录网络子系统、播控近线存储子系统。综合业务管理平台主要包括设备管理系统、人员管理系统、办公等网络子系统。主干平台主要由统一认证系统、系统监控/管理系统、互连平台 ESB（企业服务器总线）、互连平台 EMB（企业媒体总线）四大部分组成。

12.2.1　主干平台设计

主干平台的建设目标是建立一个松耦合、高效率、位置透明、协议无关的互联互通应用集成平台，提供各业务板块的接入方式、业务交互方式以及数据交换方式，提供台内网多业务板块之间的业务整合功能，提供支撑台内网运行的其他辅助功能，提供与综合管理板块的相关接口功能。图 12.3 所示为电视台系统主干平台应用架构。

ESB＋EMB 是主干平台的核心，是一个中间件产品，它以工作流引擎为核心，支持 Web Service、JMS（Java 消息服务）、FTP 目录监测多种系统互联接口方式，在系统互联中位于中

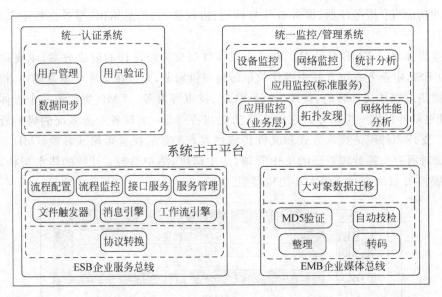

图 12.3   电视台系统主干平台应用架构

心的位置。实现了此种方式的系统互联后,各个系统之间不是点对点的对接,而是通过一条可以实现复杂逻辑过程的 BUS 连接起来。

作为居于 SOA 基础架构的主干平台,主要遵循的标准体系是 SOA 的标准体系,SOA 标准组织有 W3C(world wide web consortium,万维网联盟)、OASIS(organization for the advancement of structured information standards,结构化信息标准促进组织)、WS-I(web services interoperability,Web 服务互操作组织),主要遵循标准包括服务描述、注册和查找、安全性、事务性、服务流程、Web 服务器互操作、服务编程实现等几个方面。

12.2.2   企业服务总线设计

ESB(企业服务总线)的主要功能均是围绕服务来进行的,分别解决服务调用的可靠性、服务之间的交互、整合编排,服务的发布、查询以及异步调用等问题。此 ESB 平台按功能可以分成三大部分,分别为数据交换、服务管理框架、业务流程管理。图 12.4 所示为 ESB 平台结构。

ESB 采用数据交换平台作为消息总线,采用 SOA 理念,通过基于内容的路由和方便的数据转换引擎,实现传统消息和 Web 服务调用的统一处理。

服务管理框架通过 UDDI(统一描述、发现和集成协议)和 WSIF(Web 服务器调用框架),实现 Web Service 的注册和管理,支持多种形式的服务实现,如本地 Java 类、JMS、消息服务等。通过动态的服务加载和部署,为外部用户和工作引擎提供透明的服务调用机制。

业务流程整合平台由流程设计器、流程引擎、流程监控器 3 个模块构成。流程设计器提供流程分类、流程模板、流程权限等的设置和管理,实现了方便易用的可视化流程模板定制,模板文件采用标准的 BPEL 格式。流程引擎的主要功能是运转流程,处理各种活动、消息和事件,它可以从服务容器接收 Web Service 请求业务,流程引擎本身就是数据交换平台的客户端。业务流程引擎对外表现成一系列的 Web Service,每一个定义的流程模板都是 Web

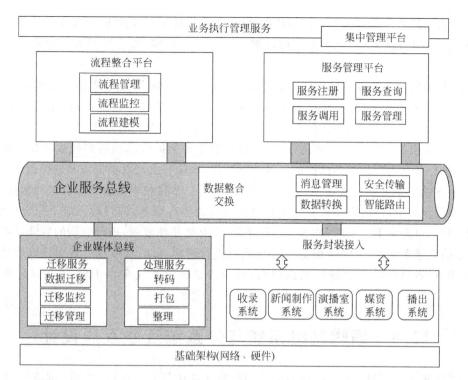

图 12.4 ESB 平台结构

Service,和外界的交互都通过 Web Service 进行。流程监控器的主要功能是对流程引擎运行过程中的各种信息进行监控和管理,包括服务执行状态监控,异常流程的跳转、中止,流程处理过程跟踪等。

12.2.3 企业媒体总线设计

企业媒体总线(EMB)主要为 ESB 提供数据迁移服务,在基于 SOA 架构设计下,EMB 是作为 ESB 的数据执行器使用的,它通过 ESB 的逻辑调用,实现跨系统间的数据迁移。图 12.5 所示为 ESB 和 EMB 的典型相互关系模型。

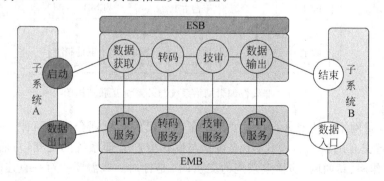

图 12.5 ESB 和 EMB 典型相互关系模型

在 ESB 和 EMB 相互关系模型中可以看出,逻辑由 ESB 负责配置和调整,而 EMB 负责具体媒体数据的处理。EMB 具备的基本功能如下。

（1）数据迁移。负责各个子网的数据调度迁移，从各个子网的 FTP 服务器获取数据或写入数据，中间通过 EMB Actor 实现数据中转方式的迁移，或者通过数据缓存后再进行迁移。

（2）转码服务。负责转码成迁移系统可以识别的通用格式，业务系统启动流程后，由主干平台进行分析判断，业务系统所提供的格式是否可以被第三方系统识别，如果可以识别，则直接传送；如果不能直接识别，通过转码服务后再提供给第三方系统。

（3）技审服务。负责节目的技审工作，该环节主要为提供给媒资归档或者是备播的系统使用，进行节目入库或是备播前的自动技审工作，该环节也可以根据需要进行调整。

从上述结构中可以看出，EMB 为了实现节目转码、节目技审需要将节目进行暂存，而基于此种架构设计下，还可以实现系统间数据传递时的暂存服务，即目标系统 FTP 出现问题的时候，数据可在主干平台暂存，等待目标系统 FTP 链路恢复后，进行数据的后续迁移。在 EMB 中的上述多个服务，完全根据 ESB 的需要进行调用，可以直接进行数据获取后就进行数据输出，或者进行转码后进行数据输出，而业务逻辑关系完全由 ESB 负责进行配置和调整。

12.3　编辑网络系统与外系统互联互通设计

为了实现全台节目生产"采、编、播、管、存"各业务环节全流程的数字化、网络化，非线性编辑网络系统需要与电视台各子系统实现文件级的互联互通，主要包括与收录系统的互联、与媒体资产管理系统的互联、与播出系统的互联、与广告串编系统的互联以及通过全台主干平台与其他制作网、新闻网的互联等。本节以非线性编辑网络系统互联互通项目为例，介绍非线性编辑网络系统与外系统的互联互通。图 12.6 所示为非线性编辑网络系统与外系统互联结构图，全台主干平台采用 ESB＋EMB 双总线架构。

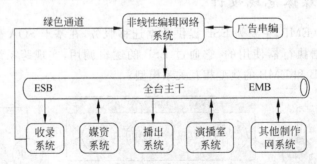

图 12.6　非线性编辑网络系统与外系统互联结构图

非线性编辑网络系统对外接口主要采用紧耦合模式和松耦合模式两种，一是通过全台主干平台进行交互的松耦合模式，主要包括与媒体资产管理系统的交互，与播出系统的交互，与其他制作网、新闻网、演播室系统的交互；二是针对一些需要一对一直连的系统，采用紧耦合的模式，包括与收录系统的交互、与广告串编系统的交互等。

非线性编辑网络系统与外网交互的功能主要包括节目制作完成审查后送播出、数据迁移、数据回调、接口交互等。与外系统的交互主要通过开发和部署适配器来实现，非线性编辑网络系统的本地平台与部署在网内的适配器进行交互，适配器通过对外接口，可以将非线性编辑网络系统本地数据和服务提供给主干平台或其他子系统,适配器调用主干提供的服务,完成与主干相关的操作,如统一身份认证、数据迁移调度、统一时钟同步等。

12.3.1 与全台主干的交互

非线性编辑网络系统与全台主干平台的交互,无论是与 EMB Manager 之间的传送请求与状态交互,还是对 ESB 中部署的服务的调用,全部由负责互联互通的适配器(adapter)代理实现。适配器是非线性编辑网络系统与外部信息交互和服务调用的桥梁。图 12.7 所示为非线性编辑网络系统与全台主干接入方式逻辑图。

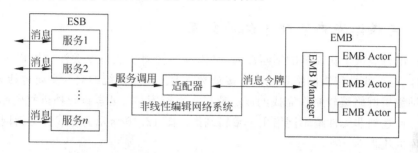

图 12.7 非线性编辑网络系统与全台主干接入方式逻辑图

12.3.2 与收录系统的交互

非线性编辑网络系统与收录系统的交互支持通过全台主干模式和通过与收录网紧耦合的绿色通道模式两种模式进行。

1. 全台主干模式

全台主干模式通过部署于非线性编辑网络系统适配器注册非线性编辑网络的本地服务,并通过主干调用相应数据迁移服务,通过全台主干迁移数据,通过适配器将收录系统迁移过来的素材在非编网本地系统进行登记并存储于磁盘阵列,图 12.8 所示为非线性编辑网络系统通过全台主干实现与收录系统的交互结构图。

2. 绿色通道模式

收录系统与非编网的接口方式采用紧耦合——绿色通道的方式,采用这种方式加快了非线性编辑网络利用和收录素材的效率,给节目的编辑制作提供了更多的快捷和方便。绿色通道模式使用了部署于收录系统中的素材登记服务,将收录系统采集下来的视

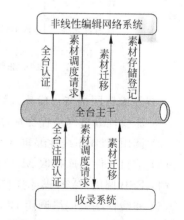

图 12.8 非线性编辑网络通过全台主干实现与收录系统交互结构图

音频文件和元数据文件登记推送给非线性编辑网络,节目素材直接登记入库,节目素材可以在制作网中以"我的素材"的方式直接编辑使用。采用 MS IIS Web 服务为低码率的文件提供用户进入制作网平台的浏览检索服务。图 12.9 所示为非线性编辑网络以绿色通道模式实现与收录网交互的结构图。

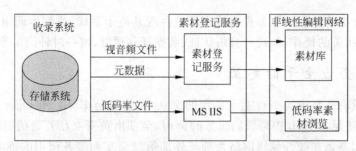

图 12.9 非线性编辑网络通过绿色通道模式实现与收录系统交互结构图

12.3.3 与媒体资产管理系统的交互

随着广电行业数字化改革的不断深入,媒体资产管理系统备受关注。媒资作为大型存储的影音库,与非线性编辑网络系统的连接意义重大。两个系统的交互主要包括 3 个方面:一是非线性编辑网络编辑制作完成的成品节目入媒资库;二是素材归档进媒资库;三是素材从媒资库回迁到非线性编辑网络用于编辑制作。图 12.10 所示为非线性编辑网络节目成片入媒资库的流程图。

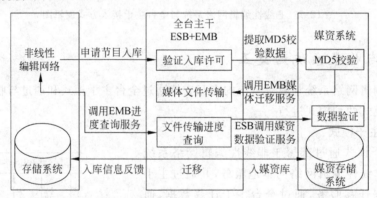

图 12.10 非线性编辑网络节目成片入媒资库的流程图

非线性编辑网络节目成片入媒资库主要流程如下。

(1) 非线性编辑网络提交成品节目入库申请。

(2) 调用 ESB 非线性编辑网络素材入媒资系统许可服务。

(3) 节目文件出库提取 MD5 校验数据。

(4) ESB 调用 EMB 媒体迁移服务,添加媒体文件传输任务。

(5) 非线性编辑网络调用 EMB 文件传输进度查询服务。

(6) 传输完成后,ESB 调用媒资系统数据验证服务。

(7) 节目成片入媒资库,并反馈入库信息。

在非线性编辑制作过程中,当需要调用存储在媒资系统中的素材时,需要从媒资系统回迁媒体文件。图 12.11 所示为非线性编辑网络从媒资系统回迁媒体文件的流程图。

非线性编辑网络从媒资系统回迁媒体文件的主要流程如下。

(1) 非线性编辑网络通过媒资系统 B/S 检索界面查询需要回迁的素材并提交申请。

(2) 媒资系统调用 ESB 媒资素材回迁非线性编辑网络复合服务。

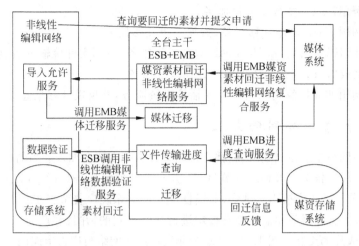

图 12.11　非线性编辑网络从媒资系统回迁媒体文件的流程图

（3）ESB 调用制作网络导入允许服务。

（4）ESB 调用 EMB 媒体迁移服务，添加媒体文件传输任务。

（5）媒资系统调用 EMB 文件传输进度查询服务，得到文件传输的进度信息。

（6）传输完成后，ESB 调用非线性编辑网络数据验证服务。

（7）ESB 调用非线性编辑网络素材回迁服务，并反馈回迁信息。

12.3.4　与播出系统的交互

在电视台数字化改造不断深化的今天，用户对非线性编辑网络与播出的互联日益迫切，非线性编辑网络制作出来的成片经过打包和转码迁移到播出的视频服务器中，供播出系统使用，非线性编辑网络和播出网文件级的互联减少了磁带在各个系统中传送而造成的信号衰减，节省了上载和下载的时间，提高了电视台整个工作流程的效率。图 12.12 所示为非线性编辑网络节目成片入播出系统的流程图。

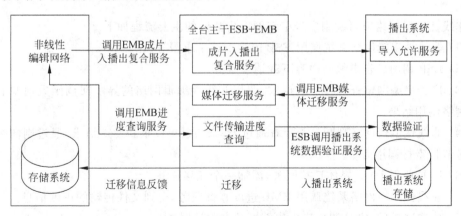

图 12.12　非线性编辑网络节目成片入播出系统的流程图

非线性编辑网络节目成片入播出系统主要流程如下。

（1）非线性编辑网络系统调用 ESB 制作成品入播出复合服务。

（2）ESB 调用播出系统导入允许服务。

（3）ESB 调用 EMB 媒体迁移服务,添加一个迁移任务。

（4）非线性编辑网络系统调用 EMB 进度查询服务,得到文件传输的进度信息。

（5）传输完成后,ESB 调用播出系统数据验证服务。

（6）ESB 调用非线性编辑网络成片入播出系统服务,并反馈迁移信息。

12.3.5 与广告串编网的交互

非线性编辑网络系统在创建/编辑播出串联单中根据需要会加入适当的广告或宣传片,此时需要查询或调用广告串联单和广告节目 ID,并根据需要将广告片段/宣传片加入到播出串联单中,以方便节目的正常播出。其中,非线性编辑网络系统广告节目 ID 和广告节目串联单的获取是通过广告交互服务和播出分发板块进行交互得到的,并且和广告串编网络系统主要进行广告素材/成片的交互。图 12.13 所示为非线性编辑网络与广告串编网交互的流程图。

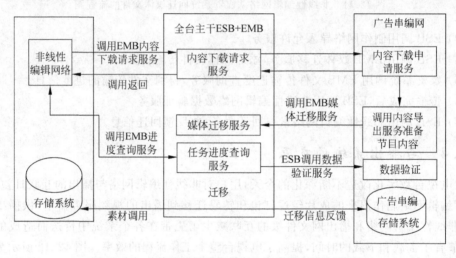

图 12.13 非线性编辑网络与广告串编网交互的流程图

非线性编辑网络节目调用广告串编网广告片段的主要流程如下。

（1）非线性编辑网络系统调用 ESB 内容下载请求服务。

（2）ESB 调用广告串编网内容下载请求服务。

（3）广告串编网审查内容下载请求,调用非线性编辑网络的异步回调函数通知非线性编辑网络调用结果。

（4）非线性编辑网络判断是否审查通过,若未通过可以重新发送请求,通过则向主干平台发送节目素材调用命令。

（5）ESB 调用 EMB 媒体迁移服务,添加一个迁移任务。

（6）非线性编辑网络系统调用 EMB 进度查询服务,得到文件传输的进度信息。

（7）传输完成后,ESB 调用广告串编网数据验证服务。

（8）ESB 调用非线性编辑网络调用广告串编网素材服务,并反馈迁移信息。

全台一体化的互联在完成全台数字化改造的规模较大的电视台需求非常迫切。非线性编辑网络系统作为整个大系统必不可少的一部分,一方面要继续注重其安全性和稳定性,另一方面已经不能再将其看成独立的制作系统。完成数字化改造的非线性编辑网络系统要考虑尽可能地利用其他的数字平台,提供更加便捷的业务流程,以提高工作效率。

本章要点提示

（1）面向服务的体系结构 SOA。
（2）ESB＋EMB 双总线架构。
（3）全台网系统互联设计方案。
（4）非线性编辑网络系统与外系统互联互通结构图。

13.1　计算机基础平台的新特点

非线性编辑系统是基于计算机平台的,因此计算机技术的发展直接影响着非线性编辑系统的发展。计算机市场的争夺主要在苹果机和 PC 之间进行,在市场份额的占有上,PC 有着绝对的优势。而在非线性领域中,苹果机一直以强大的图形功能占据着后期制作、广告制作等视频专业应用的市场。非线性编辑发展的初期有大约 60% 的系统以苹果机为平台。然而随着 PC 的不断发展,PC 正在逐步缩小与苹果机的差距,凭着价格的优势在非线性编辑应用市场逐渐抢占了不少份额,这主要是由于中央处理器的主频大幅提高,如 Intel 公司最新推出的四核处理器,其性能几乎可以和早期的小型机相媲美,同时 Windows 系统不断优化兼容性和性能,也为 PC 进入非线性编辑领域奠定了基础。在厂商方面,很多原先以苹果机为主要平台的非线性编辑软硬件生产厂商根据用户的需求,相继推出了以 Windows 平台的非线性编辑产品,为非线性编辑市场开启了多样化的竞争。

1. 主流平台以多核 CPU 为主

早在 2005 年 Intel 公司就推出了采用双核设计的桌面级处理器。其中最高端型号为 Pentium Extreme Edition 840,为了满足一般用户的需要,Intel 同时还推出了 Pentium D 820、830、840 这三款处理器。虽然英特尔在双核技术推广上占得先机,但在几个星期之后 AMD 立刻发布了 Athlon64 X2 系列处理器还以颜色。

双核处理器指在一个处理器上集成两个运算核心,从而提高计算能力。主要是指基于 X86 开放架构的双核技术。在这方面,起领导地位的厂商主要有 AMD 和 Intel 两家,两家的思路又有不同。AMD 从一开始设计时就考虑到了对多核心的支持。所有组件都直接连接到 CPU,消除系统架构方面的挑战和瓶颈。两个处理器核心直接连接到同一个内核上,核心之间以芯片速度通信,进一步降低了处理器之间的延迟。而 Intel 采用多个核心共享前端总线的方式。

双核心处理器技术的引入是提高处理器性能的有效方法。因为处理器实际性能是处理器在每个时钟周期内所能处理指令数的总量,因此增加一个内核,处理器每个时钟周期内可执行的单元数将增加一倍。但是如果没有相应数量的任务单元可以执行,也就是说计算机暂时只有 1 个任务单元可以执行,那么计算机就只会分配一个运算核心来计算而另一个运算核心必然是闲置的,所以用户也享受不到双核的性能优势。

多核 CPU 是在双核 CPU 的基础上发展起来的,其实就是在一个处理器上集成两个以上的运算核心。目前主流的 CPU 主要是四核,八核和十六核的 CPU 已经研制出,但是还没有普及。

从长远来看,多核 CPU 是未来非线性编辑系统的必然选择,虽然目前来看对于一般的应用多核 CPU 的性能优势并不比单核 CPU 高多少,但是大型图形图像编辑处理往往是多任务同时执行时,多核 CPU 的优势就将体现。同时目前各大软件公司也正针对多核 CPU 进行软件优化,使得多核 CPU 的所有核心都能充分运用,到那时,即使是单个任务,多核 CPU 也将大幅领先单核 CPU。

2. 视频处理系统体系将简单化

CPU 的性能早就不是非线性编辑系统的瓶颈,真正决定非线性编辑质量和速度的往往是视频处理板卡。视频信号的输入、压缩、解压缩、特技、合成和输出等数据处理工作全部由专用的视频处理卡完成,而 CPU 仅仅负责实现交互界面和文件系统数据存储功能。所以在购置非线性编辑系统时往往要注重专用视频处理板卡的型号,并且为之付出一定的费用。而随着计算机系统架构的革新,高配置的计算机平台所能提供的运算能力已经接近甚至超越了专用板卡,多核处理器和 PCI-Express 总线的普及使非编系统完全摆脱了对专用硬件板卡的依赖,实现了编辑系统通过简单的软件更新就能实现功能扩充和性能提升。于是产生了基于 CPU+GPU+I/O 的新型视频处理构架,在此构架中 CPU 实现视音频数据的编解码运算。同时,GPU(Graphic Processing Unit,显卡处理芯片也称显示处理器或显卡)完成视频特技效果的处理,应用 PCI-Express 架构的计算机平台,可以提供理论上的 8Gb 下行带宽,533Mb~1Gb 的上行带宽,实际传输时已经可以达到在显示内存中将所有特技效果合成完毕的视频数据实时传送回系统内存所要求的传输速度。CPU+GPU 的协同工作,结合仅提供视频基带信号输入输出(不带板载硬件编解码器)的 I/O 板卡,从而形成一套 I/O 板卡负责上下载、CPU 负责编解码运算、GPU 负责特技效果合成处理的简单高效的非线性编辑系统。

3. GUI 的人性化

GUI(Graphical User Interface,图形用户界面)即人机交互图形化用户界面设计。编辑软件是否方便易用是操作人员普遍关心的问题,因为非线性编辑的所有功能都是通过 GUI 体现的。GUI 的人性化一直是编辑软件设计者的最高目标,纵观目前许多成功的编辑软件的发展历史都能发现 GUI 在其中的巨大推动力。许多国际软件公司早已意识到 GUI 在产品方面产生的强大增值功能,以及带动的巨大市场价值,因此在公司内部设立了相关部门专门从事 GUI 的研究与设计,同业间也成立了若干机构,以互相交流 GUI 设计理论与经验。GUI 的人性化体现在操作的简单方面还有功能强大方面。随着越来越多编辑软件的问世,相互间经验的借鉴必然使得非线性编辑软件的前途一片光明。

13.2　存储技术的新发展

存储技术一直对非线性编辑系统起着关键性的作用,在选用存储媒介时,常常需要考虑存储媒介的容量、速度、兼容性、成本等因素。磁带作为存储媒介已从非线性编辑系统中退出,虽然存储的内容已经开始由模拟信号向数字信号改变,但是由于性能的优劣不同,磁带只能作为一种辅助性的存储媒介在一段时期内发挥作用。

硬盘一直占据非线性编辑系统存储媒介的主导地位,在今后相当长的一段时间内不会改变,而且随着硬盘的接口可热插拔技术的提高,便携性也在升级。目前已经出现了一些以硬盘作为存储媒介的数字摄录机,使得视频的数字化更简单方便,数字化存储将是摄录机的发展方向。但是硬盘也有抗震性差、易损坏和传输速度较慢的缺点。

针对传统硬盘的以上缺点,固态硬盘正在悄然兴起。固态硬盘(Solid State Disk 或 Solid State Drive)也称电子硬盘或者固态电子盘,是由控制单元和固态存储单元(DRAM 或 Flash 芯片)组成的硬盘。固态硬盘的接口规范和定义、功能及使用方法与普通硬盘相同,在产品外形和尺寸上也与普通硬盘一致。固态硬盘没有普通硬盘的旋转介质,固态硬盘与普通硬盘相比较拥有以下优点:

(1) 启动快,没有电机加速旋转的过程。

(2) 不用磁头,快速随机读取,读延迟极小。根据相关测试,两台计算机在同样配置的情况下,搭载固态硬盘的笔记本电脑从开机到出现桌面一共只用了 17 秒,而搭载传统硬盘的笔记本电脑总共用了 32 秒,两者有将近一半的差距。

(3) 相对固定的读取时间。由于寻址时间与数据存储位置无关,因此磁盘碎片不会影响读取时间。

(4) 无噪音。因为没有机械马达和风扇,工作时噪音值接近 0dB。

(5) 内部不存在任何机械活动部件,不会发生机械故障,也不怕碰撞、冲击、振动。这样即使在高速移动甚至伴随翻转倾斜的情况下也不会影响到正常使用,而且在笔记本电脑发生意外掉落或与硬物碰撞时能够将数据丢失的可能性降到最小。

(6) 工作温度范围更大。典型的硬盘驱动器只能在 5～55℃ 的范围内工作。而大多数固态硬盘可在 −10～70℃ 工作,一些工业级的固态硬盘还可在 −40～85℃,甚至更大的温度范围下工作。

(7) 低容量的固态硬盘比同容量的传统硬盘体积小、重量轻。

固态硬盘的存储介质分为两种:一种是采用闪存(Flash 芯片)作为存储介质,另外一种是采用 DRAM 作为存储介质。

基于闪存的固态硬盘(IDE Flash Disk、Serial ATA Flash Disk)采用 Flash 芯片作为存储介质,这也是通常所说的 SSD。它的外观可以被制作成多种模样,如笔记本硬盘、微硬盘、存储卡、优盘等。这种 SSD 固态硬盘最大的优点就是可以移动,而且数据保护不受电源控制,能适应各种环境,但是使用年限不高,适合于个人用户使用。

基于 DRAM 的固态硬盘采用 DRAM 作为存储介质,目前应用范围较窄。它仿效传统硬盘的设计,可被绝大部分操作系统的文件系统工具进行卷设置和管理,并提供工业标准的 PCI 和 FC 接口用于连接主机或者服务器。应用方式可分为 SSD 硬盘和 SSD 硬盘阵列两种。它是一种高性能的存储器,而且使用寿命很长,美中不足的是需要独立电源来保护数据安全。

固态硬盘与传统硬盘比较拥有以下缺点:

(1) 成本高。每单位容量价格是传统硬盘的 5～10 倍(基于闪存),甚至 200～300 倍(基于 DRAM)。

(2) 容量低。目前固态硬盘最大容量远低于传统硬盘。传统硬盘的容量仍在迅速增长,家用的已经达到 TB 级,而固态硬盘一般在 128GB 左右。

(3) 由于不像传统硬盘那样屏蔽于法拉第笼中,固态硬盘更易受到某些外界因素的不良影响,如断电(基于 DRAM 的固态硬盘尤其)、磁场干扰、静电等。

(4) 基于闪存的固态硬盘在写入时比传统硬盘要慢一点,也更易受到写入碎片的影响。

（5）数据损坏后难以恢复。传统的磁盘或者磁带存储方式,如果硬件发生损坏,通过目前的数据恢复技术也许还能挽救一部分数据,但如果固态硬盘发生损坏,几乎不可能通过目前的数据恢复技术在失效(尤其是基于 DRAM 的)、破碎或者被击穿的芯片中找回数据。

（6）基于 DRAM 的固态硬盘在任何时候能耗都高于传统硬盘,尤其是关闭时仍需供电,否则数据丢失。

（7）部分固态硬盘在 Windows XP 系统下有兼容性问题,性能比传统硬盘要差。

由于固态硬盘和传统硬盘各有优缺点,目前主要是采用相结合的方式来获得两者各自的长处。基于固态硬盘读取速度快和抗震的优势,目前一般把固态硬盘作为系统盘,提高系统启动时间和系统的安全性;而基于传统硬盘容量大的优点,把传统硬盘作为数据存储盘,以使数据能获得更大的存储空间。

13.3　非线性编辑系统的整体数字化

非线性编辑随着计算机数据压缩、传输和网络技术的发展,数字化设备将与多媒体网络技术紧密结合。以硬盘为记录媒体的非线性视频编辑系统已在世界广播电视领域得到了广泛应用。当各国都在逐步向非线性过渡的同时,一种人们更为关注和期待的全数字化系统已经进入非线性编辑领域,这就是从图像拍摄、记录、重放、编辑到播出形成一个整体的"整体数字非线性"系统,它利用全新记录媒体的无磁带全数字化摄像机(硬磁盘摄录一体机),不用磁带,记录方式是将图像信号直接存储在可拆装式硬盘上,后期制作时,只须将硬盘插入计算机硬盘阵列,不需要进行任何数字化,便可进行非线性编辑。由于硬盘摄录一体机采用了 DNG 系统,可以将图像直接记录在硬盘上,从而节省了以往将录像直接记录在磁带上,再输入硬盘作数字化所要的时间,并可直接插入计算机硬盘阵列进行非线性数字化编辑、存取、重放到最终播出形成一个整体的非线性系统。DNG、DNA 系统的出现加快了非线性编辑向数字化过渡的进程。

13.4　非线性编辑系统的网络化

把非线性编辑系统与其他设备通过网络技术联系起来,也是非线性编辑系统的一个发展趋势。这就是逐步向非线性编辑网络技术过渡,以期实现与视频服务器、硬盘录像机、中心数据(节目、素材)库等设备相连接的高速视频网络,向无磁带交流的方向发展。网络出版的各个环节之间可以使用网络共享节目、素材资源,不同的制作单位之间也可以共享节目资源。网络化使传统的、个别的、孤立的资源有机地结合在一起,极大地提高生产力,创造了全新的工艺流程,将多台非线性编辑系统、虚拟演播室系统、动画工作站、音频工作站等单机系统组成节目制作网络。采用可传输多种信息的宽带网络拓扑成一个大的局域网,再利用广域网使制作单位之间互相连通。网络中的几个终端可以同时制作同一个节目的不同段落,将传统的网络出版制作串行工作方式改为并行工作方式,大大提高了工作效率。相信随着多媒体技术的发展,硬盘摄录一体机、制作存储播出网络化、整体数字化非线性及非线性编辑网络技术即将进入一个蓬勃发展的新阶段。在不远的将来,整体数字化非线性编辑系统将成为我国节目制作的主流方向。

13.5　非线性编辑系统的高清化

尽管高清数字电视技术概念的提出只不过短短数年,但是它以惊人的速度成长,目前已有大量商品化的 HD(high definition,高清晰标准)产品和应用。虽然最大的 HD 市场仍只属欧洲和北美地区的部分发达国家,设备高昂的价格成为其广泛普及不可逾越的障碍。但是在我们国内上海、北京一些经济实力强的电视台也在开始使用高清数字电视节目的制作设备。所以可以预计,HD 对 SD(standard definition,标准清晰度)的更迭是大势所趋,高清化是非线性编辑系统未来的发展趋势。

首先要说说高清标准,通常对信号质量的评价是用码率来说明的,码率是在单位时间内系统所能达到的最大数据量,如我国现行采用的彩色电视 PAL 制式(主要是对应现有电视的分辨率量级,图像质量为演播室水平),其水平清晰度为 625 线,而场隔行扫描,场频为 50Hz(625/50i)。在转换为 SD 数字电视信号时,水平清晰度转换为 576 条扫描线,场隔行扫描,场频同样为 50Hz(576/50i)。在 ITU—R601 数字电视标准中,采用 10 比特量化时,SD 数字电视信号的码率是 270Mb/s,其有效码率为 166Mb/s。而数字 HDTV(high definition television)的图像质量可达到或接近 35m 宽银幕电影的水平。广电总局于 2000年 8 月发布了高清晰度电视节目制作及交换用视频参数标准,规定每行有 1920 个图像样值、每帧扫描行数为 1125 行、有效扫描行数为 1080 行、画面宽高比为 16∶9、垂直扫描频率为隔行 50 场,逐行 24 帧、度取样频率为 74.25MHz,色度取样频率为 37.125MHz,亮度带宽为 30MHz,色度带宽为 15MHz。1080/50i(有效扫描行数为 1080 行,场频为 50Hz,采用隔行扫描方式)被确定为中国的高清晰度电视信号源标准,1080/50i 已经成为中国广播电视的行业标准。根据 SMPT E274M 数字电视标准,采用 10 比特量化时,HD 数字电视信号的码率是 1485Mb/s,其有效码率为 829Mb/s。因此,HDTV 的绝对码率是旧的 PAL 制 SDTV(standard definition television)的 5.5 倍,有效码率是 SDTV 的 5 倍。通过有效码率的提高,在场频不变的前提下,可为电视画面带来更高的分辨率。在前期制作时,使用 HD 摄像器材拍摄的画面素材,其画面细节的丰富度和色彩还原能力比用标清器材大为提高。随着广播电视有线网络和电视网络宽带化,为高清电视的广泛实现提供了现实条件。

由此可以想象,在进行高清数字素材的非线性编辑处理时,其运算和存储能力必须有相应的提高。运算能力主要与视频处理体系的发展有关,而存储能力则相应的和硬盘以及各种网络存储技术相关。除此以外,非线性编辑技术的高清化也将导致非线性编辑技术的网络化标准又有相应的提高。所以高清化是一个"牵一发而动全身"的概念,它将深刻地影响我国非线性编辑技术的发展。

本章要点提示

(1) 非线性编辑系统的计算机平台的新特点。

(2) 网络非线性编辑系统的发展趋势。

(3) 非线性编辑存储技术方面的新发展。

第14章 数字影视编辑实践指导

本章是为了提高学生的实践能力而编写的,分别在大洋 D-Cube-Edit、Adobe Premiere Pro、Adobe After Effects 等后期编辑与合成软件平台上操作,供学习者参考。

14.1 D-Cube-Edit 编辑实践指导

实例一 广告倒计时制作

在 D-Cube-Edit 中,利用"字幕"|"唱词"命令,可以在 D-Cube-CG 中创建唱词字幕。

(1) 新建故事板,在大洋资源管理器中右击,导入视音频素材"新新闻"和"广告",如图 14.1 所示。

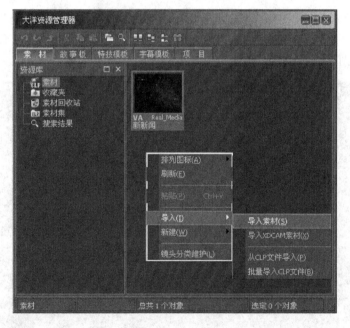

图 14.1 导入素材

(2) 将"新新闻"素材拖放到故事板背景(Bg)轨上,浏览素材,根据节目内容选定 00:03:26:20 帧处为广告插入点,按 F5 键切分素材,用鼠标拖动的方法即可移动素材,在两段素材之间插入"广告"素材,如图 14.2 所示。广告插入位置为 00:03:26:20 帧至 00:03:50:14 帧处,共计约 24 秒。

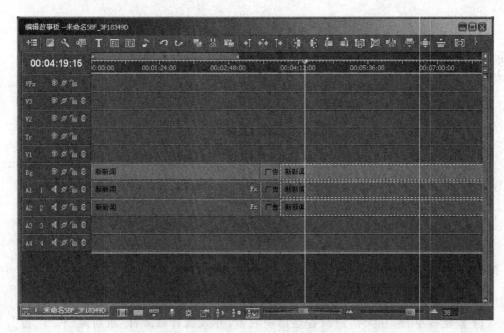

图 14.2　在时码轨上插入广告素材

（3）执行"字幕"|"项目"命令，创建标题字字幕。在弹出的"新建素材"对话框中，设定素材名为"广告还有"，存放路径为"素材"文件夹下，单击"确定"按钮，激活 D-Cube-CG 标题字字幕窗口，如图 14.3 所示。

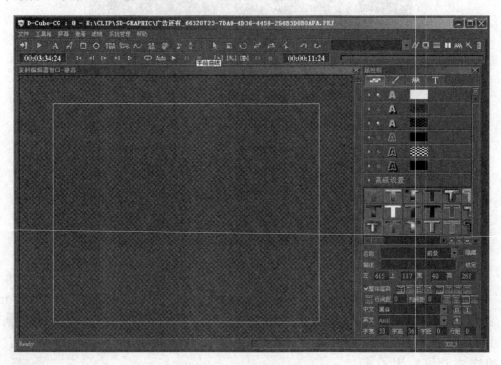

图 14.3　D-Cube-CG 创建标题字字幕窗口

（4）在工具栏中单击"标题字"按钮 **A**，在素材编辑窗口中输入"广告还有　秒"文字，在属性框中设置字体样式，并根据故事板播放窗口播出效果，将文字竖排放于屏幕右侧，如图 14.4 所示，保存字幕，关闭 D-Cube-CG 窗口。此时，"广告还有"素材出现在大洋资源管理器素材窗口中。

图 14.4　创建标题字字幕

（5）使用 Page Up 和 Page Down 键，将时码线定位于 00：03：26：20 帧处，将"广告还有"素材拖拉并放置于该帧 V1 轨上，如图 14.5 所示，此时素材"广告还有"的时间长度和"广告"素材不一致。为了使该标题字字幕覆盖整个广告素材，我们采用的方法是：选中"广告还有"素材，按住 Ctrl 键的同时，将鼠标放置于素材的最后一帧，当出现左右箭头时，拖拉素材右端，直至与"广告"素材时间长度一致，如图 14.6 所示。也可采用放置多个标题字字幕素材的方法实现。

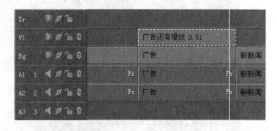

图 14.5　放置"广告还有"素材　　　　　　　图 14.6　拉长"广告还有"素材

（6）在创建好标题字字幕后，接下来执行"字幕"|"唱词"命令，创建唱词字幕。在弹出的"新建素材"对话框中，设定素材名为"广告倒计时"，存放路径为"素材"文件夹下，单击"确

定"按钮,激活 D-Cube-CG 唱词字幕窗口,并在对白编辑器中输入文本,如图 14.7 所示。

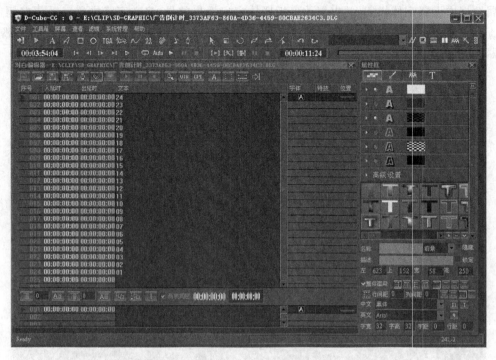

图 14.7 D-Cube-CG 创建唱词字幕窗口

（7）在对白编辑器中,右击第一行字幕属性中"位置"属性下方的绿色框,弹出"调整剪切矩形"对话框,通过调整矩形的大小和位置来定位倒计时在故事板播放窗中出现的位置,如图 14.8 所示。在右侧的属性框中还可以设置字体的样式、字形、字号等属性。

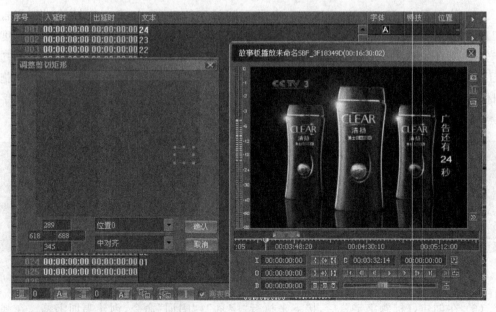

图 14.8 调整唱词字幕位置

（8）双击第一行字幕属性中"特技"属性下方的空白处，弹出"特技管理"对话框。选中"快切"特技，按住鼠标左键拖拉并放置于"特技"属性下方的空白处，如图 14.9 所示，则给唱词字幕添加了"快切"特技。

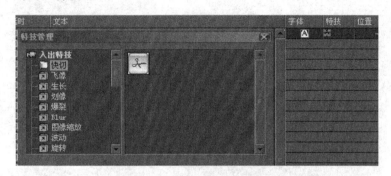

图 14.9　添加"快切"特技

（9）右击"特技"属性下方的"快切特技"按钮，弹出"快切_0"对话框，在此设置快切的时间间隔，根据实际需要，将快切时间间隔设置为 1 秒，时码表示为 00:00:01:00，单击"确定"按钮，设置成功。保存并关闭 D-Cube-CG 窗口。此时，"广告倒计时"素材出现在大洋资源管理器素材窗口中。同样，使用 Page Up 和 Page Down 键，将时码线定位于 00:03:26:20帧处，将"广告倒计时"素材拖拉并放置于该帧 V2 轨上，完成广告倒计时制作。浏览故事板并观察故事板播放窗的播放效果，如图 14.10 所示。

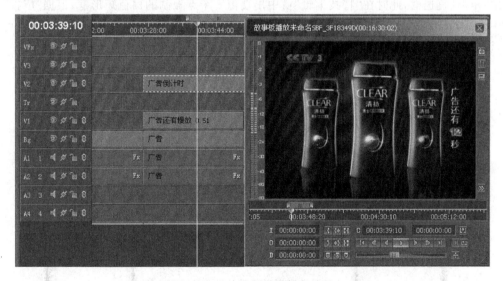

图 14.10　广告倒计时播出效果

实例二　马赛克特技运用

在电视节目制作中，有时需要去除掉引用的台标或者字幕，本例将介绍利用马赛克特技来实现实例一广告素材中的 CCTV3 台标隐藏功能。

（1）选中时码轨上"广告"素材，按回车键，弹出"特技编辑——素材特技（视频特技）"对话框,双击"大洋\马赛克\动态马赛克"特技,弹出"掩膜调整"对话框,如图 14.11 所示。

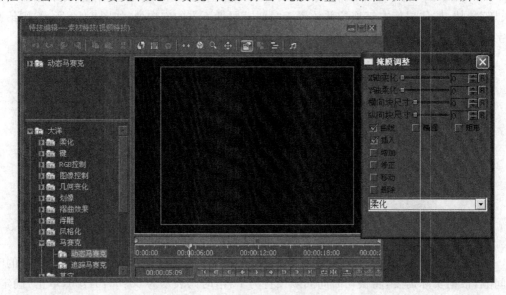

图 14.11 马赛克特技编辑窗口

（2）将"特技编辑"框中的时码线移动到最左侧,并添加关键帧,此时在最左侧时码处出现黄色的点,代表已添加关键帧。接着,在"掩膜调整"对话框下拉列表框中选择"马赛克",选中"矩形"复选框,此时在"特技编辑"窗中出现由 8 个点控制的白色矩形框,根据"广告"素材中台标的位置,调整该矩形框的大小和位置。根据观察到的故事板播放窗中的马赛克效果,设置横向块尺寸和纵向块尺寸,如图 14.12 所示。

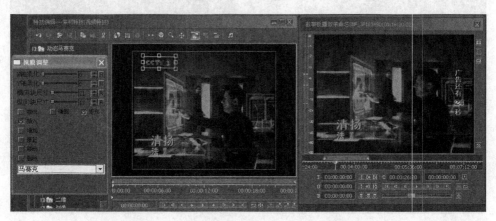

图 14.12 在起始关键帧处设置马赛克特技

（3）将"特技编辑"框中的时码线移动到最右侧,并添加关键帧,此时在最右侧时码处出现黄色的点,代表已添加关键帧。接着,根据观察到的故事板播放窗中的马赛克效果,设置横向块尺寸和纵向块尺寸,如图 14.13 所示。

设置完成后,关闭"特技编辑"对话框,完成马赛克特技的添加,浏览故事板并观察故事板播放窗播放效果。

图 14.13　在末关键帧处设置马赛克特技

实例三　在视频中添加带 Alpha 通道的图片

在电视节目制作过程中,有时需要在视频中加上 Logo 或电视台台标,需要将图片中的一部分像素隐藏,本例将通过在实例二广告素材中添加中国传媒大学南广学院电视台台标,来介绍如何在视频中添加带通道的图片,以实现隐藏部分像素的功能。

（1）在 Photoshop 中打开"南广电视台台标"图片,用魔棒选中白色区域,再反选,将台标选中,如图 14.14 所示。在通道调板中单击"将选区存储为通道"按钮,此时台标所在的区域将在通道中呈现出白色,如图 14.15 所示。

将文件保存为 TGA 格式,存储选项中选中"Alpha 通道",Targa 选项中选择"32 位/像素"。

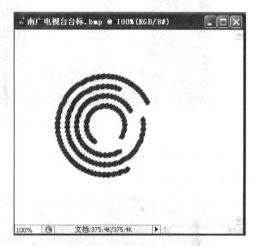

图 14.14　在 Photoshop 中选中台标

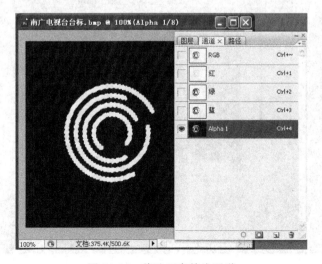

图 14.15　将选区存储为通道

第14章　数字影视编辑实践指导

（2）执行"字幕"|"项目"命令，创建标题字字幕。在弹出的"新建素材"对话框中，设定素材名为"台标"，存放路径为"素材"文件夹下，单击"确定"按钮，激活 D-Cube-CG 标题字字幕窗口。在工具栏中选中图像文件按钮 **TGA**，单击右侧属性框中图像文件后面的 **···** 按钮，在弹出的对话框中找到相应的图片，选择图片，并在素材编辑器窗口中按住鼠标左键画矩形框，显示出图片。如图 14.16 所示，左侧为 BMP 格式效果，右侧为 TGA 格式效果。很明显，TGA 格式是带通道的图片，仅显示在通道内呈现出白色的区域，也就是显示了台标的像素，隐藏了台标以外的像素。

图 14.16　在标题字字幕中插入图片效果

（3）在本例中，我们选择 TGA 格式图片，根据故事板播放窗中的效果，调整其大小和位置，如图 14.17 所示。

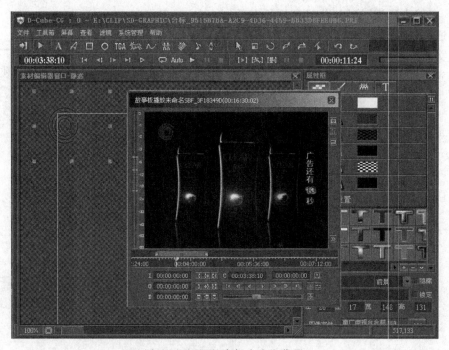

图 14.17　调整台标大小和位置

（4）保存字幕，关闭 D-Cube-CG 窗口。此时，"台标"素材出现在大洋资源管理器素材窗口中。同样，使用 Page Up 和 Page Down 键，将时码线定位于 00：03：26：20 帧处，将"台标"素材拖拉并放置于该帧 V3 轨上，采用实例一中的方法使其时间长度与"广告"素材保持一致，即完成电视台台标的添加。浏览故事板并观察故事板播放窗播放效果，如图 14.18所示。

图 14.18 添加台标后的广告播放效果

实例四 拍唱词

在电视节目制作过程中，通常会需要给新闻中被采访人物配台词、根据配音给电视剧和电影配台词。本例主要利用大洋 D-Cube-CG 实现给实例一"新新闻"素材中被采访人物配台词。

（1）在时码轨上浏览"新新闻"素材，将时间线定位于 00：05：14：06 帧处，为被采访人物配台词。执行"字幕"|"唱词"命令，弹出 D-Cube-CG 唱词字幕窗口，根据现场录音，输入唱词文本，或者单击右侧属性框中的"文本编辑器"选项卡，打开已保存好文字的外部的 txt 文档，将文字复制到对白编辑器中，根据故事板播放窗中的效果，设置文字字体和位置，如图 14.19 所示。

（2）保存字幕，关闭 D-Cube-CG 窗口。此时，"台词"素材出现在大洋资源管理器素材窗口中。将"台词"素材拖放至 00：05：14：06 帧处 V1 轨上，选中"台词"素材，单击"编辑故事板"工具栏中的"拍唱词"按钮，或按快捷键 F12，再次弹出 D-Cube-CG 窗口，如图 14.20所示。

（3）单击"对白编辑"选项卡中的"运行"按钮，系统提示"按空格继续，按[ESC]＋[Shift]退出！"此时，我们根据故事板播放窗中的配音，通过按空格键，将当前主表对白语句按照设定好的字效与特技方式播出，如图 14.21 所示。

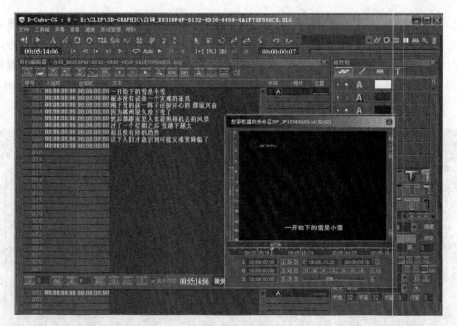

图 14.19　创建唱词字幕

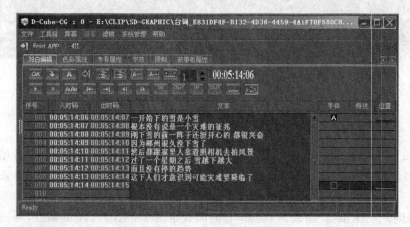

图 14.20　D-Cube-CG 拍唱词窗口

图 14.21　拍唱词

（4）保存字幕，关闭 D-Cube-CG 窗口。选中时码轨上的唱词素材，在素材上右击，在弹出的菜单中选择"图文主表轨道展开"命令，唱词素材被展开，我们可以看到每一句对白的文字内容，如图 14.22 所示。

图 14.22 图文主表轨道展开效果

（5）可以在此窗口中对唱词的入出点进行微调，选中需要调整的段落，段落边线颜色会变黄，通过鼠标来调整段落的入出位置。若发现文字错误，还可通过右击素材，在弹出的菜单中选择"修改段落文字信息"命令来实现对文字的修改。修改完成后，再次右击素材，在弹出的菜单中选择"图文素材取消轨道展开"命令，保存修改信息，完成唱词制作。浏览故事板并观察故事板播放窗中唱词字幕播放效果。

实例五 创建滚屏字幕

在 D-Cube-Edit 中，利用"字幕"|"滚屏"命令，可以在 D-Cube-CG 中创建滚屏字幕。本例将介绍在新闻节目最后添加滚屏字幕的过程。

（1）新建故事板，在大洋资源管理器中右击，导入视音频素材"新新闻片尾"，并将其拖放至时码轨 Bg 轨上。浏览素材，并将时码线定位于需要插入滚屏的时间点 00:00:06:10 帧处，如图 14.23 所示。

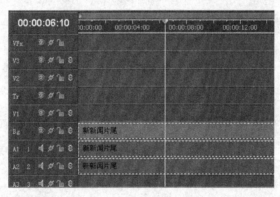

图 14.23 定位时码线

（2）执行"字幕"|"滚屏"命令，在弹出的"新建素材"对话框中，设定素材名为"滚屏"，存放路径为"素材"文件夹下，单击"确定"按钮，激活 D-Cube-CG 滚屏字幕窗口。在 D-Cube-CG 菜单栏中执行"工具箱"|"滚屏编辑"命令，同时在素材编辑窗口按住鼠标左键拖拽出滚屏区域。如图 14.24 所示，此时滚屏区域上方和左侧有标尺显示，右侧和下方出现滚动条，左上方出现文字输入提示符，可输入文字。

（3）在滚屏文件的编辑界面中输入文字，在右侧属性框中设置字形、字体样式、加下划线、滚动方向为上滚屏、背景色为淡绿色等，设置完成后，在滚屏区域外任意位置单击即可退出滚屏编辑模式，如图 14.25 所示。此时滚屏文字四周有 8 个控制点，可以用鼠标拖动控制点进行滚屏区域大小及位置的调整。

212

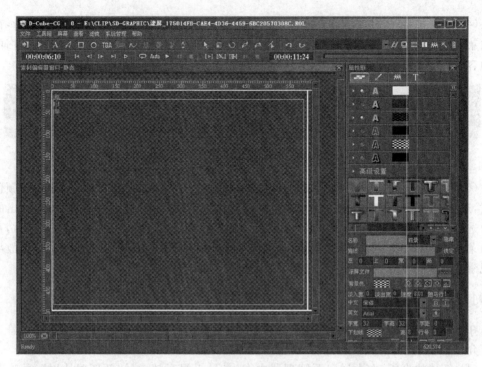

图 14.24　滚屏字幕编辑界面

图 14.25　设置完成的滚屏字幕效果

　　（4）保存并关闭滚屏字幕。此时,"滚屏"素材出现在大洋资源管理器素材窗口中。将"滚屏"素材拖放到时码轨上,播放并观看效果。通过故事板编辑框"字幕编辑"按钮 T ,可进一步对滚屏进行编辑。

　　（5）利用实例三中添加带 Alpha 通道图片的方法,向滚屏的末帧添加电视台 Logo 和节目播出时间等信息,如图 14.26 所示。

　　（6）选中时码轨上的滚屏素材,按住 Ctrl 键,将鼠标放置在素材的末帧,调整素材长度,使其与"新新闻片尾"时间长度一致,从而控制滚屏的滚动速度。在电视节目制作中,往往需

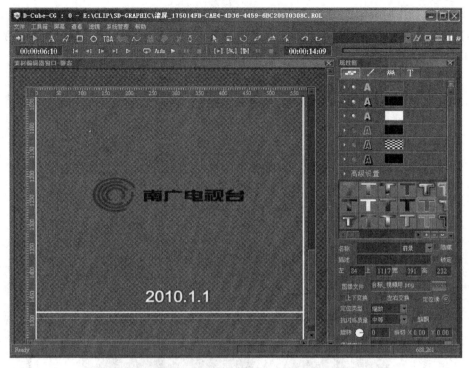

图 14.26　添加滚屏末帧 Logo 和播出时间

要将滚屏字幕的末帧停留一段时间，这就要求我们对滚屏文件设置末帧停留。具体操作方法是：选中时码轨上需要设置首末帧停留的素材，单击时码轨窗口工具栏中的"字幕编辑"按钮 **T**，在弹出的小 CG 窗口中选择"故事板属性"选项卡。

（7）在"末帧停留"后面的时码区直接输入时间值，或按住鼠标左键向上或向下拖拉来改变时码数值来设置首末帧停留时间。本例中，设置末帧停留时间为 3 秒，如图 14.27 所示。最后，单击 **APP** "应用"按钮，完成设置。

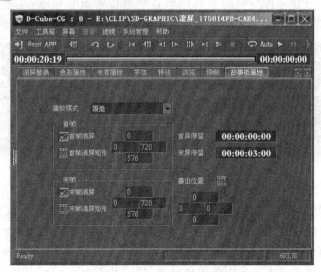

图 14.27　设置末帧停留

（8）再次选中时码轨上的滚屏素材，按住 Ctrl 键，将鼠标放置在素材的末帧，调整素材长度，使其与"新新闻片尾"时间长度一致。浏览故事板并观察故事板播放窗中滚屏字幕播放效果，如图 14.28 所示。

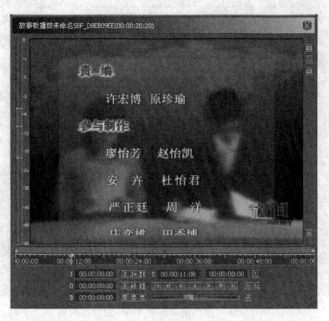

图 14.28　滚屏字幕播出效果

实例六　键特技实现抠像与音频音量调节

在 D-Cube-Edit 中，键特技的使用可以实现电视节目中的抠像功能。

（1）新建故事板，在大洋资源管理器中右击，导入视音频素材"主持人抠像"和"动态背景"，将"动态背景"素材放置于时码轨 Bg 轨上，"主持人抠像"素材放置于 V1 轨上，如图 14.29 所示。通过 F3 和 F4 快捷键可以对素材的视音频进行解组和建组，方便移动素材。此时，V1 轨视频素材完全覆盖 Bg 轨视频素材，故事板播放窗效果如图 14.30 所示。

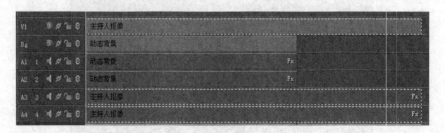

图 14.29　在时码轨上放置素材

（2）选中 V1 轨素材，按 Enter 键，弹出"特技编辑"对话框，双击"DTV\键\键"特技，调出键特技调整窗。首先，将键特技调整窗中的时码线移动到最左侧，并添加关键帧，此时在最左侧时码线处出现黄色的点，代表已添加关键帧。接着，在"色键"选项卡中，选中蓝色色键。根据观察到的故事板播放窗中的抠像效果，进一步调整"柔化"、"饱和度"等参数，可对

图 14.30　键特技前效果

抠像边缘效果进行调整修饰,如图 14.31 所示。设置完成后,再将时码线移动到最右侧,添加关键帧。此时人物背景色蓝色将去除,下方动态背景显示出来,故事板播放窗效果如图 14.32 所示。

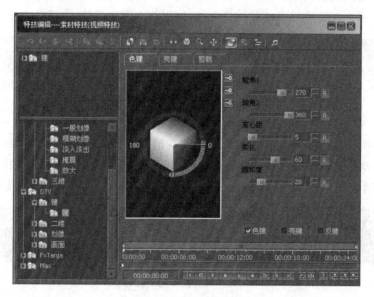

图 14.31　键特技调整窗

(3) 下面来解决动态背景音频与主持人语音的重叠问题。在本例中,将去除掉动态背景音频,并提高主持人语音音量。

选中时码轨上的"动态背景"素材,单击 A1 和 A2 音频轨上的"轨道有效"按钮 ,使 A1 和 A2 音频轨失效,即可关闭音频。也可通过将"动态背景"素材的视音频通过 F3 快捷

图 14.32　键特技后效果

键解组，删除掉 A1 和 A2 音频轨中的素材来实现。

选中 A3 和 A4 音频轨中的音频，单击故事板编辑窗左下方的"编辑素材"按钮 ▦，使其呈 ▨ 状态，切换到特技编辑状态，此时故事板上的音频素材上会显示一根红色电平线，如图 14.33 所示。红线的两端各有一个蓝点，代表首末两个关键点，默认电平值为 1dB。

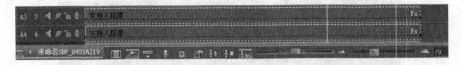

图 14.33　音频特技编辑状态

用鼠标对关键帧进行上下拖动，可以调节音频的电平值，即调节音频的音量。本例中，通过鼠标向上拖动关键帧，将 A3 和 A4 音频轨中的音频的电平值设置为 2dB，如图 14.34 所示。若需要设置多个关键点，可通过鼠标在红线上单击来实现，可对音频电平做曲线调整。

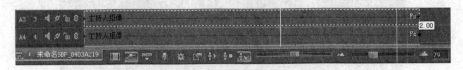

图 14.34　调节音频电平值为 2dB

设置完成后，单击"编辑素材"按钮 ▨，关闭音频编辑状态，完成音频音量的调节。

实例七　节目导视制作

（1）在 D-Cube-Edit 中，新建故事板，导入节目导视素材"百年好合"、"下一站天后"、"爱比甘蔗甜"，将素材连续地拖放到 V2 轨上。在 V2 轨道首右击，在弹出的菜单中选择"显示 Fx 轨"命令,视频轨道上出现了 Fx 轨,使用快捷键 I 在素材起始位置打上入点,使用快捷键 O 在第三段素材末尾打上出点。在附加 Fx 轨入出点区域右击,在弹出的菜单中选择"入出点之间添加特技素材"命令,此时在故事板入出点之间形成了一段特技素材,如图 14.35 所示。

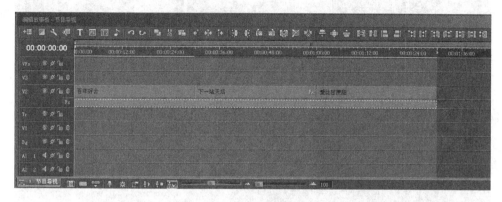

图 14.35　添加 Fx 轨特技素材

(2) 选中特技素材,按 Enter 键,弹出"特技编辑"对话框,双击"DTV\二维\窗口与阴影"特技,调出二维特技调整窗。首先,将二维特技调整窗中的时码线移动到最左侧,并添加关键帧,此时在最左侧时码线处出现黄色的点,代表已添加关键帧。在"窗口"选项卡中缩小窗口大小,在故事板播放窗观察设置效果,如图 14.36 所示。

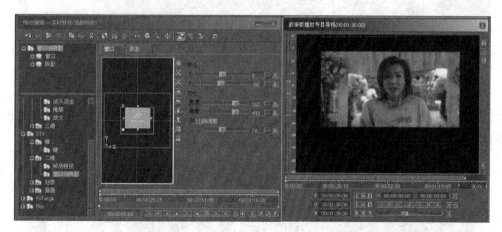

图 14.36　设置二维特技窗口大小

(3) 在"阴影"选项卡中,添加边的颜色为黄色,宽度为 10,在故事板播放窗观察设置效果,如图 14.37 所示。

设置完成后,再将时码线移动到最右侧,添加关键帧,完成整个入出点素材特技设置。

(4) 导入"节目导视背景"素材,将其放置于 Bg 轨,为了满足背景需要,可重复放置多段背景素材,多余部分可通过 F5 快捷键切分后删除,观察故事板播放效果如图 14.38 所示。

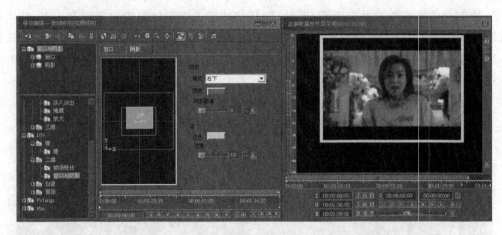

图 14.37　设置二维特技阴影效果

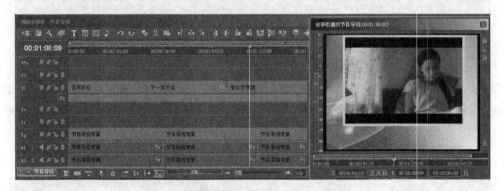

图 14.38　添加了"节目导视背景"素材效果

（5）在大洋资源管理器中，选择"字幕模板"选项卡，在资源库中选择"字幕镜头\小标板"，在右侧的列表中，选中合适的字幕标板直接拖放到 V3 视频轨中，将此动态字幕更名为"节目导视"。此时节目合成效果如图 14.39 所示。

图 14.39　添加了字幕标板

（6）对动态字幕标板进行设置。在时码轨上选中"节目导视"动态字幕素材，单击故事板编辑窗中的"字幕编辑 T"按钮，进入字幕编辑窗口，如图 14.40 所示。

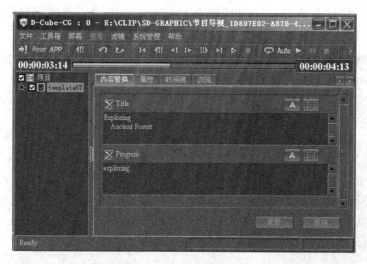

图 14.40　动态字幕编辑窗口

（7）在此界面下，可以编辑标板上的文字，还可以修改文字位置。也可单击 ➡ 按钮，进入 D-Cube-CG，进行添加和修改文字等设置，如图 14.41 所示。

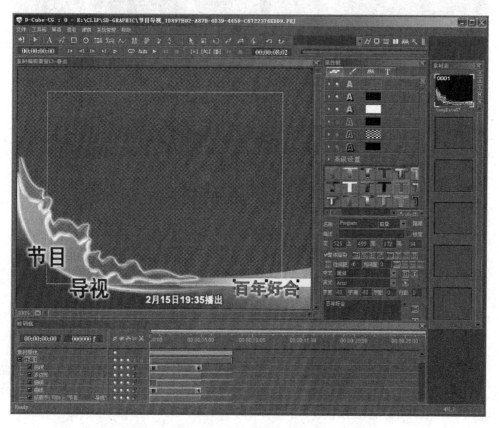

图 14.41　在 D-Cube-CG 修改动态字幕标板文字

(8) 在图 14.41 界面中,在时码轨窗口中将任务 1 的时间长度延长至 30 秒处,与百年好合视频长度一致。延长曲线、多边形的时间长度,调整关键帧的位置,调整特技入出点位置,添加标题字"2 月 15 日 19:35 播出"的 Alpha 通道设置,将其首关键帧的 Alpha 值设为 0,下一关键帧的 Alpha 值设为 1,即可实现淡入效果。详细设置如图 14.42 所示。

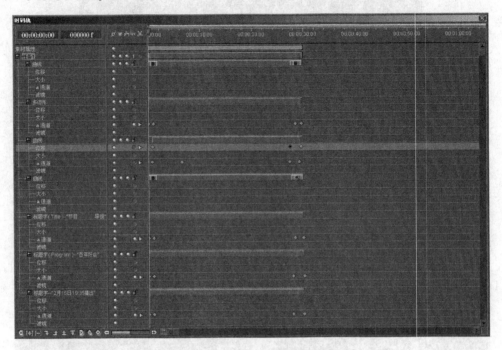

图 14.42　动态字幕时码轨设置

保存字幕,关闭 D-Cube-CG。观察故事板播放效果如图 14.43 所示。

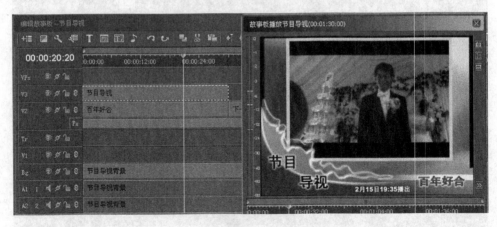

图 14.43　动态字幕标板修改后的效果

(9) 在大洋资源管理器中,将"节目导视"动态字幕素材复制两份,分别对其采用同样的方法设置,可在"下一站天后"素材和"爱比甘蔗甜"素材中添加节目导视动态字幕。最终效果如图 14.44 和图 14.45 所示。

图 14.44 "下一站天后"素材节目导视效果　　　　图 14.45 "爱比甘蔗甜"素材节目导视效果

实例八　运用过渡特技轨实现转场特技

在电视节目制作过程中,从一段素材切换到另一段素材,有时需要添加视频转场特技,如闪白、淡入淡出等。本例介绍通过 Tr 过渡特技轨实现两段素材的转场特技效果。

(1) 在 D-Cube-Edit 中,新建故事板,导入视音频素材"百年好合"、"下一站天后",将两段素材分别拖放到 V1 和 V2 轨上。且两段素材有部分重叠,则在 Tr 过渡特技轨上自动生成一段特技素材,如图 14.46 所示。重叠部分的入出点及时间长度根据节目需要设定,本例中选定 00:00:26:24 帧处为重叠部分的入点,以便实现"百年好合"素材最后一部分字幕的淡出效果。

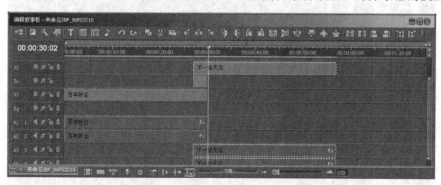

图 14.46　在 Tr 过渡特技轨上生产特技素材

(2) 选中特技素材,按 Enter 键,在弹出的"特技编辑"对话框中,双击"通用特技\通用\淡入淡出"特技,调出淡入淡出特技调整窗。在淡入淡出特技调整窗中,在时码线的最左侧和最右侧分别打上关键帧,观察故事板播放窗播放效果,在时码线的适当位置添加关键帧,并调整曲线,如图 14.47 所示,以实现 V1 视频轨素材淡出、V2 视频轨素材淡入的转场过渡效果。

实例九　附加 Key 轨特技的运用

附加 Key 轨的主要作用是给视频轨上的素材添加一个遮罩(MASK),称为键特技。Key 轨上可以添加图文素材或视频素材,也可以对素材进行修改入出点及添加特技等操作。

221

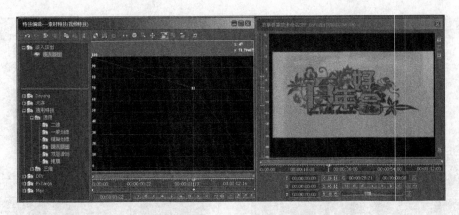

图 14.47　谈入淡出转场特技设置

本例将介绍在附加 Key 轨上添加动态字幕素材以实现动态遮罩效果。

（1）在 D-Cube-Edit 中，新建故事板，导入视音频素材"动态素材"、"电影素材"。执行"字幕"|"项目"命令，设定素材名为"键特技字幕"，存放路径为"素材"文件夹下，单击"确定"按钮。在弹出的 D-Cube-CG 中，使用工具栏中的"多边形"工具创建 4 根长度一致、宽度不一的白色竖条，打开时码轨窗口，再单击工具栏中的 ▶ 按钮，将字幕切换到动态状态，如图 14.48 所示。此时素材编辑窗口中显示为动态。

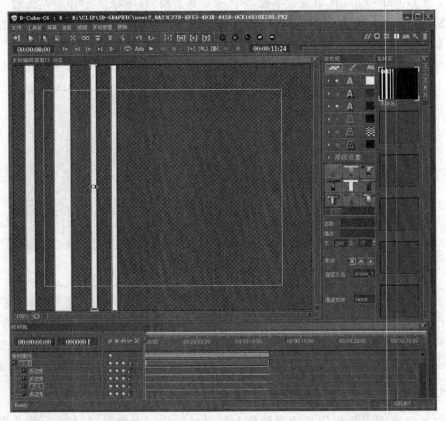

图 14.48　在 D-Cube-CG 中创建动态字幕

（2）在图 14.48 中，可以在时码轨窗口中对 4 个多边形对象进行动态设置，本例中主要对多边形对象产生位移变化，在此状态下，按 Ctrl＋Tab 组合键，即可实现仅针对多边形进行水平位移。首先，移动时码线在首帧处，移动并确定多边形的位置。接着，移动时码线到合适的位置，重新排列多边形的顺序及位置，即可完成从首帧到新时码处多边形对象的运动路径的设置，如图 14.49 所示。

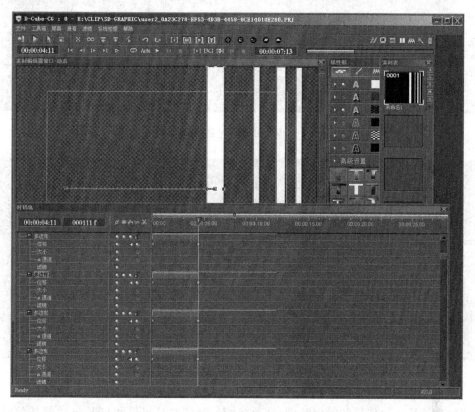

图 14.49　时码轨窗口设置位移关键帧

（3）根据实际需要，设置关键帧的数量和位置，完成动态字幕设置后保存字幕，关闭 D-Cube-CG。将导入的"电影素材"素材放置于 Bg 轨，"动态素材"素材放置于 V1 轨。在 V1 轨道首右击，在弹出的菜单中选择"显示 Key 轨"命令，此时在 V1 轨上将出现 Key 轨。将大洋资源管理器中存放的"键特技字幕"素材拖拉并放置于 Key 轨上，此时，"动态素材"将出现在字幕素材中，效果如图 14.50 所示。

（4）观察播放效果，若发现动态字幕移动速度较慢，可通过调整素材播放速度来加快速度。选择 Key 轨上的素材，按住 Ctrl 键的同时将鼠标移至素材的末尾处，按住鼠标左键向左移动，缩短素材来实现素材的加速播放。

（5）为实现"动态素材"与"电影素材"色调上的一致，可对素材进行调色。选中时码轨上的"动态素材"，按 Enter 键，在弹出的"特技编辑"对话框中双击"大洋\RGB 控制\颜色调整"特技，弹出"颜色调整"调整框。在时码轨的首帧打上关键帧，调整 RGB 偏移量，观察故事板播放窗播出效果，可实现对"动态素材"调色。最后再将时码线移动至最后一帧，打上关键帧，即可实现整段素材统一调色。如图 14.51 所示，为调色后的效果。

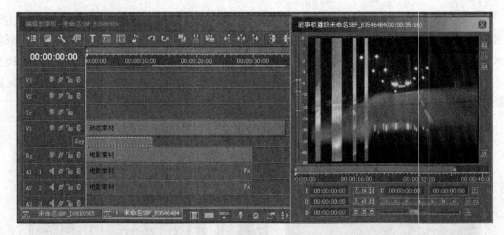

图 14.50　附加 Key 轨特技效果

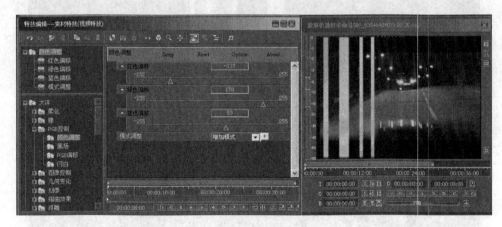

图 14.51　添加"颜色调整"特技

（6）确定 Key 轨特技的时间长度，调整"动态素材"的时间长度与 Key 轨特技的时间长度一致。若需要多次出现该特技，则可以将"动态素材"与 Key 轨特技一起复制并放置于相应时码线处，实现多次应用，时码轨如图 14.52 所示。

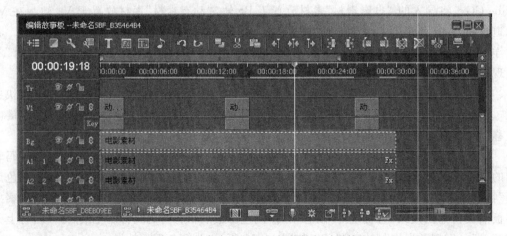

图 14.52　多次应用 Key 轨特技的时码轨

14.2 Premiere Pro CS5 应用实例

实例 Premiere Pro CS5 软件平台上的景观制作

本实例将通过游记片头的形式来实现 Premiere Pro CS5 转场效果和多个时间线序列面板的综合应用。实例体现的技术要点有素材的编辑、整理和综合使用,多个时间线序列面板的综合应用以及多种转场的应用。

具体制作步骤如下:

(1) 启动 Premiere Pro CS5,单击"新建项目"的图标,新建一个项目文件。

(2) 在"新建项目"的对话框中进行相关的设定,如图 14.53 所示。

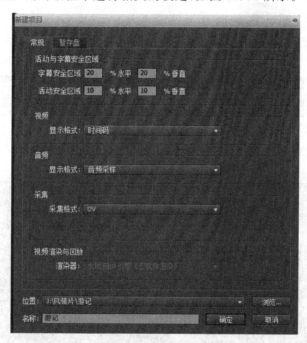

图 14.53 "新建项目"对话框

(3) 双击"项目窗口"空白位置,打开对话框,选择文件中的所有文件,如图 14.54 所示。

(4) 将选择用于开头的文件在 00:00:00:00 位置放置到 Video1 轨道上,调整文件的"缩放"参数为 130%。

(5) 新建一个字幕文件,输入标题文字,如图 14.55 所示。

(6) 将新建的标题字幕文件在 00:00:00:00 位置放置到 Video2 轨道上,在 00:00:02:13 和 00:00:06:09 位置调整"缩放"为 130%、0% 及"旋转"为 0% 和 40%,在 00:00:23:00 和 00:00:23:00 位置调整"不透明度"为 0%、100%,并设置关键帧,如图 14.56 所示。

(7) 关闭序列面板,并将其重命名为"标题"。

(8) 新建一个序列面板,命名为"前言"。将"中国馆"文件在 00:00:00:00 位置放置到 Video1 轨道上,调整文件的"缩放"参数为"30%",如图 14.57 所示。

(9) 新建一个字幕文件,输入并调整好文字以后单击鼠标,设置字幕,如图 14.58 所示。

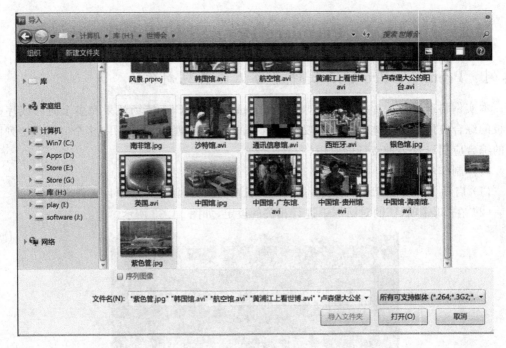

图 14.54　导入文件

图 14.55　新建一个字幕文件

图 14.56　放置到 Video2 轨道

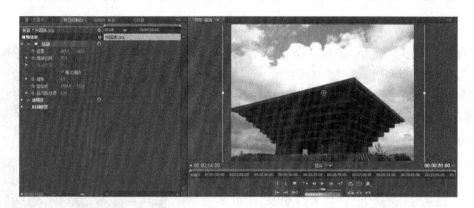

图 14.57　建一个序列面板

图 14.58　建立字幕文件

第14章　数字影视编辑实践指导 ◀◀◀

（10）将新建的标题字幕放在 Video2 轨道开始的位置,效果如图 14.59 所示。

图 14.59　将标题字幕放在 Video2 轨道

（11）关闭序列面板,新建一个序列面板,命名为
"景观",将"标题"和"前言"序列面板放置到"景观"面
板,调整"前言"序列面板的"速度和持续时间"为 30 秒。
在两个序列面板之间应用"划像"中的"圆划像"转场特
效,如图 14.60 所示。应用转场的效果如图 14.61
所示。

（12）关闭序列面板,新建一个序列面板,命名为
"馆览"。将文件"主题馆"、"马来西亚"、"西班牙"、"瑞
典"、"傍晚"依次放置在轨道上,设置它们的"缩放"参数
依次为"30％"、"35％"、"39％"、"32％"、"40％",如
图 14.62 所示。

图 14.60　新建序列面板"景观"

图 14.61　应用转场的效果

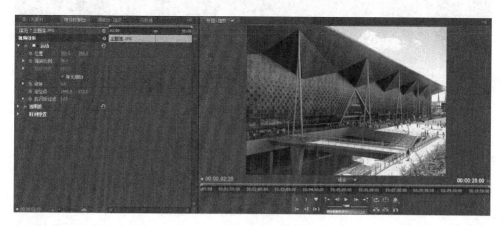

（a）主题馆

（b）马来西亚馆

（c）西班牙馆

图 14.62

(d) 瑞典馆

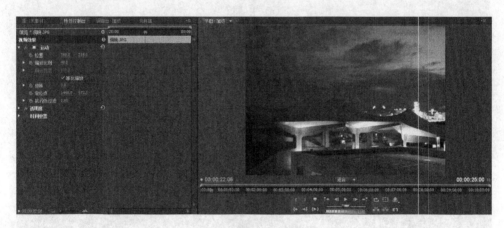

(e) 傍晚景色

图　14.62(续)

(13) 新建字幕文件,输入文字"万国风情"。将新建的标题字幕文件在 00：00：00：00 位置放置到 Video2 轨道上,如图 14.63 所示。

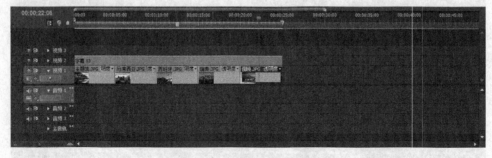

图 14.63　新建字幕"万国风情"

(14) 在 Video1 轨道上的每两个文件之间应用"转场类型"中的"页面反转特效"转场效果,如图 14.64 所示。

时间序列面板的效果如图 14.65 所示。

（a）转场效果一

（b）转场效果二

（c）转场效果三

图 14.64

232

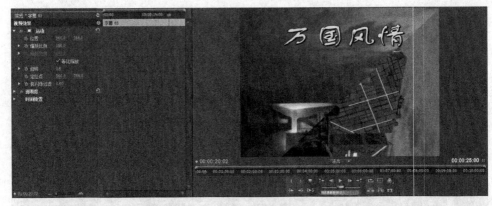

（d）转场效果四

图 14.64(续)

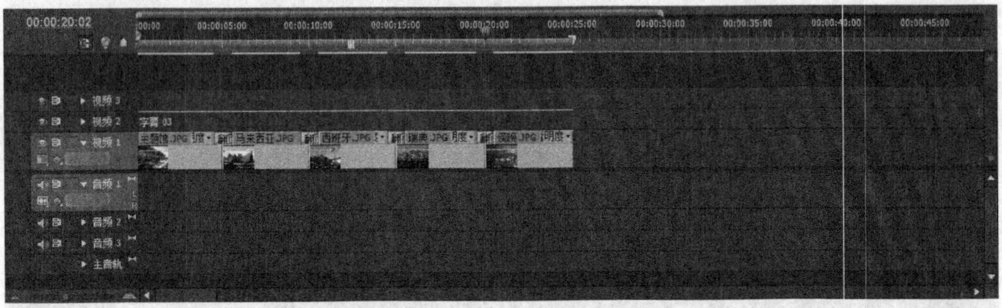

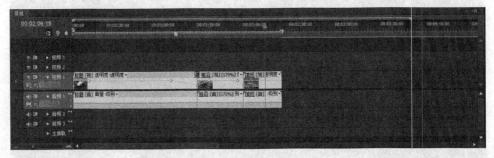

图 14.65 时间序列面板的效果

（15）关闭序列面板，将"馆览"序列面板放置到"景观"面板中，如图 14.66 所示。

图 14.66 "馆览"序列面板

最后，要注意的问题是在制作这两部分的应用视频转场技术时，首先要合理地使画面进行转换，其次是要有创意性的转场技术，可以结合视频滤镜的使用。

（16）关闭序列面板，新建一个序列面板，命名为"结束"。

（17）新建字幕文件，输入并调整好文字以后单击鼠标，设置字幕，如图 14.67 所示。

（18）将新建的标题字幕文件的开头位置放置到 Video2 轨道上，效果如图 14.68 所示。

（19）关闭序列面板，将"结束"序列面板也放置到"景观"面板中，并添加音频文件，如图 14.69 所示。

（20）按 Ctrl＋S 键保存项目工程文件。

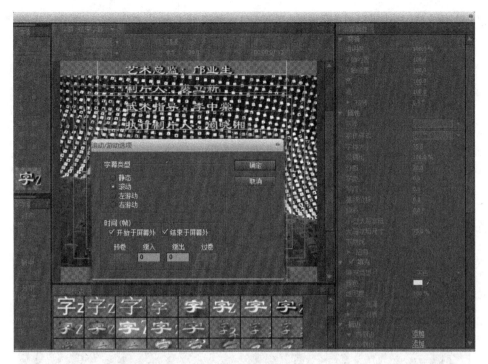

图 14.67　设置字幕

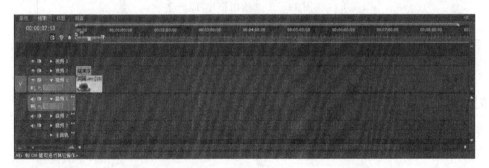

图 14.68　新建标题字幕放置到 Video2 轨道上

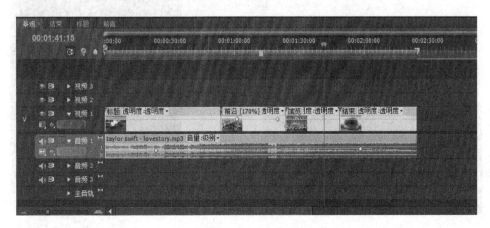

图 14.69　添加音频文件

（21）按 Ctrl＋M 键打开"输出影片"面板，设置并进行输出观赏影片，如图 14.70 所示。

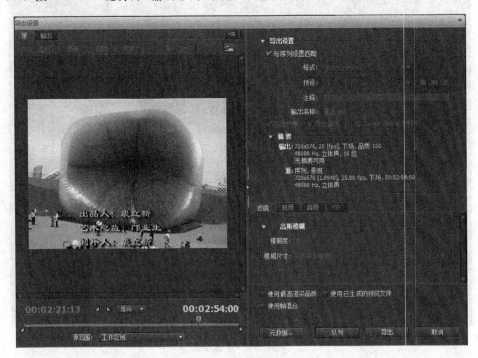

图 14.70　"输出影片"面板

14.3　Adobe After Effects 应用实例

实例一　水墨及水彩效果的实现

（1）素材如图 14.71 所示，将该素材导入 After Effects 平台。

进行图 14.72 所示的操作，将素材拖入到箭头标志的按钮上，创建合成项目。

图 14.71　素材

图 14.72　创建合成项目

（2）选择素材层，按 Ctrl＋D 键，将原素材层复制一层，上层命名为"线条"，下层命名为"色块"，为上层添加效果 Effect→Stylize→Find Edges，该效果可以根据图像的亮度信息提取出画面的边缘，效果如图 14.73 所示。

（3）继续为"线条"层添加效果 Effect→Color Correction→Levels，参数设置如图 14.74 所示，效果如图 14.75 所示。

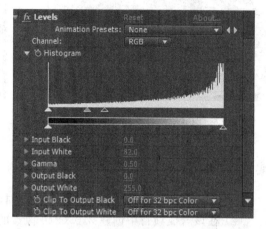

图 14.73　根据图像的亮度信息提取画面边缘　　　图 14.74　添加效果 Color Correction→Levels 参数设置

注意：步骤（2）是为水彩效果勾勒出画面中的轮廓线条，步骤（3）可以加大画面的对比度，使线条更加清晰、明显；与传统绘画类似，下面就要为线条内的图像"填色"了。

（4）为"色块"层添加效果 Effect→Noise ＆Grain→Median，将 Radius 参数设置为 6，该效果可以使画面产生色块涂抹的痕迹，模拟绘画的效果，如图 14.76 所示。

图 14.75　显示效果　　　　　　　　　图 14.76　产生色块涂抹的模拟绘画效果

（5）为"线条"层设置层融合模式为"Overlay"，合成效果如图 14.77 所示，这就是最终的水彩画效果。水墨画效果只需将水彩画的色调去除，为水彩画的合成项目添加效果 Effect→Color Correction→Hue/Saturation，将饱和度参数设为－100 即可，效果如图 14.78 所示。

235

图 14.77　设置层融合模式为"Overlay"

图 14.78　最终效果

实例二　手写字动画

（1）首先创建一个 320×240 像素、持续时间为 100 帧的 Comp1。

（2）在该合成项目中创建 320×240 像素的固态层。

（3）为该层添加"Basic Text"效果，输入一个"Live"字，如图 14.79 所示，将该层命名为"Live"。我们将在动画中按照书写顺序将这个字写出来。

（4）在合成窗口中用钢笔工具将该字的轮廓勾出。注意每一个笔画都是一个封闭的遮罩，不要将任何两个笔画的遮罩勾成一个，如图 14.80 所示。

（5）创建一个固态层，选择 Effect→Paint→Vector Paint，为该层添加矢量画笔效果；因为此字分成了五画，按 Ctrl＋D 键，将该层复制出 5 个，分别命名为"L"、"i"、"."、"v"、"e"；在时间线窗口中的层排列如图 14.81 所示。

图 14.79　输入"Live"文字

图 14.80　用钢笔工具勾出轮廓

图 14.81　添加矢量画笔效果

（6）将字的每个笔画"L、i、.、v、e"的遮罩复制到对应的固态层中。

（7）现在需要依照每层的遮罩形状开始用 Vector Paint 勾绘，在合成窗口右击，选择 Shift-Paint Records→Continuously 命令，这样可以连续播放笔触的动画。按住 Shift 键就可以开始绘画了，注意笔触的半径应该比笔画最粗的地方稍微大一些。

（8）绘画完各层的笔画后，对每层的 Vector Paint 效果参数进行设置，如图 14.82 所示。设置 Playback Speed 的数值，调节书写速度。笔画分层的另一好处就是可以单独调整每个笔画的书写速度。

（9）所有笔画完成后的效果如图 14.83 所示。

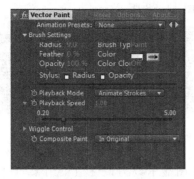
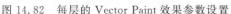

图 14.82　每层的 Vector Paint 效果参数设置　　　　　图 14.83　笔画完成后的效果

这时是在同一时间一起书写,我们需要让笔画有先后顺序,只需将各层的起始点重新安排一下,如图 14.84 所示。笔画将按照书写顺序开始动画。

图 14.84　将各层的起始点重新安排

(10) 现在的笔画只是覆盖在"Live"层上,我们需要将"Live"层上的所有笔画层变为动态蒙版层,使笔画在书写过程中透出下面的字。首先需要将这些层重组为一个合成层,命名为"笔画的重组层",然后将"Live"层上的蒙版复制到"笔画的重组层"层上,如图 14.85所示。

(11) After Effects 自动将"Live"视频开关关闭,并将该层作为动态蒙版。按 0 键,就可以看到文字的书写效果了,如图 14.86 所示。

图 14.85　将笔画层变为动态蒙版层　　　　　图 14.86　文字的书写效果

实例三　文字破碎效果

(1) 创建一个 320×240 像素、持续时间为 100 帧的 Composition。

(2) 创建一个 Solid 层,命名为"文字"。

(3) 选择 Effect→Obsolete→Basic Text,为"文字"层添加文字效果,如图 14.87 所示。将文字如此编排是为了能够更清楚地看到由上至下的破碎效果。

(4) 选择 Effect→Simulation→Shatter,为"文字"层添加破碎效果。该效果默认是以

237

Wireframe＋Forces(网格＋力)的方式显示的,如图 14.88 所示。

图 14.87　添加文字

图 14.88　为"文字"层添加破碎效果

（5）为了更清楚地看到破碎效果,需要将视图显示改为最终渲染结果,具体设置如图 14.89 所示。按 0 键,就可以预览到文字的破碎效果了,如图 14.90 所示。

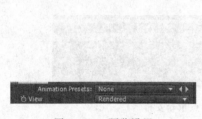

图 14.89　预览设置

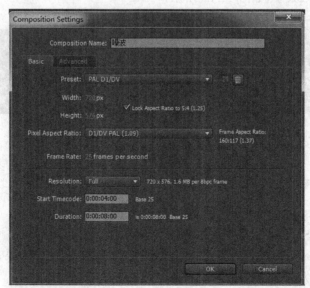

图 14.90　破碎效果

实例四　粒子聚集照片特效

（1）创建一个预置为 PAL D1/DV 的合成,将其命名为"噪波",设置时间长度为 8 秒,如图 14.91 所示。创建一个固态层,将其命名为 Ramp,使其匹配合成大小,设置颜色为黑色。

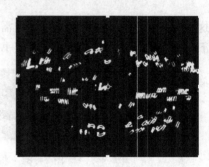

图 14.91　预置

（2）选择 Ramp 层，为其添加 Effect→Generate→Ramp 特效，进入特效设置窗口，设置 Start of Ramp 的值为（360.0，288.0），颜色为白色，End of Ramp 的值为（720.0，576.0），颜色为黑色，Ramp Shape 为 Linear Ramp，如图 14.92 所示，此时预览效果如图 14.93 所示。

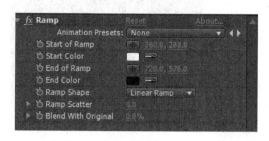

图 14.92　设置 Effect→Generate→Ramp 特效

图 14.93　预览效果

（3）创建一个固态层，将其命名为"噪波"，使其匹配合成大小，设置颜色为黑色，如图 14.94 所示。

（4）选择"噪波"层，为其添加特效 Effect→Noise & Grain→Fractal Noise，进入特效设置窗口，设置 Overflow 为 Clip，展开 Transform 参数栏，设置 Scale 的值为 20.0，Complexity 的值为 20.0；展开 Sub Settings 参数栏，设置 Sub Influence（%）的值为 100.0，Sub Scaling 的值为 30.0，Sub Rotation 的值为（0×+50.0°），如图 14.95 所示。

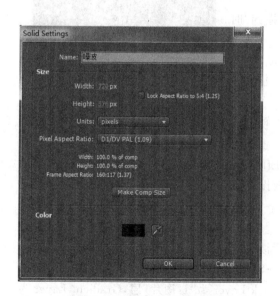

图 14.94　创建一个固态层

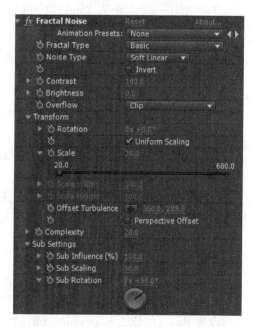

图 14.95　添加 Fractal Noise 特效

（5）选择"噪波"层，为其添加 Effect→Color Correction→Curves 特效，进入特效设置窗口，具体参数设置如图 14.96 所示。

（6）选择"噪波"层，为其添加 Effect→Color Correction→Levels 特效，进入特效设置窗口，设置 Gamma 的值为 0.90，Output White 的值为 128.0，如图 14.97 所示。

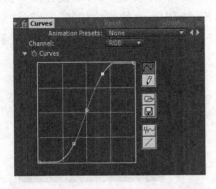

图 14.96 Curves 特效

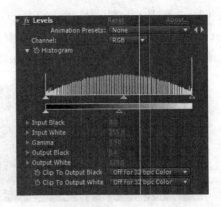

图 14.97 Levels 特效

(7) 选择 Ramp 层,设置层的叠加模式为 Multiply,如图 14.98 所示,此时预览的效果如图 14.99 所示。

图 14.98 叠加模式为 Multiply

(8) 创建一个大小为 2500×1950 的合成,将其命名为"图片",设置时间长度为 8 秒。

(9) 打开"粒子汇聚素材.bmp"文件,将其拖到"时间线"面板中,如图 14.100 所示。

(10) 创建一个预置为 PAL D1/DV 的合成,将其命名为"最终合成",设置时间长度为 8 秒,如图 14.101 所示。

(11) 创建一个固态层,将其命名为"背景",使其匹配合成大小,设置颜色为黑色。

图 14.99 效果

(12) 选择"背景"层,为其添加特效 Effect→Generate→Ramp,进入特效设置窗口,具体参数设置如图 14.102 所示。

(13) 选择"背景"层,为其添加特效 Effect→Transform→Venetian Blinds,进入特效设置窗口,具体参数设置如图 14.103 所示。

(14) 导入"图片"和"噪波"合成,并关闭"噪波"的显示开关,如图 14.104 所示。

(15) 选择"图片"层,为其添加特效 Effect→Simulation→Card Dance,进入特效设置窗口,设置 Rows 的值为 50,Columns 的值为 50,Back Layer 为"1.图片"层,Gradient Layer 为"2.噪波"层;展开 Z Position 参数栏,设置 Source 为 Intensity 1,Multiplier 的值为 100.00,Offset 的值为 115.00;展开 X Scale 参数栏,设置 Source 为 Intensity 1,Multiplier 的值为 0.5;展开 Y Scale 参数栏,设置 Source 为 Intensity 1,Multiplier 的值为 0.5;展开 Camera Position 参数栏,设置 Z Rotation 为(0×+50°),X Y Position 的值为(519.2,980),设置 Z Position 的值为 3.00,Focal Length 的值为 20.00,如图 14.105 所示。

图 14.100　打开文件

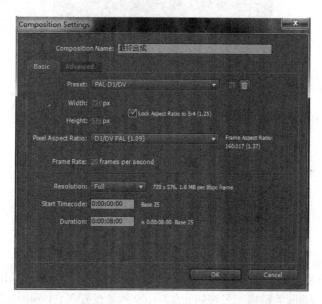

图 14.101　创建合成

图 14.102　添加 Generate→Ramp 特效

图 14.103　Venetian Blinds 特效

第14章　数字影视编辑实践指导　◀◀◀

图 14.104   导入"图片"和"噪波"合成

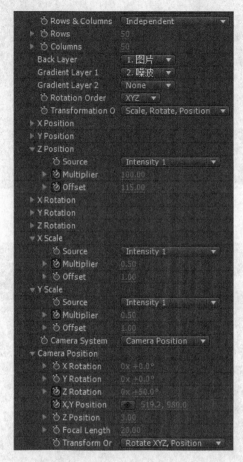

图 14.105   Card Dance 特效

（16）选择"图片"层，在 0：00 秒处分别单击 Multiplier、Offset、Multiplier、Multiplier、Z Rotation、XY Position 关键帧记录按钮；在 06：09 秒处设置 XY Position 为(1250.0，975.0)，Z Rotation 为(0×＋0.0°)，其他参数均为 0.00，如图 14.106 所示。

图 14.106   关键帧记录

（17）选择"图片"层，为其添加特效 Effect→Trapcode→Starglow，进入特效设置窗口，设置 Preset 为 Warm Star，展开 Pre-Process 参数栏，设置 Threshold 的值为 158.0，Threshold Soft 的值为 30.0，Boost Light 的值为 4.0。

（18）选择 Starglow 特效，在 4：00 秒处单击 Trapcode 关键帧记录按钮，设置参数为 158.0；在 07：13 秒处设置参数为 300.0，如图 14.107 所示。最终效果如图 14.108 所示。

图 14.107　Starglow 特效

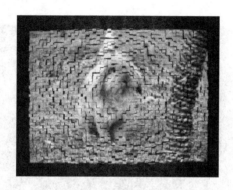

图 14.108　效果

14.4　移动电视节目包装设计与制作

实例　车载移动电视节目《环球电影之旅》

车载移动电视节目《环球电影之旅》考虑到乘客在车上停留时间短的特点，具有精简、丰富、便于短时间接受的特点。

1. 片头设计

包装风格：二维与三维结合

主体形象：数字、地球、翻页

设计理念：数字代表着电影，新时代的电影多数已经是数字电影了；地球代表着全世界，体现了电影具有全球性，同时也说明了节目中网罗了世界各地的经典电影；翻页的动作代表着每一期节目都是一个崭新的篇章。

主体颜色：蓝色＋金色。南京广电移动电视频道的主体就是蓝色的背景和金色的貔貅台标，为了遵循统一的原则，本节目采用的频道主题色为蓝色＋金色，与频道的整体形象设计形成呼应。

片头音效：大气磅礴。

效果图如图 14.109 所示。

2. 片头的制作

1) 背景制作

（1）导入地球背景后，加上"Shatter（爆破）"特效，将视图显示为"Rendered"后可以看到地球背景的爆破效果，如图 14.110 所示。

图 14.109　片头效果图

（2）新建"数字"合成，时间为 4s，输入满屏数字后，将之前"地球"图层内的"Shape（形状）"特效的"Pattern（图案）"选择为"Custom（自定义）"，"Custom Shatter Map"选择为"数字"图层，此时，原地球爆破效果就变成了数字爆破，调整爆破数字的角度、厚度等，如图 14.111 所示。

图 14.110　地球背景爆破图

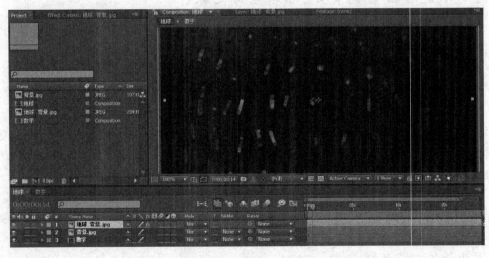

图 14.111　数字爆破图

（3）在新建"渐变"合成中新建固态层，并为其加上"Ramp（渐变）"的特效，将渐变颜色改为由黑到白，渐变角度为对角的渐变效果。导入"地球"图片，将固态层的"TrkMat"属性改为"Alpha Matte'地球'"。设置渐变范围的动画，将地球背景下"Shatter"的"Shatter Threshold"打上关键帧，调整"Light Intensity(灯光强度)"，使碎片相对明亮一些，如图14.112所示。

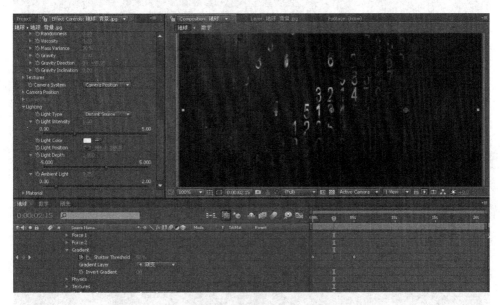

图14.112　加上渐变特效后的数字地球

（4）使用钢笔工具沿着地球表面加上遮罩，再将"地球背景"这一图层复制，将图层一的破碎效果删除，因为有一个图层要用来做破碎的动画。将遮罩调整至将整个地球遮住，在起点处加上关键帧，在00：00：00：15处将遮罩调整至图层二爆破交界处，露出图层二的爆破效果与之结合。

（5）以此类推，在00：00：01：06、00：00：01：21、00：00：02：10、00：00：03：00处使遮罩和破碎的速度完全相同，能够完全遮住剩余部分，制作出地球逐渐消失的效果。调整遮罩的羽化值"Mask Feather"，使之相对柔和一些，如图14.113所示。

（6）新建一个摄像机，将"地球"图层和"背景"图层的3D属性激活，在00：00：00：10处给摄像机做一个位置动画，在00：00：02：00处设置另一关键帧，使之在空间上有一个位置的变换。分别在两个关键帧处设置"Easy Ease Out"和"Easy Ease In"，改变其关键帧差值模式，让其具有缓入和缓出的效果，如图14.114所示。

（7）调整背景大小后，给背景加上一个遮罩，将其羽化后会显得更真实。调整"背景"的不透明度为35%后，将"地球背景2"这一图层的不透明度做成时间动画，起始为100%，3s后为45%，使其逐渐淡出。

（8）新建"最终"合成，时间为6s。拖入合成"地球"，在Layer——Time——Enable Time Remapping中为其添加时间变速，在自动产生的两个关键帧后调整关键帧的差值模式，使其缓入和缓出。将第二个关键帧移至00：00：05：00处，将"Time Remap"的默认时间设为00：00：04：00，让其从4s时开始变速。

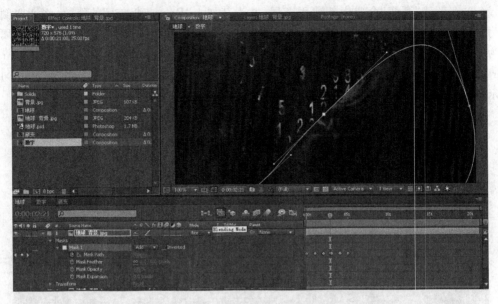

图 14.113　为数字地球加上遮罩

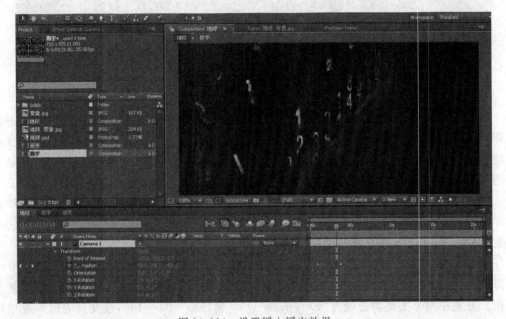

图 14.114　设置缓入缓出效果

（9）新建一个黑色的固态层，并给其加上一个矩形的遮罩，勾选"Inverted（反向）"后看到遮罩上显示了地球的图案。再新建一个固态层，为其加上"Lens Flare（镜头光斑）"特效，调整"Lens Type（光斑类型）"为 105mm Prime，给固态层 2 的图层模式选为"Add（叠加模式）"。在 00：00：04：14 处制作光斑中心点移动的动画，打开"Flare Center"，调整"Brightness（明暗强度）"为 80%，"Blend"的值为 0%，起始处"Blend"的值为 100%，如图 14.115 所示。

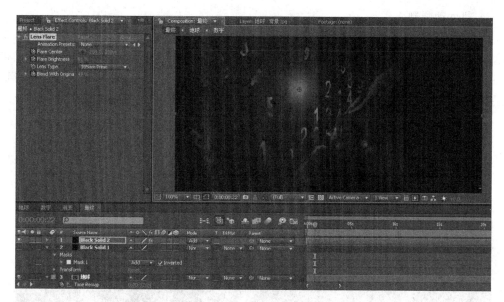

图 14.115　加入光斑

2）文字制作

（1）新建"环球电影之旅"的合成，调整字体样式大小，加上"Card Wipe"特效后，将该层复制一份，命名为"主层"和"次层"。将"次层"的"Back Layer（背景层）"选为"主层"，调整位置参数及灯光强度后，将其图层选为 3D 图层，改变"Histogram"，制作动画。再加上"Directional Blur（方向性模糊）"特效，调整模糊强度值。最后加上"Colorama（彩光）"特效，调整其颜色、类型及透明度。

（2）选择"主层"，为其加上"Glow（辉光）"，调整 Glow 的模式、颜色、强度及粒子大小等。

（3）新建灯光，加上"CC Light Rays"，为中心点做动画使其移动。最终效果如图 14.116 所示。

图 14.116　文字制作最终效果

第14章　数字影视编辑实践指导

3）翻页动画制作

（1）选择要做成翻页效果的层"片头"，加上"Page Turn（翻页）"特效，参数设置如图 14.117 所示。其中"Fold Position"表示 XY 轴定位翻动的大小，"Fold Direction"表示翻页的角度，"Fold Radius"表示卷曲程度，"Light Direction"是灯光照射角度，"Backside"代表所要翻页的层的名称。

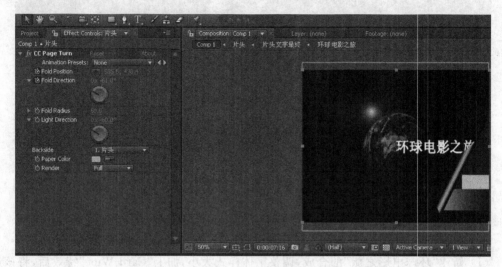

图 14.117　翻页动画制作过程

（2）在做好的翻页效果上加上"Drop Shadow（阴影）"，调整参数后使其看起来更真实，如图 14.118 所示。其中"Shadow Color"表示阴影颜色，"Opacity"表示不透明度，"Direction"代表角度，"Distance"是阴影距离，"Softness"是羽化值。

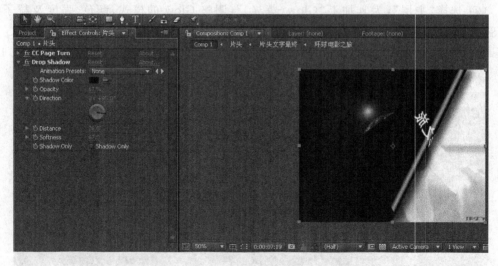

图 14.118　加上阴影后的翻页动画效果

（3）最后为 Page Turn 的"Fold Direction"和"Fold Radius"设置几个动画关键帧，加入背景音乐，这样数字地球的片头制作就完成了。

3．片花设计

包装风格：二维

主体形象：数字、倒数、老电影

设计理念：电影是一种艺术表现方式，是一种文化。因此，在最简单的设计中也应该把这种意识贯穿始终，遵循艺术表现形式的一些共性。选择老电影的基调，正是寓意电影文化的传承和弘扬。

主体颜色：泛黄纸张的颜色，营造怀旧的氛围和老电影的感觉。

效果图如图 14.119 所示。

4．片花制作

（1）新建合成，每隔 1s 的位置添加一个文字图层"54321"。

（2）新建形状图层"Shape Layer"，绘制所需形状后新建一个浅灰色的固态层，加上"Radial Wipe"和"Brightness Contrast"特效，调整相应参数值，使其接近老电影的色调。

图 14.119　片花效果图

（3）再新建一个深灰色的固态层，同样加上"Brightness Contrast"，调整明暗度后，用作对比的背景图层。

（4）新建黑白两个固态层，分别加上"Fractal Noise（分形噪波）"，黑色固态层制作成闪烁的条状噪点，而白色固态层制作成斑点状噪点不均匀分布。绘制椭圆形遮罩，选择叠加模式。

（5）最后新建一白色固态层，单击调整图层的按钮，加上"Fast Blur"和"Add Gain"特效，完成效果如图 14.120 所示。

图 14.120　片花制作效果

5. 角标设计

包装风格：二维

使用软件：Adobe Illustrator CS3、After Effects CS4、Photoshop CS3

主体形象：场记板、电影胶片

设计理念：场记板作为拍摄电影时的必要道具有区分特定镜头，提示摄像机机位、场次序号等作用。场记板长期以来一直被人们视为电影事业的标记和象征。

主体颜色：黑、白、灰三色，旨在还原电影最初的颜色。

效果图如图 14.121 所示。

图 14.121　角标效果图

6. 角标制作

(1) 在 Adobe Illustrator 中绘制场记板，并以 PSD 格式导出。在 Photoshop 中绘制电影胶片，选用 50％灰色作为底色，如图 14.122 所示。

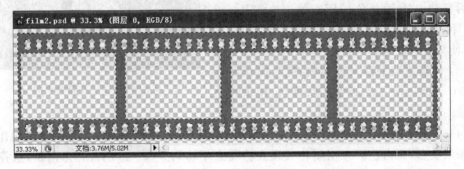

图 14.122　Photoshop 中绘制的电影胶片

(2) 在 AE 中导入场记板和胶片的 PSD 格式的图片，在调整大小和旋转角度后，加上节目名称，合成为角标样式，如图 14.123 所示。

图 14.123　角标制作效果

7. 片尾设计

包装风格：二维

主体形象：老电影、文字

设计理念：片尾的设计延续了片花的怀旧风，让人在欣赏完最后一部电影时意犹未尽。选择和片花一样的颜色和形式即是为了呈现未完待续的感觉。

主体颜色：依旧是泛黄纸张的颜色，与片花相呼应。

结束语："环球电影之旅•您的电影梦工厂"

效果图如图 14.124 所示。

8. 片尾制作

片尾制作延续片花的制作风格，除去形状图层和文字图层，其余与片花相同，效果如图 14.125 所示，在此不多做赘述。

图 14.124　片尾效果图

图 14.125　片尾最终制作效果

14.5　数字调色技术应用

本节主要以 Adobe Premiere Pro、After Effects 为平台，结合其自身兼容的插件，对调色的标准流程进行阐述。对影片进行调色处理时，首先要对原始的影片进行色彩分析，通常影片出现的色彩问题都是在前期拍摄中的不足导致的，所以要先对整体的影片做一个校色。然而，当对整体校色结束后，我们会发现一些局部不想要的效果出现了，所以还需要对局部进行调整，再校色。等所有的校色工作完成后，才真正进入调色阶段，这就是调色的一般过程。调色是有它的标准流程的，无论是基于何种平台，何种软件，其一般流程和规律都是一样的。

实例一　一级校色

在前期拍摄过程中,由于摄像机的白平衡调节偏差,或者是由于曝光不足或曝光过度,甚至是机器本身的原因或天气原因所导致拍摄视频的色调存在色彩偏差时,就需要先对视频素材进行第一步校色,也就是一级校色。

一级校色可通过 After Effects 或 Premiere Pro 中 Levels、Hue/Saturation、Curves 等特效对图像的色度、亮度、对比度进行调节,比较好的方法还可以对独立的 R、G、B 通道进行调整,从而对画面进行像素级的修补。

下面对一个案例进行分析。

如图 14.126 所示,在 AE 中先新建一个合成,对需要调色的素材添加一个色阶,从色阶图可以看出,原始图片的暗部信息明显不足,所以需要先将暗部信息的滑块向右拖动,直至有信息的刻度为止。可以看出,校色后明暗层次更强了,对比度得到了提高,色彩的范围更加丰富了。

图 14.126　一级校色方法一

然而,还有另一种一级校色的方法,虽然也是通过色阶进行校色,但细节上有所不同,如图 14.127 所示。

该方法是分别对 R、G、B 通道进行色阶的调整。

下面再借助另外一个场景的图片进行校色调整。

如图 14.128 所示,如果按照正常的色阶校色方法来看的话,色阶图明显表示该视频图片是正常的,色阶分布十分均匀,然而一般人看到这张图片时,第一感觉都是该图片明显偏色。为何在色阶图中没能体现出来呢? 这就是色阶校色的第二种方法的优势所在。

图 14.127　一级校色方法二

图 14.128　一级校色案例二

第14章　数字影视编辑实践指导　◄◄

当分别打开 R、G、B 的色阶通道时发现,该视频图片的绿通道和蓝通道的色阶明显存在问题,在绿通道和蓝通道的色阶直方图里亮部信息明显缺乏,所有的信息都挤到了暗部信息中,因此整个影片看起来才会偏黄。

所以,通过分别对 R、G、B 通道进行色阶分析和调整,才能真正地完成一级校色的工作,而不能简单地对总的 RGB 通道进行色阶调整,如图 14.129 所示。

一级校色的方法还可以通过曲线、色相饱和度等来进行调整。

图 14.129　一级校色案例二过程

实例二　二级校色

一级校色完成后,我们发现还是存在局部色彩偏差的问题,这是因为环境光对画面色彩中的中间调所造成的影响,所以需要对中间调再进一步进行校色,这便是二级校色。

二级校色所用的方法稍微比一级校色来得复杂些,但原理是一样的,都是为了达到色彩平衡,还原出最真实的画面效果。二级校色除了可用一级校色中用到的 Levels、Hue/Saturation、Curves 结合 mask 再进行局部调整外,比较常用且相对简单的方法是使用特殊插件进行校色,如 SA Color Finesse、Magic Bullet Mojo 等进行高光、阴影、中间调的调整。

如图 14.130 所示,在一级校色完成的基础上,再为该视频添加 SA Color Finesse 特效,通过该插件中的色彩偏移中的 4 个调色环,分别对视频中的中间调和高光进行处理。因为从一级校色完成后的效果可以看出,视频素材中由于前期拍摄受到环境光的影响,整个影片还是偏黄。因此需要把中间调的色相环移向蓝色区域,为其添加补色,同样的道理,高光部分也是受到环境光的影响,也需要进行同样的处理,然而,阴影肯定是没有受到光线的影响的,所以阴影部分应该保持不变。

图 14.130　二级校色

当完成了一级校色和二级校色之后得到的色彩效果应该说是接近现实生活中的场景的，可以跟原片进行对比查看其校色后的效果。

实例三　Kuler 色调分析

校色工作完成后开始进行调色工作，然而，在调色工作开始前，首先要对影片进行色调预期效果的分析。不同的影片根据其剧情要表现的氛围的不同，所用的色调也有所不同。然而，初学者对色调的感受并不是很敏感，而且对色彩搭配的感觉也不是很好。本例将介绍一款比较好的实用工具，也就是 Kuler。

Kuler 是 Adobe 的一款在线调色板工具，登录 http://kuler.adobe.com 后，将发现 Kuler 的强大之处，如图 14.131 所示。

Kuler 提供了上万种的配色方案，它不仅可以在线为用户提供调色方案，而且可以下载到 PC 上。倘若我们看到一个很漂亮的影片色调，很想调出类似于该影片的色调效果，Adobe Kuler 可以帮我们做到这点。

单击 Create，在线创建一个配色方案，然后再次单击 From an image，Upload 一张图片，如图 14.132 所示。

Adobe Kuler 将自动识别该图片的配色方案，其中的几个小圆圈分别对应其高光、阴影、中间调、主体等部分的颜色方案，如果对其自动识别的效果不满意的话，拖拽小圆圈，还可以对其配色方案进行一定的修改。

配色方案一旦创建好，便可以很方便地下载到本地，通过拾色器便能很容易地加以利用。

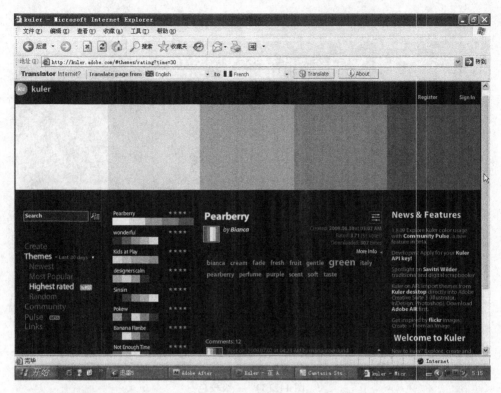

图 14.131　Kuler 登录页面

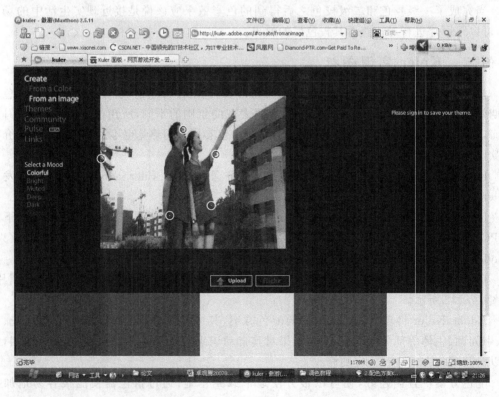

图 14.132　Kuler 案例

实例四　调色

对影片最后所要达到的色调效果有一定的目标后就可以开始正式进入调色工作。本例以常用的后期处理软件 Adobe Premiere、After Effects 为平台，结合其相应的插件进行案例分析。

1. Adobe Premiere ＋ Magic Bullet Looks

首先在 Premiere 中导入一段素材，该素材是从婚庆网站上下载的，如图 14.133 所示，因为婚庆拍摄时，一般情况下是时间比较赶的，而且拍摄的机会也只有一次，没办法每个场景都进行现场布光，所以从该素材中可以看出，人物的背景部分有点曝光过度，而且高光地方也并不是在人物的脸部，而我们观众的视觉中心一般都在新郎与新娘的脸部表情上，所以首先要对局部的布光进行纠正，使画面的主题更加明确，突出视觉中心，这也就是调色的目的所在。

图 14.133　在 Premiere 中导入素材

单击 Edit 按钮，进入 Looks 完整界面，Looks 左栏中提供了 100 多种调色预制效果，我们可以很方便地从中选取所喜欢的色调效果，如图 14.134 所示。

这些预制效果有的已经调得很好，然而，我们不能仅仅满足于拥有预制效果，要学会怎么自己去调出漂亮的色调效果。

单击 Looks 右侧的 Tools 工具栏可以看到 Looks 提供了五个大类的调色工具，对应其底部状态栏的五大类，分别为 Subject(主题)、Matte(蒙版)、Lens(光圈)、Camera(摄像机)、Post(再调)五个大类的工具。可以从右侧的工具条中选取所对应的工具，拖拽到底部状态栏，为其添加相应的调色效果。

如图 14.135 所示，为了给人物的脸部进行补光，我们在 Subject 里面为其添加了两个 Spot Exposure(点光源曝光)，可以看出，添加后人物脸部的光线比原来的片子要好，逆光的效果没那么严重了，我们的视觉中心也明显在人物的脸部表情上了。

图 14.134　Looks 预制效果

图 14.135　Looks 调色过程

然后在 Matte 中为其添加 Diffusion(辉光)特效,由于这个片子属于婚庆的片子,我们调色的目的是为了给画面调出一种温馨的感觉,添加辉光的效果,第一可以使得画面更加柔化,制造出温馨的氛围,第二,对人物的脸部进行柔化处理,相当于给人物进行磨皮效果。在 Matte 中,还可以为其添加 Color Filter(颜色补偿),因为婚庆的片子的色调主要是以暖色调为主,所以将颜色进一步进行补偿,给其橙黄色的颜色补偿效果,使其暖色调的成分更多一些。

在 Lens 中,可以为其添加 Vignette(暗角)效果,这一步骤一般是放在调色的最后,不过 Looks 里面有自带的暗角特效,所以可以在 Looks 中很轻松地添加上去。

在基本工作都做完之后,在 Post 中还可以继续为其进行纠正处理,主要是弥补前面调色中过度调色造成的不良效果。我们在 Post 中为其添加 Lift-Gamma-Gain(阴影—中间调—高光),为其高光、阴影、中间调再做进一步的纠正。然后再为其添加 Auto Shoulder(自动曝光),添加自动曝光后,从颜色示波器中可以看出一些颜色过曝的区域都被纠正在安全区域内了,这也就保证在最后输出时,无论是在电脑或者电视上放映时,都不会出现颜色过曝的现象了,从而保证输出的质量。

在此需要说明的是,如果在调色过程中,对于一些颜色的设置不知道哪种颜色比较合适的话,可以参照 Kuler 色调分析的步骤,调入一张同以暖色调为主的图片进行配色方案的分析,然后将分析完的配色方案用调色工具的拾色器进行拾色。

2. After Effects + Colorista Ⅱ

Colorista Ⅱ同样是 Magic Bullet 的一款调色插件,它的中文意思为调色师,Magic Bullet Colorista Ⅱ其实就是一个精简的 Apple Color,它的设计操作是参照 Apple Color 的。第二版本整体加强了二级调色,三路颜色调整置入了饱和度控制、饱和度曲线与柔光、选区与抠像功能。暗角加入了跟踪点、位移属性,这样就可以跟踪暗角了,使得第二代的功能要比第一代的功能更强。

如图 14.136 所示,在 After Effects 中新建一个合成,首先用色阶对原片进行一级校色和二级校色。当校色工作完成后,我们发现跟前面的案例所出现的问题一样,由于人物背景光线的干扰,导致人物的脸部表情明显跟背景相比有点发黑,所以还需要为其进行下一步的调色调整。

图 14.136　After Effects+Colorista

在合成中为其添加 Colorista Ⅱ 特效,展开 Colorista Ⅱ 的控制面板,为人物的脸部进行补光处理。展开控制蒙版的小三角,在人物的脸部处为其增加一个蒙版,将曝光值调为0.5,同时对蒙版进行羽化处理,羽化值为 45。然而,由于该素材是视频素材,人物肯定是运动的,所以还需要为蒙版的上下控制添加关键帧,如图 14.137 所示。

图 14.137　主体补光和环境降光

当为主体进行补光后,背景的环境光仍然还是有点高于视觉中心,所以还需要对环境光进行降低,因此,再继续为其添加调色师特效,步骤与上一步基本相同,只不过需要将蒙版进行反转。比较便捷的方法是直接按 Ctrl＋D 键复制上一步的特效效果,然后将蒙版反选的按钮勾选。

当对主体补光和环境降光处理后,能够发现我们的视觉中心明显更集中在人物的脸部上了。接下来再为素材添加一调色师特效,如图 14.138 所示。

图 14.138　After Effects ＋ Colorista 色调处理

同样是关于婚庆主题的片子，所以也需要以暖色调为主，因此展开调色师的设置面板，调整其 3 个色相轮的颜色通道，将高光的色调调整为以橘黄色为主，阴影和中间调稍微偏冷一点点，形成对比。

实例五　"暗角"制作

暗角一词其实属于摄影术语。对于亮度均匀景物其画面四角有变暗的现象，叫做"失光"，俗称"暗角"。它的主要目的也是为了让人们的视觉中心更加集中在画面的正中，使画面主题更加明确。在很多片子中都能看到添加暗角的现象，下面用实例来说明几种制作暗角的方法。

1. 制作暗角方法一

如图 14.139 所示，在已经调完色的视频素材上添加一黑色固态层，在固态层上面画一个椭圆形的遮罩，然后把遮罩的边缘进行羽化处理。最后把固态层的透明度降低，因为暗角只是为了使观众的视觉中心更加突出，但是不宜让暗角特别明显，否则就适得其反了。

图 14.139　添加暗角方法一

2. 制作暗角方法二

如图 14.140 所示，在已经调完色的视频素材上添加一调节层，在调节层上面添加一曲线特效，将曲线图压低，降低画面的亮度。然后在调节层上再画一个椭圆形的遮罩，然后把遮罩的边缘进行羽化处理。

其实，添加暗角的方法还有很多，包括前面介绍的那几种调色方法中的调色插件，它们里面本身就有内置添加暗角的功能，但原理上大同小异，都是在画面四周画出一椭圆遮罩，然后将四周的亮度稍微进行降低处理，使观众的视觉中心更加集中在画面中心。

图 14.140　添加暗角方法二

实例六　记忆色

在人们生活中，最常见的颜色是人类肤色、树叶、绿草、蓝天和土这几种颜色，人们对这些常见色的评价往往是依据他们的记忆或印象去衡量的。当被还原的颜色与人们记忆中的相匹配时，人们才感到满意，因此，所谓记忆色也往往就是优选色或喜爱色。伊斯曼柯达公司实验室的 D. L. MacAdam 在 20 世纪 50 年代曾研究了这个问题，他把这几种常见色称为颜色还原的指示器，并认为人们对这些常见色的可接受的范围是很有限的。

因此，调色的判断标准最主要的就是以人类的记忆色为标准，当屏幕还原这些颜色时，与记忆中的颜色相匹配，观众才会感到满意，反之观众就会感到不安，甚至会讨厌。

如图 14.141 所示，这个画面也是一个婚庆的喜庆场景，关于喜庆场景类的风景通常记忆中的色彩是较为鲜艳的，比如说天空是蔚蓝的，草地应该是很翠绿的，人物的衣着色彩也应该是艳丽的。因此，记忆色的标准告诉我们这个画面场景是需要进行颜色调整的，这便是调色中潜移默化的标准。

我们需要在 After Effects 中进行调色处理。如图 14.142 所示，为其添加调色师特效，调色师插件在 Matster HSL 色相环中默认提供了常见的几个色相控制点，根据前面记忆色的理论，我们需要把蓝天的蓝色的饱和度提高些，所以将蓝色的控制点往外拽些。同理，草地的绿色也需要将其饱和度提高些，而画面还是以暖色调为主，所以黄色的控制点也稍微将饱和度提高些，调整完之后可以看出前后画面的区别。由于记忆色的理论基础，我们的感觉是画面明显比原来要艳丽很多，这也就是调色的基本判断标准。

图 14.141　人类记忆色

图 14.142　记忆色调色过程

实例七　肤色标准轴线

在记忆色里,肤色是最重要的环节之一。肤色由于人种不同、年龄不同,会有一些差别,如图 14.143 所示。因此,调色师们共同提出了一个标准,就是检测肤色的标准轴线,英文名为"Flesh Tone Line"或者简称"FTL"。

图 14.143 是好莱坞调色大师们关于 FTL 标准制定时所依据的图片,分别是 3 个人种不同年龄段男女之间的肤色对比,我们将其中对比反差最大的两张图片调入 After Effects 中,用调色插件中的颜色示波器查看对比,如图 14.144 所示。

通过对比可以发现,白种人的肤色相对黑种人的肤色在示波器中颜色分量与中心轴的夹角要相对更大些,这也就是肤色的标准轴线。

除此之外,由于时空环境的不同,可能环境的色彩会发生改变,然而,肤色作为记忆色的重要元素之一,在调色过程中是最为关键的判断标准,也就是说,无论在何种环境和何种时空下,相同人物的肤色基本上必须保持一致,除非要刻意营造艺术效果。

图 14.143　不同人种、不同年龄段的肤色

图 14.144　FTL 肤色轴线

　　如图 14.145 所示,该图片分别是从好莱坞的大片里面截取的一些人物的头像,而且这些头像分别是在不同时空和环境下的肤色,通过对比发现,FTL 轴线的夹角几乎惊人的一致,这也就是 FTL 的标准。因此,得出结论,调色不是通过个人的感觉和经验去判断,它是有一套相当严格的标准的,只是我们国内目前对这套标准还不够重视。

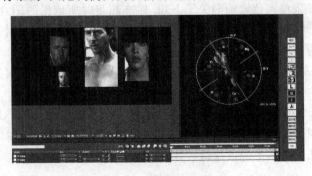

图 14.145　不同时空下的 FTL

实例八 4种风格影片的色调分析与制作

电影色调即电影画面色彩的基调,它是在导演和摄影师的设计构想下,由摄影、灯光、服装、化妆、置景、道具合力营造的,包括色相对比、饱和度对比、冷暖对比,是一种色彩印象,是电影烘托气氛和传达主题感受的有力手段,也是形成导演个人风格的重要表现。电影影调——光线的明暗对比(明度对比),分高调、暗调、灰调(黑白画面只有影调,彩色画面影调和色调不可分)。

调色的判断标准除了通过记忆色和肤色轴线来判断外,其实还有个潜在的规律,那就是影片的色调。我们经常会发现,相同类型的影片,他们的色调一般都是差不多的,比如战争片的色调,一般是偏冷色调为主,而像一些日韩类的 MV 中,我们会发现他们经常会有些逆光拍摄的镜头,然后后期将这种光线调成暖色调,制作出一种很温馨的效果。下面将会对几种常见的不同风格的影片进行色调分析并模拟做出其相应的影片色调效果。

1. 战争片

以《终结者》和《黑客帝国》两部比较经典的战争动作片为例,此类影片中的色调一般以冷色调为主,而且蓝绿成分的色调比较多,饱和度一般比较高。主要原因是为了突出战斗场面的凝重、宏伟和惨烈等氛围,如图 14.146、图 14.147 所示。

图 14.146 《终结者》

图 14.147 《黑客帝国》

为了模仿类似于此种类型片的色调效果,本例选取南广学院郭进团队原创短片《黑客黑客》与《终结者》或《黑客帝国》里面的场景进行对照调色。

图 14.148 中的几个截图是《黑客黑客》短片中的几个分镜头,《黑客黑客》这部短片属于悬疑类的影片,跟战争片的色调要求有点类似,所以从截图可以看出,整部影片的色调偏蓝绿色,主要以冷色调为主,目的就是营造一种悬疑、紧张甚至有点恐怖的气氛。

图 14.148 《黑客黑客》

在此需要指出的是,一部完整影片的调色过程中,需要把镜头根据时空环境的不同进行分组调色。相同环境下的镜头,调色的参数可以基本上一致,然而,对于时空环境相差较大的镜头,就需要再做另外的分析和调色。不过,从整体来看的话,一部影片根据其本身的性质,是必须要有自己的基本色调在其中的。

2. 日韩 MV 风格

日韩 MV 风格的色调一般以暖色调为主,红黄色的成分比较多,而且仔细观察的话会发现,很多片子中都会添加 Diffusion(辉光)特效,与我们调色案例中的第一种方案十分类似,主要突出那种温馨柔和的感觉。

图 14.149 中的截图为李孝利的《十分钟》MV 中的色调,为了模仿类似于此种类型片的色调效果,本文选取郭进团队的另一部电视作品《风继续吹》里面的场景进行对照调色。

图 14.149 《十分钟》

《风继续吹》虽然并非 MV,然而,其主题是为了表现一种朦胧的爱情,因此,特意调成与 MV 中的暖色调相似,目的是为了营造一种温馨、梦幻的美,如图 14.150 所示。

图 14.150 《风继续吹》

3. 新闻纪录片类

新闻纪录片类型的影片大多以真实地反映当时的情况为主,很多电视台甚至都不为此类片子进行调色处理,然而,个人认为,一定的调色处理也是必要的,但此类片子一般进行完一级校色和二级校色后,调色环节处理的各参数的设置一般不宜过高,只需要进行适当的处理即可。从图 14.151、图 14.152 中的截图可以看出,此类影片还是黄色成分偏多,因为这类的片子很多都是记录已经发生过的事情,因此带有一些回忆的成分在里面,需要将其处理成有点泛黄老电影的感觉。

下面以郭进导演的《世界大学生英语夏令营》纪录片为例,从图 14.153 中的截图中的分镜头可以看出,影片的色调风格与泛黄老电影的风格类似,这种色调具有引起人们回忆的心理效果。

图 14.151 新闻片

4. 企业宣传片类

企业宣传片在现在的影视制作中越来越普遍了,

图 14.152　纪录片

图 14.153　《世界大学生英语夏令营》

对于企业宣传片的色调其实是根据该企业的性质而定的,例如一些关于 IT 相关行业的企业,一般以蓝色作为主色调,因为蓝色代表着睿智、智慧,象征着科技的力量;而一些食品加工的企业,可能就会以暖色调为主了,因为暖色调会让人有食欲。因此,这类片子的色调主要还是取决于企业,如图 14.154 所示。

图 14.154　《汉锐科技宣传片》

14.6　在线编辑软件的初步操作

3Designer 是以色列 ORAD 公司的在线图文包装程序包,它提供了一个用来生成复杂三维模板的图形环境、优化的制作工具和实时的广播控制。完整的 3Designer 系统包括三个软件模块:制作模块(3Designer 或 3Designer Advanced)、应用控制模块(控制渲染引擎和播出图像,如 Maestro、3DPlay)、渲染引擎模块(实时的渲染应用系统,输出视频)。3Designer 包含了一个工程管理工具和一个对象模板库,它还支持外部 VRML2/VRML97、Collada 和 Photoshop 格式文件的导入。

1. 开始使用 3Designer

启用 3Designer:双击桌面上的 3Designer 图标,或选择"开始"|"程序"|Orad|3Designer 命令。

打开渲染引擎:在本地模式下,渲染引擎会自动开启。若开启 HDVG 的渲染引擎则使用桌面图标 。如果连接到多台 HDVG,可以选择"开始"|"所有程序"|Orad|RenderEngine4Linux|[Hostname]|Start 命令,打开对应的渲染引擎。桌面上也有结束渲染引擎的图标。

2. 3Designer 主界面

(1) 3Designer 的主界面如图 14.155 所示,可以通过预览窗口和其他窗口看到整个场景的各个部分。在 Windows 工具栏里,可以打开或关闭重要的窗口,如物体树状结构图、属性编辑器或资源栏等。

图 14.155　3Designer 的主界面

(2) 管理对象的树状结构图。树状结构图显示场景中的所有对象及其属性的层级关系。可以自定义名称的对象列表。通过单击树状结构图 按键可以显示或隐藏树形图,物体在三维场景中的顺序是根据树状结构图层级来定义，这个顺序会影响场景的显示。

要在树状结构图中移动物体的方法是选中物体并拖放在需要的位置。在树状结构图中右击物体可以打开快捷菜单来修改物体属性。单击树状结构图中的图标会在属性编辑器中显示对应信息。在属性图标的旁边会显示出四个带颜色的小方格分别表示引出项、动画、关联和 Function。单击任何一个小方格可以打开对应的属性面板。

粉色：代表含有关键帧或动画。单击粉色小格打开动画编辑器。

绿色：代表含有关联。单击绿色小格打开内部关联面板。

紫色：代表含有引出项，单击紫色小格打开引出项面板。

蓝色：代表含有数学函数。单击蓝色小格打开函数面板。

（3）预览窗口（设计视图）显示渲染引擎的输出。在预览窗口中选择对象并修改它们的外观。对象可以直接从资源栏中拖到预览窗口中。预览窗口显示带透视的设计网格。从 View（视图）菜单中可以显示不同的二维视图，在此可以预览到最终的输出效果。

（4）资源栏包含了设计场景所需的元素，如物体、材质、贴图和其他元素。在工具栏控件中通过单击 ▾ 按键显示或隐藏资源栏。使用左边的按键来切换不同的资源库（或使用下拉菜单）。资源栏如图 14.156 所示。

图 14.156　资源栏

通过单击对应的图标进入资源栏中的元素集合：

Auto：基于属性编辑器中当前所选的项目而显示不同的集合。

Complex：提供一系列复杂的对象。

Material：提供了一个材质属性集合，包括色彩、亮度等。

Misc：属性集合。-path 用来制作路径动画；-Fly-on 和 Through 包含预设的动画并可以直接应用到对象上；-Shaders 包含不同的 Shaders 效果。

Custom：用户自定义集合。

Primitives：原始几何图形并可以作为其他对象的基础。

Text Styles：包含字体和文本样式。

Textures：向场景中的对象添加贴图。

（5）用属性编辑器编辑图形，如图 14.157 所示。通过单击 ▪ 按键显示或隐藏属性编辑器。

在属性编辑器中可以编辑物体的任何属性，如显示形式、分辨率、颜色、材质、亮度和更多。

object：对象行为的参数。

Transformation：变形。

Geometry：几何。

Decoration：装饰。

colour：颜色参数。

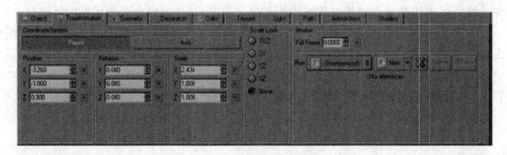

图 14.157　属性编辑器

Texture：纹理贴图参数以及贴图路径。

Light：灯光参数。

Path：路径参数。

Interaction：互动方式的参数。

Shaders：特效的参数。

（6）3Designer 中菜单和工具栏的说明。

Merge：可以将其他场景合并到当前场景中。

Import：导入第三方软件的文件。注意除了 VRML and Collada，其他格式导入均需要另外的 License。

Creat Template：将一个场景保存为模板以便今后创建新场景时直接使用，模板至少保存过一次。

（7）编辑菜单中，Cleanup（Ctrl＋R）是在场景中清除没有附加到对象的所有特性，例如贴图和材质等，清空属性库。Find（Ctrl＋F）是在场景中查询特定的对象。Repeat Find（Ctrl＋F3）是重复查询操作。Animation Key（Ctrl＋G）是对选定的关键帧打开关键帧键编辑器。

（8）视图菜单中，Design View 用于将场景中的对象显示为三维空间（包含阴影、贴图、光线等性质）。显示最终的输出效果。AlphaView 用于显示键通道的输出。On-Air Mode（Ctrl＋L）根据用户自定义的视频尺寸显示真实大小输出场景（比如标清或高清）。

（9）工具菜单中，Font Installer 可以直接将字体安装到共享数据盘的文件夹中。Controller 打开控制窗口，可以连接到 HDVG 并模拟控制播出。HDVG Control Panel 打开 HDVG 控制面板应用程序。Video Mouse 在视频输出中显示鼠标指针。这种模式可以选择视频屏幕中的对象。Load Image Sequences 将所有的图像序列加载到渲染引擎。Start Render Engine 启动当前的渲染引擎。此选项可用于本地或外部渲染引擎，但渲染引擎必须是未被激活或未连接。Shader 打开 Shader 生成对话框并可以自定义 Shader。Radial Array 将选中的对象复制并以放射形矩阵进行排列。Rectangular Array 将选中的对象复制并以矩形矩阵排列。Pie Chart 在当前场景中创建一个用户定义分段和动画的饼图，必须要选中一个存在的物体。

（10）自定义菜单中，Hotkeys 可以为 3Designer 命令定义热键。Paste Options 可以配置 3Designer 如何粘贴对象（可以为不同属性定义不同的设置）。Preferences 极大限度地自定义 3Designer 配置。Restore Factory Layout 恢复 3Designer 的默认菜单界面。Scene

Configuration 可以控制渲染、透明对象的混合以及其他动作。

（11）渲染菜单中,Image(CTRL＋I)将当前选中视图中的当前画面渲染为用户定义格式的图片。

3. 场景操作

（1）创建一个新场景。选择"文件"|"新建"命令,出现创建场景对话框。

在对话框中选择 Empty 模板创建新场景,或者选择现成模板创建场景,继承这个模板之前编辑好的参数。单击 OK 按钮。新场景的树状结构图中包含一个层和一个 infinite Light 灯光。

（2）从现有工程中加载场景。单击文件菜单的 Open 或者 Open 图形按钮,出现加载场景的对话框。该对话框显示了所有场景,选择一个工程单击 OK 按钮。

（3）保存场景。选择 File|Save 命令,也可以通过 New Project 命令新建工程目录。要保存场景作为模板:保持模板打开并选择 File|Create Template 命令,写入模板名称并单击"确定"按钮。

4. 3Designer HDVG 视频输出

将 3Designer 工作站和 HDVG 连接,3Designer 可以利用 SDI 监视器输出来显示生成的场景。监视器上所看到的视频输出是当前场景选中的摄像机的视图。可以在树状结构图中选择任意一个层,从摄像机属性面板中更改摄像机视图。对场景的所有改变都可以实时地在视频输出中显示出来(需要 Orad HDVG 来完成视频输出)。场景中的每一个摄像机都是一个独立的层,它有自己的三维空间。一个摄像机只控制本层里的对象。可创建包含多个运动摄像机的复杂场景,而每个摄像机层只影响其中的对象。

5. 使用控制器

控制器是视觉和交互工具,它可以用来在预览窗口直观地修改对象的位移、缩放和旋转参数。打开并使用控制器。在预览窗口中右击物体控制器便显示出来,不同的物体显示也不同。

右击出现的选项所代表的含义如下:

Select：切换到选择模式(等于把控制器关掉)。

Position：沿 XYZ 轴进行位移。

Rotation：沿 XYZ 轴进行旋转。

Text：仅适用于文本对象。允许直接在预览窗口输入文本,并剪切,复制和粘贴。

Camera：适用于除了设计视图的所有视图。允许缩放显示范围,并改变摄像机的位置。

Local：使用对象自己的坐标变换(与变形栏的父子模式一样)。

Parent：使用的(如组)父对象的坐标。如果没有父对象,同世界坐标模式一样。

Screen：相对于屏幕变换对象。

World：相对于原点(0,0,0)变换对象。

6. 操作按钮

在属性编辑器的很多面板中都有操作按钮。操作按钮允许对物体进行内部关联,设置关键帧,设置引出项等。可以通过关联将一个属性和一个动作绑定,从而使属性随着动画而改变。

271

向属性编辑器添加参数操作行为：

（1）在属性编辑器里修改好数值后，单击操作按钮，在参数值旁边显示出一个菜单，如图14.158所示。

图14.158　属性编辑器添加参数

（2）选择对应的选项：

Create Channel：创建一个新的动画通道，可以使用建立与参数相关联的关键帧。

Edit Channel：显示动画通道里相关参数。

Remove Channel：删除相关的动画通道。

Set Key：在时间线中设置关键帧。

Edit Key：打开关键帧编辑器对话框。

Remove Key：在时间线中删除关键帧。

CreateExport：打开连接对话框，设置引出项，从而获取实时外部输入参数值。

Remove Exports：只有当此对象设置了引出项，该选项才被激活并允许删除所有引出项。

OutConnection：打开连接对话框来定义参数值，作为内部关联的外参数。

InConnection：打开连接对话框来定义参数值，作为内部关联的内参数。

Function：打开连接对话框来定义一个作用于该数值的函数或表达式。

Reset toDefaults：恢复参数值到默认值。

参 考 资 料

[1] 王志军.数字媒体非线性编辑技术.北京:高等教育出版社,2005.
[2] 李宏虹.电视节目制作与非线性编辑.北京:中国广播电视出版社,2008.
[3] 刘怀林,郭国胜.数字非线性编辑技术.北京:中国广播电视出版社,2001.
[4] 章敏晋.图像工程.北京:清华大学出版社,2006.
[5] 黄心渊,等.图形图像处理技术基础.北京:高等教育出版社,2006.
[6] 孙正兴.计算机图形学教程.北京:机械工业出版社.2006.
[7] 孔令德.计算机图形学基础教程.北京:清华大学出版社,2008.
[8] 朱虹,等.数字图像处理基础.北京:科学出版社,2006.
[9] 罗晓岗.低码率下数字音频压缩格式的比较研究.浙江教育学院学报,2009(5):107-112.
[10] 汪波,黄佩伟,钟幼平,等.数字音频编码及其应用.信息技术,2006(6):1-4.
[11] 张雪峰,张耀军,潘藕.数字音频压缩编码技术研究.多媒体技术及应用,2007(8):852-853.
[12] 甘娜.多媒体应用基础.三版.北京:高等教育出版社,2003.
[13] 房建,左涛,陈婷.数字音频压缩编码技术及其应用.信息技术,2004,28(2):9-11.
[14] 马华东.多媒体计算机技术.北京:清华大学出版社,1999.
[15] 张薇,马建峰.LPCA——分布式存储中的数据分离方法.系统工程与电子技术,2007,29(3):19-24.
[16] 樊鹤红,孙小菡.一种通用的网络可靠性仿真模型.西安电子科技大学学报,2007,34(5):68-71.
[17] 魏沁祺,谢长生,刘瑞芳,等.基于结构化模型的高性能 RAID 系统的设计与实现.小型微型计算机系统,2007,28(2):376-380.
[18] 谢长生,董晓明,万继光,等.磁盘阵列控制器的设计与原型实现.小型微型计算机系统,2006,27(1):171-174.
[19] 杨宗德,邓玉春,曾庆华.Linux 高级程序设计.北京:人民邮电出版社,2008.
[20] 杨杰,姜秀华.数字电视制作与播出技术.北京:电子工业出版社,2008:266-280.
[21] 徐威.数字电视网络制播技术.北京:中国广播电视出版社,2008.
[22] 中科大洋 D³-Edit 使用手册.中科大洋网管手册.2008.
[23] 曹飞,张俊,汤思民.视频非线性编辑.北京:中国传媒大学出版社,2009.
[24] 王竞时,李蔓萝.浅谈电视节目包装.黑龙江新闻网-新闻传播,07-09-03.
[25] 林姿,覃晴,李丹红,揭艳霞.课程设计作品.2011.6.
[26] 胡里.影视传媒 30 年 春晚开创国内电视综艺电视节目先河.新华网,2008.11.11.
[27] 焦红瑞,刘军.《商品与质量》报驻黑龙江记者站.
[28] 苏小妹.电视包装制作技巧.北京:同心出版社,2005.
[29] 左明章,刘震.非线性编辑原理与技术.北京:清华大学出版社,2008.
[30] 影视包装网.电视在线包装的关键技术与发展趋势.影视包装巨匠网.2011.1.27.
[31] 杜伟.ESB+EMB 架构在全台互联互通中的作用.网络化,2007:66-69.
[32] 吴仁炳,何章海,王卫航,等.安徽电视台全台网的设计.案例研究,2006:92-94.
[33] 吴成志.基于 ESB+EMB 总线架构的全台网业务支撑平台设计与实践.索贝技术,2007:122-128.
[34] 祁泽宏.非线性编辑系统高清晰度 HD 标准探析.青海师范大学学报(自然科学版),2006(4):34-37.
[35] 陈吉.非线性编辑的发展趋势分析.南京工业职业技术学院学报,2008(8):64-66.
[36] 孔炎炎.浅谈非线性编辑系统的发展和展望.中国现代教育装备,2007(5):47-49.
[37] 卓观腾,刘士扬,刘沁.毕业设计作品.2011.6.
[38] 科讯网.在线包装的基本概念与实现系统.科讯网信息中心.2010.1.10.
[39] 中视科华培训中心.Orad 3Designer 培训资料,2011.7.10.

21 世纪高等学校数字媒体专业规划教材

以上教材样书可以免费赠送给授课教师，如果需要，请发电子邮件与我们联系。

教学资源支持

敬爱的教师：

感谢您一直以来对清华版计算机教材的支持和爱护。为了配合本课程的教学需要，本教材配有配套的电子教案（素材），有需求的教师可以与我们联系，我们将向使用本教材进行教学的教师免费赠送电子教案（素材），希望有助于教学活动的开展。

相关信息请拨打电话 010-62776969 或发送电子邮件至 weijj@tup.tsinghua.edu.cn 咨询，也可以到清华大学出版社主页（http://www.tup.com.cn 或 http://www.tup.tsinghua.edu.cn）上查询和下载。

如果您在使用本教材的过程中遇到了什么问题，或者有相关教材出版计划，也请您发邮件或来信告诉我们，以便我们更好地为您服务。

地址：北京市海淀区双清路学研大厦 A 座 707　　计算机与信息分社魏江江　收
邮编：100084　　　　　　　　　　　　电子邮件：weijj@tup.tsinghua.edu.cn
电话：010-62770175-4604　　　　　　　邮购电话：010-62786544

《网页设计与制作(第2版)》目录

ISBN 978-7-302-25413-3　　梁　芳　主编

图书简介：

　　Dreamweaver CS3、Fireworks CS3 和 Flash CS3 是 Macromedia 公司为网页制作人员研制的新一代网页设计软件，被称为网页制作"三剑客"。它们在专业网页制作、网页图形处理、矢量动画以及 Web 编程等领域中占有十分重要的地位。

　　本书共 11 章，从基础网络知识出发，从网站规划开始，重点介绍了使用"网页三剑客"制作网页的方法。内容包括了网页设计基础、HTML 语言基础、使用 Dreamweaver CS3 管理站点和制作网页、使用 Fireworks CS3 处理网页图像、使用 Flash CS3 制作动画和动态交互式网页，以及网站制作的综合应用。

　　本书遵循循序渐进的原则，通过实例结合基础知识讲解的方法介绍了网页设计与制作的基础知识和基本操作技能，在每章的后面都提供了配套的习题。

　　为了方便教学和读者上机操作练习，作者还编写了《网页设计与制作实践教程》一书，作为与本书配套的实验教材。另外，还有与本书配套的电子课件，供教师教学参考。

　　本书可作为高等院校本、专科网页设计课程的教材，也可作为高职高专院校相关课程的教材或培训教材。

目　录：